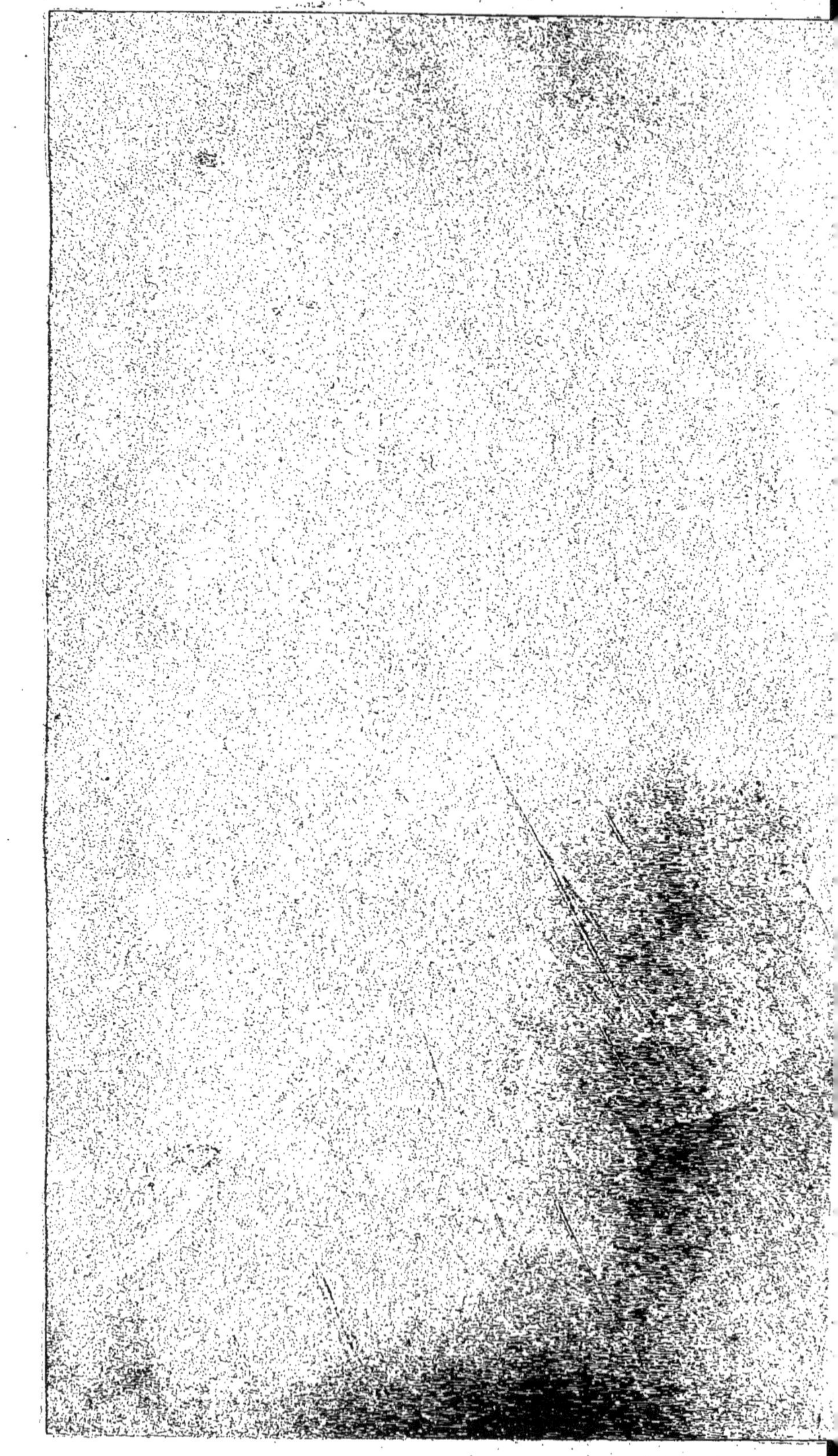

NORBERT LALLIÉ

CHOSES
DE RUSSIE

LYON

LIBRAIRIE EMMANUEL VITTE

3, place Bellecour

1895

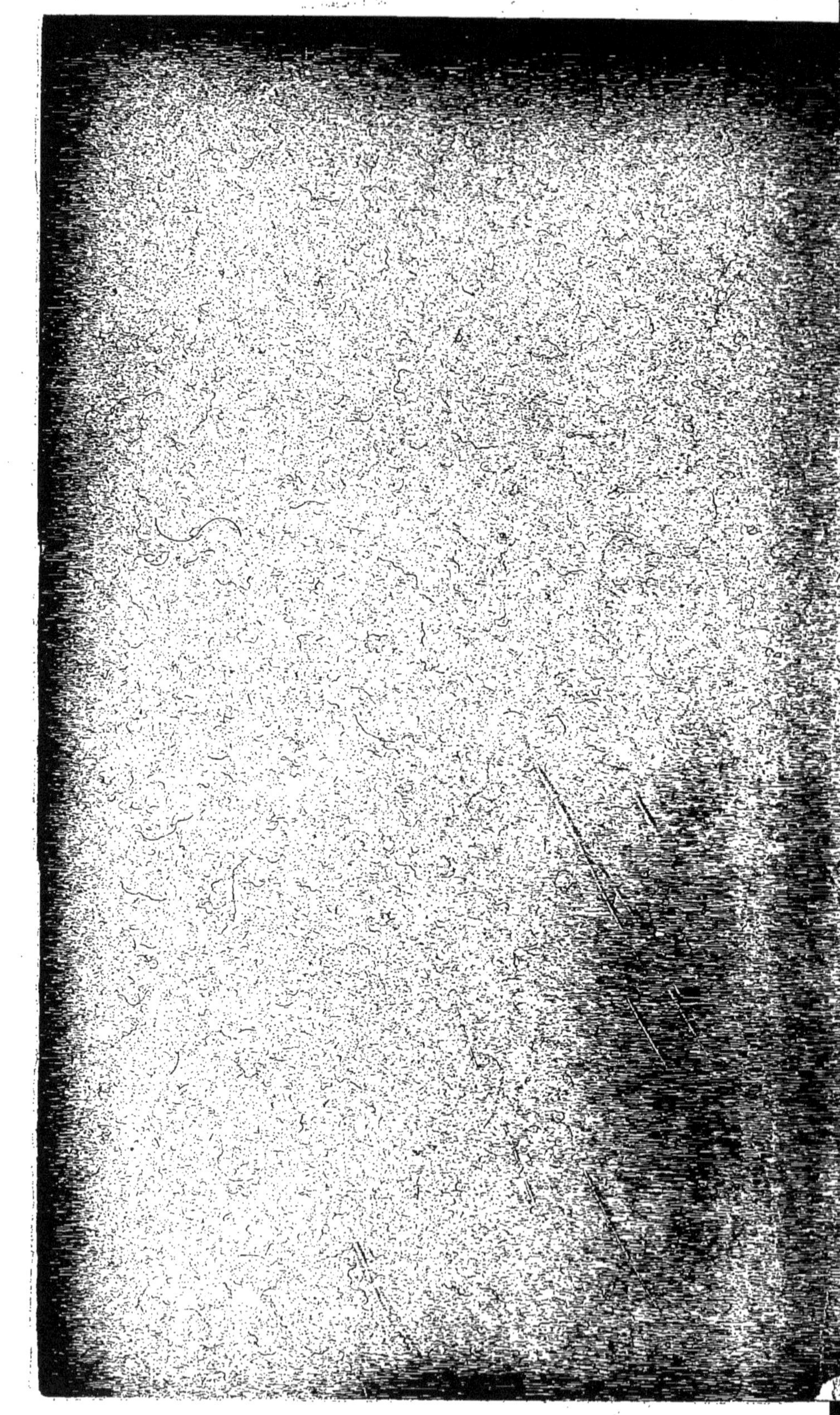

CHOSES DE RUSSIE

NORBERT LALLIÉ

CHOSES

DE

RUSSIE

LA LUTTE DU TSARISME ET DU NIHILISME
RUSSES ET NIHILISTES A PARIS
LES CONTES POPULAIRES SLAVES
LES RUSSES JUGÉS PAR JOSEPH DE MAISTRE

LYON

LIBRAIRIE GÉNÉRALE CATHOLIQUE ET CLASSIQUE
EMMANUEL VITTE, DIRECTEUR
Imprimeur-Libraire de l'Archevêché et des Facultés catholiques
3, PLACE BELLECOUR, 3

1895

LUTTE DU TSARISME

ET DU

NIHILISME

———

Eu de temps après le meurtre de Paul Ier, un dignitaire russe faisait visiter à Herbert de Münster, ambassadeur hanovrien à Saint-Pétersbourg, le palais Michaïlof. Sur le lieu du crime, il en rappelait les terribles détails, et comme Münster était visiblement ému, il reprit avec flegme : « Mon Dieu, que voulez-vous, Monsieur le comte ; c'est notre *magna carta* : la tyrannie tempérée par l'assassinat. » Ce mot résume l'histoire de la Russie et explique les sanglants attentats du nihilisme.

En dépit des transformations de son organisme, une nation subit le joug de ses traditions bonnes ou mauvaises. Tel on sort du berceau, tel on entre dans

la tombe (1), dit un proverbe russe. Ce n'est pas là,
sans doute, l'expression d'une vérité absolue. Un proverbe n'est pas un axiome. Mais l'enfant au berceau
a dans son corps et dans son âme des instincts,
des germes de passions destinés à constituer plus tard
la personnalité de l'homme ; il a déjà subi les influences combinées de la race et de la famille.

Par là les peuples ressemblent aux individus. Pour
les connaître bien ce n'est pas assez de les considérer
à une époque déterminée de leur histoire, qui est
un point du temps, il faut embrasser d'un coup d'œil
l'ensemble de leur passé, se pencher sur leur berceau,
noter les actes importants de leur existence nationale,
ceux principalement qu'ils ont le plus volontiers répétés, et dont la répétition même est évidemment
significative.

L'invasion des Tatars au XIIIe siècle et leur longue
domination ont marqué le caractère russe d'une
empreinte profonde. Le joug de ces barbares n'a laissé
que des souvenirs lointains et cependant le Russe par
bien des côtés a des ressemblances de nature avec
l'Oriental ; comme lui, il a parfois des accès de cruauté
et il se courbe avec docilité aux exigences du servi-
lisme, mais par contre il est capable d'héroïsme,
d'une incroyable ténacité dans la défense de ses idées
ou de ses principes ; il compense ses défauts par
d'admirables qualités.

En Russie, dès le principe, le cours régulier des

(1) *Kak iz kalibelki vikôdich, tak i v maguilkou vkôdich.*

choses a été détourné de sa pente naturelle. Depuis lors l'usurpation, l'absolutisme et la révolte forment comme les trois anneaux d'une chaîne fixée solidement au sol russe et à peine peut-on dire aujourd'hui que cette chaîne est pour toujours rompue.

L'histoire de cette grande nation est plus dramatique qu'aucune autre. Presque toutes ses pages sont rouges de sang, du sang des peuples, et du sang des princes. Tandis que le régime des libertés commence à s'implanter dans l'Europe occidentale du seizième siècle, la Russie donne encore asile au despotisme et à la barbarie. Cette terre de glace par son climat est une terre de feu pour les passions qui y règnent. Ivan le Grand (1462-1505), châtie par des massacres sous de vains prétextes les habitants de Novgorod, qui revendiquent les privilèges de leur république, et par des violences arbitraires renforce dans l'intérieur de ses Etats le pouvoir autocratique. Ivan le Terrible (1533-1584), qui le premier prend le titre de tsar, donne l'exemple de toutes les cruautés ; dans un mouvement de colère il tue son fils aîné, d'un coup de bâton sur le crâne. Fédor Ivanovitch établit en Russie le servage et le patriarcat. Boris Godounof, comme un autre Macbeth, prépare son avènement au trône en faisant assassiner Dimitri, frère de Fédor et héritier de la couronne. La constitution que Michel Romanof, chef de dynastie, et Alexis, son successeur, jurent d'observer, reste pour eux lettre morte. Tous deux, originaires d'Allemagne, greffent la bureaucratie germanique sur l'autocratie asiatique.

Nous voici dans un monde où la civilisation essaye de s'introduire ; mais elle traîne à sa suite les convoitises sans frein, les ambitions brutales, tous les vices prêts à s'insurger contre les rigueurs de l'autorité. Les moyens criminels ne répugnent pas même aux princes qui attachent à leurs noms de glorieux souvenirs ; et, ce qui est pis, les forfaits procurent à leurs auteurs le succès qu'ils en attendent.

Pierre le Grand (1682-1725), hanté de la noble ambition de civiliser son peuple, construit sa capitale sur les bords d'une mer qui rend faciles les relations avec l'Occident. Il dépense les forces de son génie à améliorer le sort de ses sujets, à élever leur niveau intellectuel et moral, mais il n'entrevoit pas la possibilité des progrès sans les réduire à l'asservissement. Une de ses premières institutions, c'est une chancellerie secrète qui use de la délation pour découvrir les crimes d'Etat, de la question pour faire parler les accusés. La hache, le knout, la Sibérie, sont ses moyens d'action pour imposer ses réformes. De sa main de fer, il brise, s'il le peut, toute résistance à sa volonté souveraine. On le voit exagérer à plaisir l'importance d'un prétendu complot dirigé contre lui par le tsarévitch Alexis ; il traite alors ce fils avec une brutalité inouïe : le fait saisir, soumettre à la torture afin de lui arracher des aveux, condamner à la peine capitale par une haute cour de justice. Alexis meurt dans sa prison, si à propos, d'une manière si étrange, si mystérieuse, qu'on a soupçonné Pierre le Grand de n'être pas resté étranger à cette mort, tout en admettant qu'il n'a pas donné un ordre formel d'assassinat.

La princesse d'Anhalt-Zerbst, avant d'être Catherine II, correspondante de nos philosophes beaux esprits du xviiie siècle, Voltaire, Diderot, d'Alembert, s'aide d'une conspiration militaire pour arracher le pouvoir à Pierre III, son mari, et le meurtre de ce prince, auquel elle donne son assentiment, est un des premiers événements de ce règne de douceur et de tolérance relatives.

Une conspiration de palais met fin aux jours de Paul Ier.

Quel horrible tableau dans ce simple raccourci d'histoire ! Il remet en mémoire les forfaits et les malheurs des Césars. Ne dirait-on pas que la sédition et la violence se sont assises pendant des siècles, comme des sentinelles de mort, sur les marches du trône de Russie, tantôt pour conseiller les princes et tantôt pour les frapper?

L'existence du gouvernement autocratique y est tour à tour la cause ou le prétexte de regrettables excès. Ainsi, le dédain témoigné parfois aux revendications légitimes des libéraux développe leurs instincts révolutionnaires. Les rigueurs dont ils sont l'objet contribuent à perpétuer une animosité qui provoque à de certains moments de terribles représailles.

Le parti nihiliste forme l'avant-garde de l'armée des mécontents les plus impatients d'une métamorphose sociale. Aussi bien, ses manifestations ne sont pas négligeables. A coup sûr cette avant-garde est peu nombreuse, mais qu'importe? Si ses premiers rangs sont décimés, la ligne d'attaque se reforme, et le gros de l'armée envoie de nouvelles recrues. Cela même est alarmant. Joseph de Maistre a dit : « Il ne faut pas être fort habile pour savoir que plus on tue d'hommes et moins il en reste dans le moment, comme il est vrai que plus on coupe de branches et moins il en reste sur l'arbre; mais ce sont les suites de l'opération qu'il faut considérer. » Si l'on veut arrêter les progrès d'un mal devenu endémique, comme l'est le nihilisme, et mettre fin aux inquiétudes, aux désordres, aux agitations stériles qu'il fait naître, il faut renoncer aux mesures passagères, quelque radicales qu'elles soient, et chercher résolument à en supprimer les causes.

CHAPITRE PREMIER

LES ORIGINES DU NIHILISME

A répression excessive du mal est un palliatif trompeur. Despotisme et sédition se complètent comme les pôles contraires d'un aimant. On le constate en suivant, en Russie, les phases successives de l'organisation des forces révolutionnaires.

Dès le siècle dernier, des sociétés secrètes s'y établissent sous la forme mystérieuse de la franc-maçonnerie.

En 1784 se fonde, à Saint-Pétersbourg, la loge l'*Impériale*. Cette fondation est un exemple qui ne reste pas stérile. Pendant les trois années suivantes, le nombre des loges augmente rapidement, et on en compte déjà 147 en 1787. Elles dissimulent leur but sous des apparences religieuses. Elles deviennent suspectes, en dépit de ces précautions, dans les dernières années du règne de Catherine II. Novikof, ardent propagateur de principes libéraux, affilié à l'une de ces sociétés, est emprisonné par ordre de la tsarine (août 1792). Cette condamnation lui a valu d'être considéré par les révolutionnaires comme leur père. Tel est le début des poursuites gouvernementales dirigées contre les libéraux. C'est aussi l'origine des enthousiasmes pour leurs doctrines. L'arrivée au trône d'Alexandre Ier devait en favoriser l'essor. Un des premiers actes de l'ancien élève de La Harpe est de se faire recevoir franc-maçon. Imbu d'idées philanthropiques, il exprime le désir de donner une constitution à son pays ; mais incapable de résolutions durables, lui-même paralyse l'effet de ses innovations. Il se souvient tout à coup qu'il dispose de tous les pouvoirs d'un despote, et il lui prend fantaisie d'en user. S'il fonde les universités de Kazan, de Karkof, de Saint-Pétersbourg, il leur impose une réglementation intolérable ; expurge sévèrement les bibliothèques, chasse de leurs chaires des professeurs distingués, et soumet l'enseignement des autres au plus étroit contrôle.

On a dit que Nicolas avait couvé les œufs du nihilisme. Le mot a été répété de confiance, et n'est pas tout à fait exact. Déjà sous le règne d'Alexandre apparaît clairement l'esprit d'opposition. En dépit de la censure, la satire aiguise ses traits. Les poésies interdites de Pouchkine et de Ryléief (1) circulent

---

(1) On sait que les désinences en *ef* et en *of* sont des formes du génitif pluriel de certains noms de la première déclinaison. Faut-il les écrire en français avec *f* ou *ff* ? Dans le catalogue des publications de l'imprimerie russe de Genève (au dos d'un numéro de *l'Etoile polaire* de Herzen, 1868), les noms de

manuscrites, et colportent sous le manteau, dans la masse des lecteurs, les principes de 1789. Alexandre Ier, en donnant officiellement asile à la franc-maçonnerie dans ses Etats, y a encouragé la manie des sociétés secrètes et a appris aux Russes à s'enrégimenter.

En vain un oukase du 12 août 1822 ordonne-t-il la fermeture des loges maçonniques. La société révolutionnaire *l'Alliance de la vertu*, aussitôt après sa dissolution apparente, se fractionne en plusieurs groupes; la *Société du Nord* et la *Société du Midi* en sont les plus importants.

La *Société du Nord* siégeait à Saint-Pétersbourg, et avait pour chef Nicolas Tourguenef; de nuance modérée, elle aspirait au régime de la monarchie constitutionnelle. La *Société du Midi*, à Kief, sous la direction du colonel Pestel, accusait des opinions beaucoup plus avancées. L'idéal de Pestel, c'était l'établissement d'une république fédérale. Ce socialiste militant de la première heure comprenait, dans son programme, en 1823, l'émancipation des serfs accompagnée du don, à titre gratuit, de la moitié des terres seigneuriales. Comme ses projets ne pouvaient se réaliser sans briser le trône et détruire la dynastie impériale, Pestel ne repoussait pas l'emploi des armes régicides. Les sociétés du Nord et du Midi, malgré la diversité de leurs tendances, finirent

Ryléieff et Ogareff ont le double *f;* par contre, Ivan de Tourguenef écrit son nom avec un seul *f* sur les œuvres qu'il a publiées chez Hetzel.

par se mettre d'accord pour tenter un coup de force.
Il ne restait plus qu'à choisir un moment favorable.
Sur ces entrefaites, la mort d'Alexandre, l'abdication
de Constantin et les feintes hésitations de Nicolas,
son frère, à accepter le fardeau du pouvoir, l'inter-
règne de quelques jours qui en fut la conséquence,
produisirent un certain désarroi gouvernemental. Les
révolutionnaires profitèrent d'une grande revue des
troupes passée par Nicolas le 14/26 décembre 1825,
à Saint-Pétersbourg, pour lever l'étendard de l'insurrection.

Le manque d'organisation et l'absence, au moment
décisif, du dictateur choisi pour diriger l'émeute
firent tout échouer. Les deux mille soldats mutinés
lâchèrent pied à la première fusillade. La journée du
14 décembre n'eut pas de lendemain. A vrai dire, elle
n'en pouvait avoir. Le peuple ne se crut pas intéressé
au succès de cette protestation contre le despotisme et
il demeura indifférent. Les insurgés lui étaient étrangers ; ils appartenaient à l'armée et à la noblesse. Leur
audace fut durement punie. Pestel, Ryléief, Mouravief, Bestiouchef, Kakhovski, furent pendus et cent
seize de leurs partisans envoyés en Sibérie.

L'inanité des efforts tentés par les Décembristes
jeta le trouble dans le clan révolutionnaire. La lourde
main de Nicolas s'appesantit sur toutes les manifestations de la vie russe. Parmi les libéraux qui restèrent fidèles à leurs convictions, bien peu conservèrent
leurs espérances ; ils avaient perdu la foi dans un
prochain triomphe.

Pouchkine, exilé quelques années auparavant pour son ode à *la Liberté*, ne conservant plus l'espoir d'un avenir meilleur, réussit, selon son désir, à « se réconcilier franchement et complètement avec le gouvernement » (1). Lermontof chante ses amères désillusions. Un essaim de poètes et de critiques restent pourtant sur le champ de bataille. La conscience de leur impuissance en face du despotisme ne les empêche pas de prendre position avec une prudente tactique. Dans le roman et le théâtre, ils déversent leur verve caustique. Gogol, dans *le Reviseur* et *les Ames mortes* qui portent en épigraphe le proverbe petit-russien significatif : *Il est inutile d'en vouloir à un miroir lorsque la figure est laide ;* Griboïédof, dans *le Malheur d'avoir de l'esprit,* font saigner devant tous les yeux les plaies du fonctionnarisme. Ces mordantes études de pathologie sociale sont d'éloquentes plaidoiries contre la civilisation russe d'alors. La presse, malgré l'inquisition d'une censure pointilleuse, est, pour les libéraux, une habile auxiliaire ; elle exerce à merveille l'art de glisser la pensée de l'écrivain entre les lignes d'un insignifiant compte rendu.

Sous le règne de Nicolas les progrès de l'esprit révolutionnaire sont réels et indiscutables. L'autocrate a beau s'ingénier à trouver les moyens d'annuler l'influence étrangère sur la Russie, de réprimer toute manifestation d'indépendance, de liberté po-

(1) Lettre du poète à son ami Delvig, citée (p. 109) par M. Courrière dans sa remarquable et très intéressante *Histoire de la littérature contemporaine en Russie.* Paris, 1875.

litique, sa vigilance à courte vue n'atteint pas son but.

Sans éveiller les défiances du despotisme les idées adoptées par la philosophie allemande franchissent les frontières russes. A la première heure, on ne les considère pas comme dangereuses. Les formules bizarres, abstraites, qui les déguisent, les rendent intelligibles seulement pour les initiés. Cependant elles prennent vite racine dans les universités russes, s'y développent, et de là élargissent leur sphère d'action.

Cela arrive de la manière la plus simple. De nombreuses chaires dans les universités sont confiées à des professeurs allemands ou à de jeunes savants russes qui ont suivi en Allemagne les études de l'enseignement supérieur. Ils portent l'auréole d'une science étrangère et par suite possèdent l'autorité voulue pour se faire écouter de leurs élèves. Les doctrines religieuses et philosophiques qui constituent le fond de leur enseignement ne sont rien moins qu'orthodoxes. Le protestantisme allemand depuis l'épanouissement de la philosophie de Kant s'est transformé et tourne au rationalisme. D'ailleurs ces professeurs sont des disciples enthousiastes de Hégel, des propagateurs de ses principes panthéistes.

Hégel, comme on sait, est un terrible dialecticien ; il jongle avec les arguments, il épuise dans sa philosophie les ressources d'une logique souvent fort ingénieuse, mais dangereuse au plus haut degré pour de jeunes intelligences incapables de démêler ses sophismes. Hégel est l'inventeur d'une dynamite de l'esprit qui réduit en poussière tout ce qu'elle touche, et c'est tout justement son système philosophique qui est à la mode sous Nicolas à Saint-Pétersbourg et à Moscou.

Malgré les rebutantes abstractions qui forment la trame des théories du philosophe allemand, les étudiants des universités russes sont séduits par la hardiesse de ses déductions. Il prétend résoudre toutes les questions qu'il pose et ébranler par ses raisonnements les principes les mieux établis. Le vague même de certaines doctrines, en laissant un libre champ aux interprétations et aux discussions, est propre à contenter les adeptes. Chacun peut se procurer le plaisir de découvrir dans cette philosophie nuageuse des idées qui semblent conformes aux siennes. Et quelle satisfaction pour des étudiants russes d'apprendre des formules scientifiques d'une apparente solidité où s'affirme l'esprit de négation et de révolte, eux qui étaient naturellement prédisposés, par les vexations mesquines du pouvoir souverain, à grossir les rangs de l'opposition gouvernementale !

Rien n'arrêtait d'ailleurs la propagation de la philosophie allemande en Russie. En dehors des publications qui venaient de l'étranger la jeunesse russe n'avait point à sa portée un antidote aux poisons du panthéisme et du matérialisme. Le clergé russe orthodoxe n'était pas en mesure de combattre ces erreurs; son ignorance était grande aussi bien en matière philosophique qu'en matière d'apologétique chrétienne. Il n'est donc pas surprenant que l'idéalisme hégélien ait enfanté en Russie le matérialisme et y ait préparé le succès des ouvrages de Moleschott, *la Circulation de la vie*, de Büchner, *Force et Matière*, de Darwin, *l'Origine des espèces*, et d'autres philosophes matérialistes ou athées.

Le matérialisme, l'athéisme, le socialisme, le nihilisme enfin, ne sont-ils pas prédestinés, en raison même de leurs origines communes, à devenir bons compagnons ? (1). On ne le comprit pas d'abord. « Ce n'est qu'en 1848, dit le prince Gagarin (2), que le gouvernement commença à ouvrir les yeux, mais il n'avait aucun remède efficace à sa disposition. Il multiplia les entraves qui s'opposaient à la diffusion de la science et des idées, mais il ne put substituer à un enseignement malsain des principes salutaires. Au système d'éducation nationale qui avortait si miséra-

(1) L'abbé Winterer, l'éminent député d'Alsace-Lorraine au Reichstag, qui a publié de remarquables études sur l'histoire du socialisme, dit nettement : « Il est pour nous hors de doute que la source première du nihilisme, comme du socialisme, se trouve dans le matérialisme athée, qui par l'école a envahi de vastes sphères de la société russe. » (*Le Danger social ou deux années de socialisme en Europe et en Amérique*, p. 89.) Voir aussi *Sonntagsblatt der Germania* (supplément hebdomadaire de la *Germania*), qui a publié du 4 novembre 1877 au 20 janvier 1878, d'après le *Czas* de Cracovie, une série d'articles sous le titre : *Genesis des russichen nihilismus*, où est mise en lumière l'influence des études universitaires sur le développement de l'esprit révolutionnaire de la jeunesse russe.

(2) *La Russie sera-t-elle catholique ?* par le prince Gagarin, 1856.

Le prince Gagarin, après avoir été secrétaire de l'ambassade russe à Paris, est entré dans la Compagnie de Jésus, et, par ce fait même, est exilé de sa patrie.

blement, on avait donné pour base l'orthodoxie, l'autocratie et la nationalité ; il aboutissait au triomphe des idées allemandes, à l'athéisme de Feuerbach (1), au radicalisme et au communisme le plus effréné. »

Aussi bien, Nicolas, en 1848, mit des entraves au bon fonctionnement des universités, y supprima les chaires de philosophie, et renonça non sans regrets au projet de les fermer complètement. Ses souhaits ne différaient pas de ceux de Skalosub, un des personnages d'une comédie de Griboiédof :

> Si je pouvais agir à ma guise,
> Je ferais maison nette.
> On fermerait collèges et lycées,
> On chasserait les professeurs.
> Au lieu de la cantilène écolière
> On entendrait le commandement des chefs,
> Et seulement les jours de fête
> Je permettrais qu'on lût un livre.

Ce langage n'eût pas été déplacé dans la bouche de cet empereur soldat qui, visitant un jour un jardin botanique à Odessa, s'arrêtait devant une plantation d'acacias et poussait ce cri d'admiration : « Quels beaux arbres ! Ils sont alignés comme des soldats. »

(1) Ses *Leçons* sur la religion circulèrent primitivement dans le public russe en copies lithographiées, parce que la publication imprimée en était impossible.

CHAPITRE II

L E mouvement d'idées révolutionnaires qui
s'était produit dans les universités russes,
conséquence directe de l'importation de
la philosophie hégélienne, n'aurait pas pris une importance significative s'il n'avait pas été dirigé dès
l'origine. Il obéit à l'impulsion des penseurs et agitateurs russes. Trois d'entre eux, soit à cause de leurs
talents, soit à cause du bruit qui s'est fait autour de
leurs noms, méritent d'être mis en vedette dans une
histoire du nihilisme, si rapide qu'elle soit. Ce sont :
Tchernichevski, Herzen et Bakounine.

Tchernichevski

Tchernichevski était fils de pope. Au séminaire
et à l'université de Saint-Pétersbourg, il fit de
brillantes études. Pour gagner sa vie, il devint
professeur au corps des cadets, puis à l'institut de

Saratof ; un peu plus tard, il fut conseiller titulaire auprès du gouverneur de Saint-Pétersbourg ; en 1859 il prit sa retraite n'ayant que 31 ans.

Ses goûts de publiciste furent à coup sûr la cause de cette décision. Il était entré déjà dans l'arène de la polémique — il est curieux de le noter — avec une étude philosophique fort abstraite. Désirant obtenir le grade de maître ès lettres, en 1855 il avait soutenu une thèse sur les *Relations esthétiques entre l'art et la réalité.* C'est un plaidoyer en faveur de l'esthétique réaliste et contre l'indépendance de l'art. On y trouve les arguments exposés d'ordinaire dans la discussion d'un pareil sujet : la réalité est supérieure à la reproduction artistique ; le seul but des beaux-arts doit être l'imitation servile de la nature réelle, des objets, et des phénomènes réels. L'aphorisme esthétique choisi par Tchernichevski pour servir d'exemple à sa démonstration a une forme originale : *Une pomme véritable est meilleure qu'une pomme en peinture.* La méthode et les doctrines du penseur russe révèlent un disciple du philosophe allemand Feuerbach. Le conseil de l'université de Saint-Pétersbourg ne fut pas dupe. Ces tendances lui déplurent, et il refusa de conférer le grade académique. L'échec de Tchernichevski, immérité si on ne jugeait la thèse qu'au point de vue scientifique et littéraire, n'eut d'autre résultat que de lui donner du prestige dans l'opinion des étudiants russes et de l'encourager à suivre sa voie. Dans un livre publié peu après sous le titre : *le Principe anthropologique en philosophie,* il exposait une opinion qui de nos jours a d'ardents défenseurs, tendant à restreindre les horizons de la pensée philosophique et à la confiner dans l'étude de l'anthropologie. Les *Lettres sans direction*, une traduction critique de l'économie politique de Stuart Mill, un grand nombre d'articles parus dans la revue radicale russe le *Contemporain (Sovremenik)*, établissent la réputation de Tchernichevski comme écrivain socialiste. Ses articles contiennent de violentes diatribes contre tout ce qui a un caractère spiritualiste, contre tous les adversaires du libéralisme.

Le Contemporain attira l'attention du gouvernement, devint suspect et la publication en fut suspendue. Il ne restait plus qu'à réduire au silence Tchernichevski.

Qui veut noyer son chien l'accuse de la rage.

La police russe reçut au moment voulu une lettre anonyme dans laquelle on lui signalait Tchernichevski comme « un meneur de la jeunesse, un socialiste artificieux ». Ce fut le prétexte de l'arrestation du publiciste (7 juillet 1862). Une perquisition faite à son domicile fit découvrir quelques lettres, et quelques notes que l'on interpréta de manière à donner une base à l'accusation. Le sénat fut saisi du procès. Tchernichevski fut jugé coupable de conspiration contre le gouvernement; on déclara d'ailleurs « qu'en sa qualité de littérateur et d'un des principaux collaborateurs de la revue *le Contemporain*, il avait exercé par ses productions littéraires une grande influence sur les jeunes gens, chez qui il avait développé jusqu'à leurs extrêmes limites les doctrines matérialistes et socialistes répandues dans toutes ses œuvres, et avait joué le rôle d'un agitateur des plus dangereux, en indiquant le renversement du gouvernement légal et de l'ordre existant comme le moyen de réaliser ces doctrines. »

Tchernichevski fut condamné à quatorze ans de travaux forcés dans les mines et à la déportation en Sibérie à perpétuité. L'empereur réduisit à sept années la durée des travaux forcés. Le condamné subit cette peine dans les mines de Nertchinsk, et de là fut conduit dans une prison près de Vilnisk, ville de la Sibérie orientale, où il est mort.

En prison, Tchernichevski écrivit un roman : *Que faire ?* (1) publié par *le Contemporain*, en 1863. C'est une apologie des principes du communisme et de l'amour libre. Il n'y faut pas chercher l'intérêt que nous exigeons des œuvres d'imagination ; mais le roman *Que faire ?* répondait si bien à l'état d'esprit des socialistes russes qu'il est considéré comme l'évangile de la sociologie et de la morale nihilistes.

Les durs traitements dont Tchernichevski fut victime, lui ont valu d'être mis par certains Russes, au rang des martyrs du despotisme. Aussi, dit Arnaudo, un des historiens du nihilisme, « la figure de Tchernichevski est la tête de Méduse que les nihilistes arborent dans toutes les tentatives de rébellion contre le tsar. Tchernichevski dans une prison de

(1) Ce roman traduit en français a été de nouveau publié en 1878 dans un journal parisien, la *Révolution française*.

Sibérie, isolé, impuissant, fait plus de mal à l'autocratie russe que n'en firent jamais les Herzen et les Bakounine pendant leur exil en Europe, avec leurs associations secrètes, avec leur liberté d'action et de propagande. Les nihilistes brandissent le masque de Tchernichevski en répétant le mot de Danton au bourreau :

« Tu montreras ma tête au peuple ; elle en vaut la peine. »

Herzen

Tchernichevski avait formulé les théories philosophiques et les négations d'où est sorti le nihilisme ; Herzen propagea le mouvement des idées socialistes qui y aboutit directement. Le nihilisme scientifique était fondé, tandis que se développait peu à peu le nihilisme doctrinal et politique.

Alexandre Herzen est une figure originale ; l'activité qu'il a déployée dans sa carrière de polémiste, son remarquable talent d'écrivain, la dignité de sa vie, la sincérité de ses convictions l'ont élevé au-dessus des révolutionnaires vulgaires.

Il est né à Moscou en 1812. Sa mère, Henriette Haag, une aimable Souabe, était simple fille de brasserie à Stuttgart, quand le boyard Ivan Iakovlef, capitaine des gardes, l'y connut. Ivan Iakovlef l'amena avec lui à son retour en Russie ; il en eut deux fils, qui reçurent dans sa maison une éducation en rapport avec son rang social et sa fortune ; cependant il ne leur donna pas son nom, mais le nom significatif de Herzen (1) (enfant du cœur) pour mieux exprimer comme il disait « sa tendresse pour la mère ».

Alexandre, l'aîné, était l'objet des préférences de son père ; il les méritait par son heureuse nature et ses bonnes qualités. Le goût du travail lui vint de bonne heure et le détourna de suivre l'exemple des jeunes gens riches, comme lui, qui passaient leur vie dans l'oisiveté et les plaisirs.

Un des plus brillants élèves de l'université de Moscou, Herzen s'adonne à l'étude des écrivains français du dernier siècle, des philosophes allemands, et de Hégel en particulier. Dans le monde des étudiants, ses amis, existait alors une active fermentation de tous les éléments d'opposition au régime autocratique. Aussi, sous son initiative, un cercle littéraire et politique de jeunes patriotes se constitue. La police du tsar Nicolas ne tarde pas à en prendre ombrage (1834). Il est nécessaire d'avoir un prétexte, si futile qu'il soit, pour faire des arrestations. On imagine un moyen de provoquer une manifestation coupable où se trahiraient les suspects. Un agent secret, un ancien officier, Skariatka, est chargé de l'exécution de ce complot de la police. Il réussit à pénétrer dans le cercle des étudiants ; Herzen et quelques autres flairent le piège et se tiennent sur la plus grande réserve ; mais plusieurs étudiants accordent leur confiance à Skariatka. L'un d'entre eux, au lendemain de ses derniers examens, qu'il a passés avec succès, donne un repas à ses amis. Les têtes s'échauffent ; en se levant

(1) *Herz*, cœur, en allemand.

de table, les convives dansent une mazourka et entonnent une chanson qui contient des paroles insultantes pour le tsar. Le soir venu, Skariatka, qui fait partie de la réunion, rappelle que ce jour est, par un heureux hasard, celui de sa fête ; tout récemment il a vendu un de ses chevaux ; double raison d'une invitation à venir vider chez lui quelques bouteilles de champagne. L'invitation est acceptée. On s'attable chez Skariatka. Sur sa proposition, on répète à plein gosier le chant révolutionnaire. Au même instant se produit le coup de théâtre préparé : la porte s'ouvre, le grand maître de police Tsinski apparaît, suivi d'une troupe de soldats qui se saisissent des convives.

Herzen n'était pas présent ; il fut atteint par ricochet. Parmi les étudiants arrêtés se trouvait un jeune homme de ses amis, arrivé la veille. Bien qu'il sache quel danger il court à s'intéresser à son sort, Herzen ne néglige aucune démarche pour le sauver. Ce qu'il pouvait craindre et prévoir se réalise. Des instances en faveur d'un suspect rendent le solliciteur suspect au premier chef.

Herzen était rentré chez lui, découragé des tentatives faites pour obtenir la grâce de son ami et qu'il jugeait infructueuses, quand au milieu de la nuit on vint l'arrêter.

Le récit qu'Herzen a donné de son arrestation dans *La Prison et l'Exil* (1), est fort dramatique et peint

(1) *Tiourma i Silka* (La Prison et l'Exil). Londres, 1854. M. Delaveau a traduit d'importants fragments de ce livre, dont nous citons quelques pages.

avec de vives couleurs une de ces scènes qui malheureusement se sont trop souvent renouvelées en Russie.
Il a, par là, une sorte d'intérêt général et documentaire. Laissons donc la parole au narrateur :

« Il était deux heures du matin environ lorsque
mon valet de chambre vint me réveiller, ses habits
en désordre et l'air épouvanté. — On vous demande,
me dit-il... je ne sais quel officier. — Tu ne le connais
pas ? — Non. — Alors je devine le motif de cette
visite, lui répondis-je en jetant ma robe de chambre
sur mes épaules.

« Un homme enveloppé dans un manteau militaire
se tenait à la porte de la grande salle ; je distinguai
près de la fenêtre un panache blanc ; derrière se dressaient plusieurs autres figures ; l'une d'elles était coiffée d'un bonnet de cosaque. Ce visiteur n'était autre
que le maître de police Miller. Il m'annonça qu'un
ordre du gouverneur militaire, pièce qu'il avait entre
les mains, lui enjoignait de faire une perquisition dans
mes papiers. On apporta des lumières et on prit mes
clés. L'officier de quartier et son adjoint se mirent à
visiter mes livres et mon linge ; le maître de police se
chargea des papiers ; tout lui paraissait suspect et il
entassait ces documents accusateurs l'un sur l'autre
à mesure qu'il les parcourait. Tout à coup il se
tourna de mon côté et me dit : — Je vous prie
de vous habiller en attendant ; nous partirons ensemble.

— Où irons-nous ? lui demandai-je.

— Dans le quartier de police de la Prétchistineka,

me répondit-il en adoucissant sa voix et comme pour me tranquilliser.

— Et ensuite?

— L'ordre du gouverneur n'en dit pas davantage.

« Je rentrai dans ma chambre pour m'habiller. Pendant que j'y étais les domestiques effrayés allèrent réveiller ma mère et elle accourut vers moi, mais un cosaque l'arrêta au passage au moment où elle traversait le salon; elle poussa un cri qui me fit tressaillir et je courus à sa rencontre. Le maître de police quitta les papiers et me suivit dans le salon; il adressa à ma mère quelques paroles d'excuses, l'autorisa à passer, rudoya le cosaque qui n'était nullement coupable, et reprit son inspection. Quelques instants après je vis arriver mon père. Il était pâle, mais il s'efforçait de garder un air impassible. La scène devenait pénible. Ma mère était assise dans un coin et pleurait. Le vieillard parlait de choses indifférentes avec le maître de police, mais sa voix tremblait. Craignant de ne pouvoir supporter longtemps ce spectacle et ne voulant point donner au maître de police la satisfaction de me voir pleurer, je le tirai par la manche et lui dis : Partons. — Allons, allons, répondit-il d'un air satisfait.

« Mon père sortit de la chambre, mais il rentra bientôt portant un petit médaillon suspendu à un ruban qu'il me passa autour du cou en me disant que c'était avec cette image que son père l'avait béni pour la dernière fois. J'étais ému. Ce don religieux prouvait à quel point l'inquiétude avait bouleversé l'esprit du pauvre vieillard. Je m'étais jeté à genoux au moment où il me le mettait au cou ; il me releva, me pressa dans ses bras et me bénit. Le médaillon représentait la tête de saint Jean-Baptiste couchée sur un plat d'argent. Etait-ce un exemple, un conseil ou une prophétie ? J'avoue que le sujet de cette image fit alors une assez vive impression sur moi. Ma mère était presque sans connaissance. Toute la maison me suivit sur l'escalier ; ces braves gens fondaient en larmes, me baisaient les mains, m'embrassaient. J'assistais vivant aux scènes qui se seraient passées si on m'avait enlevé de la maison pour me rendre les derniers devoirs ; le maître de police paraissait mécontent et pressait mon départ.

« Lorsque nous fûmes hors de la cour, il réunit le détachement qui se composait de quatre cosaques, de deux officiers de quartier et de deux soldats de police. — Permettez-moi de retourner à la maison, dit au maître de police un homme à barbe qui était assis près de la porte. — Soit, répondit Miller. — Quel est cet homme ? lui demandai-je. — C'est le *dobrosovestnoï* (1), me dit-il. Vous savez bien que la police ne peut entrer dans une maison sans être accompagné d'un de ces hommes. — Pourquoi donc est-il resté à la porte ? — C'est une formalité insignifiante, répliqua Miller ; on aurait mieux fait de le laisser tranquillement dans son lit. — Nous partîmes suivis de deux cosaques à cheval. Au quartier, on ne put me donner une

(1) Délégué chargé d'assister à toutes les opérations de police.

chambre séparée. Le maître de police me fit placer
pour le reste de la nuit dans les bureaux ; lui-même
m'y conduisit, il se jeta dans un fauteuil et me dit en
bâillant : — Maudit service ! à trois heures j'ai dû me
rendre aux courses, et puis voilà votre affaire qui m'a
pris tout mon temps jusqu'au petit jour. Je suis sûr
qu'il est près de quatre heures et à neuf heures il faut
que j'aille au rapport. Adieu, me dit-il quelques
instants après, et il sortit.

« Un sous-officier de police ferma la porte à clé et
m'invita à y frapper si j'avais besoin de quelque
chose. J'ouvris la fenêtre, le jour commençait à poindre,
déjà la fraîcheur du matin se faisait sentir. Je de-
mandai de l'eau au sous-officier et en bus toute une
carafe, je ne songeai seulement pas à dormir. Il
m'aurait été d'ailleurs impossible de me coucher, il
n'y avait pour tous meubles dans le bureau que
quelques chaises de cuir, fort sales, une grande table
couverte de papiers placée au milieu de la chambre,
et une autre plus petite dans un coin, mais également
chargée de paperasses. Une lampe à moitié éteinte
dessinait sur le plafond une tache lumineuse dont
l'image tremblante pâlissait de plus en plus avec le
jour.

« Je m'assis à la place qu'occupait ordinairement le
major et pris le premier papier qui me tomba sous la
main. C'était un billet d'enterrement pour les funérailles d'un domestique serf du prince Gagarine et le
certificat d'un médecin qui constatait qu'il était mort
suivant les règles de la science. J'en pris un autre ;

c'était le règlement de police. Je me mis à le parcourir et j'y trouvai l'article suivant : « Toute personne « arrêtée a le droit d'exiger qu'on lui notifie, au bout « de trois jours, les motifs de son arrestation ou qu'on « la remette en liberté. » Cet article était bon à connaître et je me gardai bien de l'oublier...

« ...Le matin tous les employés du bureau entrèrent l'un après l'autre. Le premier qui parut fut le commis aux écritures et je m'aperçus bientôt qu'il était encore ivre de la veille. Il avait la mine d'un poitrinaire, les cheveux roux, et sa figure couverte de boutons avait quelque chose de bestial. L'habit couleur brique qu'il portait, plein de taches, rapiécé, n'avait pas été fait pour lui. Il fut suivi d'un autre fonctionnaire en capote de sous-officier. Celui-ci, qui était probablement un *cantoniste* (1), se tourna aussitôt de mon côté, et me dit :

— C'est sans doute au théâtre que vous vous êtes fait prendre ?

— Non, j'ai été arrêté à la maison.

— Par Fédor Ivanovitch en personne ?

— Qui appelez-vous Fédor Ivanovitch ?

— Le colonel Miller.

— Oui, c'est par lui.

— Ah ! bien.

« Il fit un signe d'intelligence au rougeaud, qui ne parut y prendre aucun intérêt. Le cantoniste ne continua point la conversation ; il comprit que je n'avais

(1) On donne ce nom à des fils de soldats élevés aux frais du gouvernement.

pas été arrêté pour ivrognerie ou pour voies de fait, et par conséquent je ne lui inspirais aucune sympathie. Peut-être bien craignait-il aussi d'entrer en rapport avec un prisonnier *dangereux*.

« Quelque temps après, je vis arriver des officiers de police encore à moitié endormis, puis des solliciteurs de toute espèce. »

On emmène Herzen chez le grand maître de la police, et de là en prison sans lui faire subir d'interrogatoire. Quelques jours plus tard, une commission d'enquête instruit son affaire, en même temps que celle des autres accusés ; mais les travaux de la commission traînent en longueur, et ce n'est qu'en mars 1835 que la sentence est rendue. Herzen est condamné à l'exil. Il est envoyé à Perm, sur les confins de la Sibérie, puis à Viatka. Il y remplit plusieurs emplois qui le rendent témoin des rigueurs qu'exerce l'autorité administrative en Sibérie. Le souvenir en resta toujours présent à son esprit. « Le vol, dit-il dans *La Prison et l'Exil*, est devenu *res publica*, parmi les fonctionnaires de cette région éloignée. Le pouvoir impérial, qui partout ailleurs frappe et disperse comme des coups de mitraille, ne saurait battre en brèche ces retranchements de boue couverts de neige. »

Un voyage du tsarévitch, le futur Alexandre II, dans le gouvernement de Viatka, a d'heureuses conséquences pour l'exilé. Il attire l'attention des précepteurs du jeune prince, qui parlent en sa faveur, et il reçoit l'autorisation de résider à Vladimir, petite ville qui n'est pas éloignée de Moscou. Il pénètre même à Moscou, et, s'il faut croire certains récits, il y enlève sa jeune fiancée, en la faisant sortir du couvent où elle achevait son éducation. En 1839, il recouvre enfin sa liberté entière.

Comment va-t-il en user ?

On le voit d'abord occuper à Saint-Pétersbourg et à Novgorod divers postes administratifs et judiciaires ; mais son indépendance d'esprit ne pouvait supporter longtemps les chaînes de la routine du fonctionnarisme. Aussi il donne bientôt sa démission et retourne à Moscou. Il y retrouve ses anciens amis, et reprend ses études littéraires.

Ses premières publications dans des revues russes, *le Dilettantisme dans la science* (1842), et les *Lettres sur l'étude de la nature* (1845-1846), sont imprégnées de la philosophie hégélienne. Elles sont signées du nom d'*Iskander*, pseudonyme qu'il garda dans la suite pour toutes ses productions russes, et qui est la traduction de son prénom d'Alexandre en langue persane (1). Herzen y prend à tâche de défendre la science moderne contre ses adversaires, et de démontrer que l'antagonisme de la science et de la philosophie tend à disparaître de plus en plus. Les observations sur les mœurs russes, les réflexions diverses mêlées sans cesse aux considérations philosophiques, firent la fortune des deux opuscules. Ainsi, par exemple, le caractère russe est admirablement jugé dans cette page détachée du *Dilettantisme dans la science :*

(1) Alexandre, en persan, se dit : *Iskandar.*

« Un des traits particuliers aux Russes, c'est l'extrême facilité avec laquelle ils s'approprient les travaux des savants étrangers. Le mot *facilité* est même beaucoup trop faible ; ils font preuve à cet égard d'une habileté, d'une souplesse d'esprit qui n'est pas un des côtés les moins sérieux de leur caractère national. Malheureusement, ce mérite ne saurait compenser une imperfection des plus graves : ils profitent rarement des études auxquelles ils se livrent ainsi. Il leur semble fort naturel que d'autres tirent les charbons ardents du foyer, et que l'Europe consacre son sang, ses sueurs à la recherche de la vérité. A elle, les souffrances d'une longue gestation, d'un enfantement douloureux, d'un long allaitement ; quant à eux, ils en recueilleront volontiers le fruit. Pourquoi pas ? Ils ne se doutent point que ce fruit ne saurait jamais être qu'un enfant d'adoption sans aucun rapport de parenté avec eux ..... Une foule de connaissances sérieuses se sont à la vérité répandues très promptement en Russie, mais elles y demeurent stériles, tant pour chaque individu en particulier, que pour tout le pays. On s'imagine parmi nous qu'il est possible de saisir l'érudition au vol comme une mouche ; puis, une fois la main ouverte, les uns reconnaissent à leur grand étonnement qu'elle est vide, d'autres pensent de bonne foi qu'ils tiennent l'absolu. »

Des nouvelles, et deux romans *A qui la faute ?* (1)

____

(1) *Kto vinovat ?* — Saint-Pétersbourg, 1847.

et *le Docteur Kroupof*, en montrant sous un jour nouveau le talent d'Herzen, lui valent une grande renommée en Russie.

Cette gloire littéraire ne le retient pourtant pas dans sa patrie ; il sent le besoin d'aller élargir encore le cercle de ses idées à l'air libre de l'Occident. Son père meurt ; il est maître d'une grande fortune ; sous le prétexte d'un voyage d'agrément il réussit à obtenir un passeport pour l'étranger, et il part. L'Italie, la Suisse, la France, l'Allemagne, l'Angleterre où il séjourne tour à tour, fournissent des sujets d'observation à son esprit curieux de suivre partout le mouvement social. La Révolution de 1848 lui paraît un instant l'aurore d'un bouleversement de l'Europe ; mais son rêve de régénération sociale est de courte durée ; il se dissipe devant la réalité, en ne laissant après lui que d'amères déceptions. Alors son indignation se déchaîne, et il prodigue les déclarations les plus radicales. Il proclame la nécessité de tout détruire provisoirement pour conquérir la liberté qu'il souhaite. C'est sur des ruines qu'elle doit s'élever.

« La liberté, dit-il (1), n'aura point de paix, tant que tout ce qui est religieux et politique ne deviendra pas simplement humain et ne sera pas soumis à la critique et à la négation. La logique devenue majeure déteste les vérités canonisées, elle les déshabille, les fait descendre du rang angélique au niveau hu-

(1) *De l'Autre Rive* (1850). Traduction française, Genève (1871).

main ; des mystères sacrés elle fait des vérités évidentes ; elle ne considère rien au monde comme intangible ..... Nous ne sommes pas appelés à recueillir les fruits du passé, mais à en être les bourreaux, à le persécuter, à le juger, à le reconnaître sous tous ses masques, à l'immoler pour l'avenir. S'il triomphe en fait, démolissons-le dans les idées, dans les convictions, au nom de la pensée humaine. »

Dans les *Lettres sur la France et l'Italie* (1), publiées la même année, il annonce que de grandes calamités vont fondre sur le vieux monde occidental ; il prédit l'avènement du despotisme militaire, la guerre des pauvres contre les riches : « Le communisme orageux, terrible, sanglant, injuste, passera à toute vapeur ; au milieu des foudres et des éclairs, à la lueur des palais embrasés, sur les ruines des fabriques et des magistratures, comme sur un nouveau Sinaï, apparaîtront de nouveaux commandements, un nouveau décalogue aux termes grossièrement accentués. Le caractère de l'agonie de la vieille Europe commence à se préciser. Elle mourra par l'esclavage, par le *statu quo*, par la maladie byzantine ; elle aurait pu mourir par la liberté, mais elle s'est montrée indigne de cette mort. Un jour, un cosaque du Don viendra réveiller ces paléologues et ces porphyrogenètes, s'ils ne sont pas réveillés par la trompette du jugement de la Némésis populaire qui prononcera contre eux l'arrêt vengeur du communisme. »

(1) Traduction française, Genève (1871).

« Les masses populaires qui s'avancent, dit encore Herzen en termes plus précis, passeront plus difficilement, avec de plus grands obstacles, elles se blesseront les pieds, mais elles passeront quand même et toujours. La force des idées sociales est grande, surtout depuis qu'elles commencent à être comprises du véritable ennemi, de l'ennemi de plein droit de l'ordre actuel, du prolétaire, de l'ouvrier..... : les ouvriers n'ont pas jusqu'à présent conscience de leur force, ne l'ont pas mesurée et les paysans sont en arrière de leur développement. Mais quand les ouvriers et les paysans se donneront la main, alors dites adieu à vos aises, à votre luxe, à votre civilisation ; alors cessera l'absorption de la majorité au profit d'une minorité dont elle doit satisfaire les exigences. Dans l'ordre des idées, l'exploitation de l'homme par l'homme est déjà finie parce que personne ne la croit plus juste. »

Herzen, ce Jérémie du socialisme, se laissa séduire par les hardis paradoxes de Proudhon ; aussi en 1850, il collabora à la *Voix du peuple* du publiciste français. Cette collaboration fut même la cause de son expulsion de France. Il se fixa alors à Nice (1) ; mais

(1) En 1851, Henriette Haag, la mère de Herzen, qui était une femme de manières distinguées, habitait à Zurich une maison située à l'est de la ville. Elle y avait reçu jadis Klospstock, Wieland et Gœthe. Après avoir cherché à Zurich un précepteur à son petit-fils Alexandre, un enfant superbe et charmant de quatre ou cinq ans, mais sourd et muet, elle devait rejoindre son fils à Nice. Le navire sur lequel elle s'embarqua à Marseille fit naufrage, et aucun passager ne fut sauvé. Cette catastrophe fut la cause indirecte de la mort de la femme d'Herzen,

à la suite de malheurs personnels il se retira à Londres, peu après le coup d'Etat du 2 décembre.

C'est à dater de cette époque qu'il devient une puissance, et qu'il exerce son action surtout en Russie. L'exilé a les yeux constamment fixés sur sa patrie qu'il voudrait émanciper en y propageant les idées libérales. Dans ce but il commence à installer à Londres une imprimerie russe qui échappe à la censure, et de là il lance sur l'empire russe des feuilles volantes, des brochures, des livres. *La Propriété baptisée* (1853), est uue vigoureuse critique du servage dans laquelle il signale la nécessité d'une réforme.

L'avènement au trône d'Alexandre II, après la mort de l'autocrate Nicolas, produit en Russie un réveil de l'esprit public. L'heure semble favorable à la réalisation des désirs de l'écrivain russe; il fonde deux revues socialistes qu'il rédige à Londres avec ses amis, d'abord *l'Etoile polaire* ainsi intitulée en souvenir d'un recueil périodique qui avait paru en Russie sous le même titre avant l'insurrection de 1825.

La popularité d'Herzen et son influence grandissent encore avec la fondation, en 1857, de *la Cloche*, publiée en russe. *La Cloche* sonne l'alarme à grande volée. Cette petite feuille légère et satirique se répand partout en Russie ; elle franchissait même, a-t-on dit, les portes du Palais d'hiver, et elle pénétrait jusque dans la chambre à coucher de l'Empereur.

Cependant Herzen s'était assagi. Le gouvernement

à Nice, événement tragique dans lequel un poète renommé de l'Allemagne joua un rôle peu honorable.

russe n'était pas attaqué directement dans *la Cloche*, bien que le programme des réformes proposées ne fût pas de nature à lui plaire. L'administration russe et les abus auxquels elle donnait asile, y étaient vivement battus en brèche. Les plus grands personnages de l'Etat n'étaient pas à l'abri des remarques les plus désobligeantes; les injustices, les scandales étaient relevés sans égard pour la qualité de leurs auteurs. Ce qui contribuait d'ailleurs au succès de *la Cloche*, c'était l'abondance des informations envoyées des diverses parties de l'empire russe à Herzen par des correspondants volontaires heureux de l'aider dans sa tâche.

Sa réputation d'esprit distingué était si bien établie que tous ses compatriotes venant à Londres l'allaient voir. C'était chez lui un continuel défilé de russes fonctionnaires et civils, de généraux, de professeurs, de journalistes, de jeunes gens, même de dames, tous désireux de le consulter sur les questions sociales et politiques.

On a dit avec raison que si « Herzen ne peut pas être considéré comme le chef du parti nihiliste, il est hors de doute qu'il donna la principale impulsion au radicalisme politique et social de la Russie (1) ». Ses adversaires même ne contestent pas cette initiative.

Toutefois, il n'a jamais été le représentant d'un système social et politique complet et parfaitement défini. Son rôle a consisté bien plus à saper les éléments corrompus de la société russe qu'à édifier une théorie.

(1) Etude sur la société russe de M. BENNI. *Fortnightly review*. 1866.

Il est pessimiste et nihiliste par boutades sans avoir
une absolue confiance dans ses prédictions pour un
avenir lointain ; selon les principes de la philosophie de Hégel, il croit à une évolution dans la société
humaine, dont on ne saurait marquer précisément la
marche. Le triomphe même du socialisme ne serait
pas durable : « Le socialisme, écrit-il en décembre
1848, se développera dans toutes ses phases, jusqu'à
ses dernières conséquences, jusqu'à l'absurdité. Alors,
encore une fois, de la poitrine titanique de la minorité
révolutionnaire jaillira le cri de la négation ; et encore
une fois une lutte mortelle commencera, lutte en laquelle le socialisme prendra la place du conservatisme
actuel, et sera vaincu par une révolution à nous inconnue.

« L'éternel jeu de la vie, cruel comme la mort, inévitable comme la naissance, constitue le flux et le
reflux de l'histoire, le *perpetuum mobile* de la vie. »

Les opinions d'Herzen ont subi, durant sa longue
carrière d'écrivain, de notables modifications. Le novateur utopiste qui s'était formé sur la terre de Russie
dépouille peu à peu sa hardiesse d'affirmation par le
contact prolongé avec nos mœurs libérales. Aussi les
révolutionnaires, ses premiers disciples, finirent par
s'écarter de lui et le considérèrent comme un pénitent.
L'expérience acquise dans ses voyages tempère ses
tendances pessimistes ; il ne conçoit plus que les progrès du monde se produisent au milieu de brusques
secousses qui déchirent la société, mais que l'évolution des choses a une marche logique, le présent

préparant l'avenir et servant de transition nécessaire.

Si parfois le penseur russe s'est enivré des idées de liberté, il ne s'est jamais associé à des complots criminels, il ne s'est jamais déclaré le partisan de l'assassinat politique ; il a été un remueur d'idées plutôt qu'un remueur d'hommes ; un homme de plume plutôt qu'un homme d'action (1).

Bakounine

On doit regarder Herzen comme un modéré par rapport à Michel Bakounine, représentant des pires idées de socialisme international, apôtre de l'anarchie, agitateur par tempérament autant que par conviction, pour ne pas dire par folie.

Sa vie n'est pas moins incohérente que ses doctrines ; elle est un tissu de faits étranges et dramatiques.

Bakounine naquit en 1814 dans le gouvernement de Tver, près de Moscou. Il descendait d'une famille russe appartenant à la haute aristocratie. Aussitôt après avoir terminé ses études universitaires, il prit, comme officier, du service dans l'armée ; mais il se dégoûta bientôt de la vie de garnison. Il vint se fixer à Moscou, où il se passionna pour la philosophie hégélienne, et se mêla aux discussions dont elle était l'objet dans tous les cercles d'étudiants et de gens instruits.

(1) Herzen mourut à Paris le 21 janvier 1870, et fut inhumé à Nice auprès de sa femme et de son fils.

Le désir de pénétrer les énigmes de Hégel le
décident à se rendre à Berlin en 1841. Son esprit
inquiet, son tempérament bouillant commencent
dès lors à se donner carrière. L'année suivante,
Bakounine se lie d'amitié avec Arnold Ruge, disciple
de Hégel, et il collabore aux *Annales de Halle (Halle-
schen Iahrbücher)*, dirigées par le savant allemand.
Il est à Paris en 1843 ; inquiété par la police, il passe
en Suisse. Un ordre de rappel du gouvernement
russe ne le décide pas à rentrer dans sa patrie, et cette
désobéissance a pour sanction la confiscation de ses
biens. Curieux de suivre les manifestations du mouvement républicain qui se dessine en France en 1847,
il revient à Paris. Là, à un banquet de Polonais, il
prononce un violent discours contre la politique de
l'empereur Nicolas, et il est expulsé à la suite d'une
plainte adressée contre lui par l'ambassade russe au
gouvernement français. Sa retraite à Bruxelles prend
fin avec la révolution de février. On le voit en Allemagne multiplier ses exploits. Il échappe à la police
de Berlin, va à Prague, puis à Dresde jouer un rôle
de dictateur, et profite d'une insurrection pour y
élever des barricades. Quand l'insurrection de Dresde
est sur le point d'être vaincue, il propose d'incendier
les édifices publics de la ville. Cette fois, il est fait
prisonnier à Chemnitz et condamné à mort par un
conseil de guerre (1850). Sa peine est commuée en
détention perpétuelle. L'Autriche obtient son extra-
dition, et il est de nouveau condamné à mort en 1851.
C'est alors que l'empereur Nicolas le réclame comme

sujet rebelle, le fait amener à Saint-Pétersbourg, et enfermer d'abord dans la citadelle de Petropaulovsk, puis de Schlusselburg. Alexandre II commue la peine de l'emprisonnement, subie depuis sept années, en un exil en Sibérie. Bakounine a la bonne fortune d'y trouver comme gouverneur le général Mouravief, un de ses parents, bien disposé à son égard et qui lui donne toutes facilités de voyager dans cette province. En dépit de la parole donnée, il en profite pour prendre la fuite. A l'embouchure du fleuve Amour, il rencontre un navire américain en partance pour le Japon. Il cède à la tentation de s'y embarquer, et arrive en Angleterre en passant par Yokohama et San-Francisco (1861).

A Londres, Herzen dirige le *Kolokol*, Bakounine y collabore quelque temps, mais son ardeur à jouer un rôle actif, lui inspire le désir d'aller en Lithuanie soulever les paysans, lors de l'insurrection de 1863; il se met en route et est contraint de s'arrêter en Suède. Bientôt après, vers 1865, il essaye d'organiser le socialisme en Italie. Ses intempérances de langage, sa violence de caractère ne lui permettent pas d'être chef de parti. Aux congrès de Lausanne, de Bruxelles, de Berne, il jette des germes de désunion, traitant de réactionnaires ou de bourgeois — terme qui dans sa bouche est le plus méprisant de tous — les plus exaltés socialistes aussi bien que les plus modérés. Au congrès de la *Ligue de la paix et de la liberté*, réuni à Rome en 1869, sous la présidence d'honneur de Victor Hugo, il entreprend vainement de faire voter des résolutions communistes. Furieux de son insuccès, il constitue une société nouvelle selon ses principes, l'*Alliance internationale de la démocratie socialiste*, ce qui amène une rupture complète avec Karl Marx, trop jaloux de son autorité pour admettre la formation d'un groupe socialiste qui n'obéisse pas à sa direction.

Survient la guerre de 1870, Bakounine professe pour les Allemands une haine terrible, comparable seulement à l'enthousiasme qu'il avait montré dans sa jeunesse pour leurs idées philosophiques les plus radicales. Le 28 septembre 1870, il a la fantaisie de produire à Lyon un soulèvement; il échoue piteusement. La Commune pourrait le considérer comme un de ses membres, et même un de ses organisateurs. Sa brochure *Lettres à un Français* (septembre 1870) contient un programme d'action que les communards ont suivi dans ses grandes lignes. Le dernier épisode de cette odyssée, c'est sa fuite de Paris. Il se retire en Suisse, et fonde à Genève le journal *l'Egalité*. A Zurich, dans le monde des étudiants, il continue sa propagande révolutionnaire; il a pourtant peu de partisans quand il meurt à Berne (2 juillet 1876).

Le portrait physique du révolutionnaire russe est conforme à l'image que l'imagination peut s'en former. « C'était — dit M. Mathey qui l'a connu en Suisse vers la fin de sa vie — une sorte de géant puissant et lourd, coiffé d'un chapeau de feutre mou et gris que je ne lui ai jamais vu ni soulever ni quitter.., la tête énorme, couverte d'une forêt de cheveux longs et en désordre, jamais peignés, la barbe, embroussaillant le bas du visage et une partie des joues, couronnaient bien l'ensemble du monument. Il couchait tout habillé, tout botté, tout coiffé sur une planche que soutenaient deux tréteaux bas et que recouvrait un matelas. Sa femme, madame Antonia, une polonaise, avait tous les goûts, toutes les allures, toutes les habitudes de la femme du monde ». Le père de madame Antonia avait aidé en Sibérie à l'évasion de Bakounine et s'était enfui avec lui.

La simple énumération des événements qui ont rempli la vie de Bakounine, complétée par son portrait physique, est, pour employer un mot à la mode, singulièrement suggestive. Les actes du révolutionnaire sont l'expression directe, la conséquence de ses doctrines. Il aurait pu inscrire en tête de son programme, le décret fantaisiste qu'un homme d'esprit proposait au gouvernement provisoire de 1848 : « Article unique : Rien n'existe plus. Personne n'est chargé de l'exécution du présent décret. — Signé : Néant. »

La rage de destruction du révolutionnaire russe est formulée en termes nouveaux, tant elle est étrange. La réalité disparaît sous ses yeux ; il n'en tient pas compte ; sa panacée universelle pour tous les maux dont souffre l'humanité, c'est le mal absolu, l'anéantissement de tout ce qui existe, « l'amorphisme ». Avant de songer à rien établir, il faut faire table rase de toute institution sociale ; on aura alors une société « amorphe », c'est-à-dire informe (α privatif et μορφή, forme), un véritable chaos, et c'est de ce chaos que sortira la société nouvelle. Il est nécessaire de détruire tout radicalement, sans aucune réserve, car, si une seule forme déterminée subsistait, tout le grand effort de la destruction serait vain ; cette forme « deviendrait l'embryon d'où naîtraient toutes les anciennes iniquités sociales ». D'ailleurs l'anarchiste pourra, l'esprit libre et de gaieté de cœur, se mettre à l'œuvre pour accomplir une pareille entreprise. « Que votre bonheur soit votre seule loi », a dit Bakounine dans un de ses discours de Genève.

L'alliance internationale de la démocratie socialiste (1869) a indiqué, d'une manière plus explicite et avec une violence emphatique, le but que lui avait assigné son fondateur. « L'association des frères internationaux veut la révolution universelle, sociale, philosophique, économique et politique à la fois, afin que de l'ordre actuel des choses, fondé sur la propriété, sur l'exploitation, sur le principe de l'autorité soit religieuse soit métaphysique, bourgeoisement doctrinaire ou même jacobinement révolutionnaire, il ne reste pas pierre sur pierre dans toute l'Europe d'abord, et ensuite dans le reste du monde, au cri de : « Paix aux travailleurs ! liberté à tous les opprimés ! » et de : « Mort aux dominateurs, exploiteurs et tuteurs de toute sorte ! » Nous voulons détruire tous les Etats et toutes les Eglises, avec toutes leurs institutions et leurs lois, religieuses, politiques, juridiques, financières, policières, universitaires, économiques et sociales, afin que tous ces millions de pauvres êtres humains trompés, asservis, tourmentés,

exploités, — délivrés de tous leurs directeurs et bienfaiteurs officiels et officieux, associations ou individus, — respirent enfin avec une complète liberté. »

Mais comment les bakouninistes entendent-ils jouir
de cette liberté? Quel est le plan de leurs réformes,
leur projet de rétablissement de la société après qu'elle
aura été ébranlée jusque dans ses fondements? L'alliance ne donne que des indications sommaires, qui
permettent tout au plus de marquer ses tendances.
« Elle veut, dit son programme, que la terre, les
instruments de travail, comme tout autre capital,
devenant la propriété de la société collective tout
entière, ne puissent être utilisés que par les travailleurs, c'est-à-dire par les associations agricoles et
industrielles. Elle reconnaît que tous les Etats politiques et autoritaires actuellement existants devront
disparaître dans l'union universelle des libres associations. »

Cette revendication des instruments de travail et
de la propriété collective du sol, dans l'opinion de
Bakounine, est faite en faveur de la commune. Le fou-
gueux agitateur, jusque dans ses erreurs, reste russe
et panslaviste. Son idéal n'est pas fort différent de ce
qui existe dans la commune russe, le *mir*, s'adminis-
trant lui-même et répartissant entre ses habitants la
terre dont il dispose. Bakounine est un partisan du
communisme agraire (1).

(1) De là une très singulière opinion émise sur Herzen et
sur Bakounine par M. Rodolphe Meyer, historien très com-
pétent du socialisme. « D'après M. Meyer, dit M. l'abbé Win-

Les doctrines de Bakounine, si utopiques, si insensées qu'elles soient, sont pourtant dangereuses. L'amorphisme ne saurait être obtenu par ses partisans sans que ceux-ci mettent en jeu les moyens les plus sanguinaires, les plus barbares. Qui veut la fin veut les moyens, dit le proverbe. Aussi c'est sans ambages que Bakounine dit, dans *les Principes de la Révolution*, feuille volante imprimée à Genève en russe : « N'admettant aucune autre activité que celle de la destruction, nous déclarons que les formes dans lesquelles doit s'exprimer cette activité peuvent être extrêmement variées : poison, poignard, nœud coulant. La révolution sanctifie tout sans distinction. » Et dans les *Paroles adressées aux étudiants* nous

terer, député au parlement allemand, l'agitation russe en Suisse et en Angleterre par Bakounine et Herzen n'était pas dirigée contre la Russie, mais contre l'Europe occidentale, au profit de la Russie. Herzen et Bakounine n'étaient que *des agents russes*, soit au service direct du gouvernement, soit au service du parti panslaviste ; la cause des deux agitateurs est le panslavisme et non le socialisme de l'internationale.... M. Meyer n'est pas seul de son avis. Karl Marx et ses adeptes ont accusé depuis longtemps Bakounine d'être un agent russe. D'ailleurs M. Meyer ne s'en réfère pas simplement aux accusations de certains socialistes ; la vie de Bakounine, ses entreprises, ses écrits, son système, tout est sérieusement passé en revue, et tout semble confirmer les soupçons qui planent sur le cynique blasphémateur des congrès suisses. » (*Le Socialisme contemporain*, p. 153. Paris, 1878.) Mais, dans cette hypothèse, comment expliquer que Karl Marx se soit fait, dans une certaine mesure, le complice de Bakounine, en publiant *le Catéchisme révolutionnaire* ? Faut-il donc admettre que Karl Marx, lui aussi, a été dupe, au moins à une certaine époque ? Cela n'est guère vraisemblable.

lisons encore cette folle affirmation : « Le brigand est le vrai héros, le vengeur populaire, l'ennemi irréconciliable de l'Etat, le véritable révolutionnaire en action, sans phrases et sans rhétorique puisée dans les livres. »

Les nihilistes assassins dont nous raconterons plus loin les criminels attentats, tiennent le même langage, et ils mettent en pratique les principes que Bakounine a posés. Détachons quelques paragraphes du *Catéchisme révolutionnaire* de l'agitateur russe, où il trace les devoirs du parfait révolutionnaire. On verra par cette citation, éloquente à sa manière, mieux que dans un commentaire, jusqu'à quel degré peut être exalté le fanatisme anarchique.

« Le révolutionnaire, dit Bakounine, est revêtu d'un caractère sacré. Il n'a rien qui lui soit personnel, ni un intérêt, ni un sentiment, ni une propriété, ni même un nom. Tout en lui est absorbé par un objet unique, par une pensée unique, par une passion unique : la Révolution.

« Il a rompu absolument, au plus profond de son être, avec tout l'ordre civil actuel, avec tout le monde civilisé, avec les lois, les usages, la morale. Il en est l'adversaire impitoyable, il ne vit que pour les détruire.

« Le révolutionnaire méprise tout le doctrinarisme et toute la science présente ; il ne connaît bien qu'une seule science : *la Destruction*. Il étudie la mécanique, la physique, la chimie, et parfois la médecine ; mais *ce n'est que dans le but de détruire*. Il se livre, dans le même dessein, à l'étude des hommes, de leurs caractères, de leurs conditions sociales actuelles. Son désir sera toujours la destruction la plus prompte et la plus sûre de ces ignobles conditions.

« Le révolutionnaire méprise l'opinion publique. Il a le même mépris et la même haine pour la morale actuelle dans toutes ses manifestations. Pour lui, tout ce qui favorise le triomphe de la Révolution est honnête ; tout ce qui entrave ce triomphe est immoral et criminel... Entre lui et la société il y a lutte à mort incessante, irréconciliable. Il doit se préparer à mourir, à supporter la torture et à faire périr de ses propres mains tous ceux qui font obstacle à la révolution. Tant pis pour lui s'il a dans ce monde des liens de parenté, d'amitié ou d'amour ! Il n'est pas un vrai révolutionnaire si ces attachements arrêtent son bras. Cependant il doit vivre au milieu de la société, feignant d'être ce qu'il n'est pas. Il doit pénétrer partout dans la haute classe comme dans la moyenne, dans la boutique du marchand, dans l'église, dans les bureaux, dans l'armée, dans le monde littéraire, dans la police secrète et même dans le palais impérial.

« Il faut dresser la liste de ceux qui sont condamnés à mort et les expédier d'après l'ordre de leur malfaisance relative.

« L'élément le plus précieux, ce sont les femmes complètement initiées et qui acceptent notre programme tout entier. Sans leur concours nous ne pouvons rien faire. »

Cette page du *Catéchisme révolutionnaire* n'est pas

seulement un portrait du nihiliste, tel que nous le trouverons dans le récit des attentats, mais encore un portrait ressemblant dans ses grandes lignes à celui des anarchistes de profession, dont Ravachol, Vaillant, Emile Henry, Caserio ont fourni des modèles assez complets. Les dynamiteurs pourraient, au même titre que les nihilistes, être considérés comme des disciples de Bakounine (1), si ce n'était beaucoup d'honneur leur faire de supposer qu'ils agissent dans un but déterminé, même absolument chimérique. Leurs seules passions actives sont la haine et l'envie ; ils ne peuvent prétendre que le bruit de leurs explosions aura dans l'avenir de longs échos et sera le signal d'une régénération sociale. Des négations ne produisent rien.

L'influence de Bakounine sur la jeunesse russe a été beaucoup moindre que celle de Herzen et même de Tchernichevski ; mais il a sa place marquée à côté d'eux comme théoricien du nihilisme, à l'extrême gauche de ce parti. D'ailleurs, ces trois agitateurs, en orientant leurs idées, chacun dans une direction propre, font bien connaître le nihilisme raisonneur et doctrinal sous ses principaux aspects.

Voyons quels développements le nihilisme a pris en Russie dans l'ordre des faits.

(1) L'anarchiste Sébastien Faure, que Vaillant, l'auteur de l'attentat contre la Chambre des députés, a choisi pour exécuteur testamentaire, chargé de l'éducation de sa fille, est, dit-on, un admirateur enthousiaste des théories de Bakounine, et un ami du prince Krapotkine, réfugié à Londres.

CHAPITRE III

ICOLAS meurt; la Russie se dégage brusque-
ment de l'oppression que lui a fait subir
l'autocrate. Dès l'avènement d'Alexandre II
au trône, les idées d'égalité sociale et de liberté politique envahissent les esprits. Tout en favorise la fermentation. Les principes socialistes et révolutionnaires
sont accueillis, comme on l'a vu, avec une faveur
marquée dans le monde des étudiants russes. La
guerre de Crimée vient de découvrir la faiblesse du
colosse moscovite aux prises avec les Etats constitutionnels de l'Europe ; elle apparaît, a dit un des principaux historiens de la Russie, M. Rambaud, « comme
une immense banqueroute de l'autocratie (1) ». Puis,
en raison du progrès des mœurs publiques, le fardeau
des institutions surannées se fait lourdement sentir.
Le servage, en particulier, est la source d'abus si
graves qu'il est urgent d'y porter remède.

Le servage n'était qu'une forme de l'esclavage an-

(1) *Histoire de la Russie.*

tique, une réforme en apparence plutôt qu'en réalité. Le règlement qui l'avait constitué dans les dernières années du seizième siècle, relâchait les liens de servitude de l'esclave en l'attachant à la terre, au lieu de le laisser sous la dépendance immédiate et personnelle du seigneur. Ce règlement qui devait remédier aux défauts d'un ancien état de choses, ne produisit pas les effets attendus. Cela n'est pas surprenant. Il ne limitait pas d'une manière précise les exigences du maître à l'égard du serf. Le règne de l'arbitraire se perpétuait.

Il y avait en Russie deux façons de tirer un revenu de la terre : soit en dirigeant les travaux de culture et l'exploitation, soit en faisant payer au serf une redevance annuelle en argent, que l'on nommait *obrok*. L'autorité du maître était sans contrôle ; à son gré, il avait le droit d'infliger à son serf les plus durs châtiments : le désigner comme *recrue*, le faire déporter en Sibérie, le faire battre de verges, l'arracher à ses foyers afin de coloniser une terre lointaine. Les malheureux paysans, pressurés par des maîtres avides comme il s'en trouvait parfois, n'avaient pas une condition plus heureuse que celle des esclaves. Il ne manque pas de récits véridiques pour le prouver. En voici un que recommande le nom de son auteur, M. Schédo-Ferroti :

« Durant mon séjour à Orel, dit M. Schédo-Ferroti (1), j'avais un cocher auquel je payais 25 roubles-

(1) *Etudes sur l'avenir de la Russie : la liberté des paysans.* Berlin, 1858.

assignats par mois, le défrayant de tout, et lui
donnant l'habillement dont il avait besoin quand il
conduisait la voiture, sauf ses habits de tous les
jours et ses bottes ; qu'il devait se fournir à ses propres frais. Cet homme, d'une conduite exemplaire,
très soigneux de mes chevaux, n'avait qu'un seul défaut, celui de s'endormir sur son siège chaque fois
qu'il lui arrivait de m'attendre une demi-heure.

« Je le grondai à plusieurs reprises pour cette
mauvaise habitude, et voyant qu'il n'en tenait aucun
compte, je chargeai mon valet de chambre de le ser-
monner et de lui déclarer que je me verrais obligé de
le renvoyer dans la crainte des accidents qui pourraient arriver à mes chevaux par suite de sa somno-
lence. Cette circonstance me donna le secret de ce
sommeil irrésistible, si peu naturel chez un homme
jeune et bien portant. J'appris que mon pauvre
Vasili ne dormait pas la nuit. Connaissant un peu le
métier de cordonnier, il passait les nuits à réparer
les bottes de tous les domestiques du voisinage, ne
quittant souvent ce travail qu'à l'aube du jour pour
aller soigner mes chevaux. Après quoi il nettoyait la
voiture et les harnais, ce qui le menait jusqu'à huit
ou neuf heures du matin ; alors il fallait atteler pour
me conduire en ville. Emu de pitié, et sentant qu'un
travail aussi accablant ne pouvait être entrepris que
sous la pression du malheur, je me rendis à l'écurie
pour parler moi-même à Vasili. Le pauvre garçon se
jeta' à mes pieds en me priant de ne pas le renvoyer,
disant : « Je suis déjà en retard d'une partie de

« l'*obrok* de l'année passée ; si vous me chassez, je
« pourrais bien rester tout un mois sans place et je
« serais un homme perdu. »

« J'appris alors qu'avec vingt-sept autres malheureux (parmi lesquels onze femmes), il formait l'héritage de Mlle D..., vieille fille du plus détestable caractère et que je connaissais pour l'avoir rencontrée chez
le major Sen... Après la mort de leur père, Mlle D...
et ses quatre sœurs avaient partagé entre elles les
cent cinquante-six paysans du village de B..., qui était
resté à peu près inhabité. Ces demoiselles trouvaient
moins d'avantages à faire cultiver leurs terres qu'à faire
de leurs serfs des ouvriers et des domestiques en leur
imposant des *obrok* exorbitants.

« Mon cocher payait par an 300 roubles-assignats,
c'est-à-dire juste autant qu'il recevait de gages. Or,
comme l'année précédente il avait été malade pendant
six semaines et sans place durant quinze jours, il était
arriéré de 50 roubles *d'obrok*. C'était pour rattraper
cette somme et obtenir en outre ce qu'il lui fallait pour
ses habits et sa chaussure que ce malheureux était
réduit à travailler nuit et jour, sans avoir l'espoir de
pouvoir gagner un rouble pour lui-même, ni de voir
finir cette torture autrement qu'avec sa vie. Le jour
où je parlai à Vasili, il avait déjà soldé 33 roubles de
sa dette et n'en devait plus que 17. Tirant de mon
portefeuille un billet de 25 roubles, je lui en fis cadeau,
l'engageant à remettre à sa maîtresse ce qu'il lui devait. Il me remercia les larmes aux yeux en disant :
« Maintenant je vais dormir toute la nuit, car ce qu'il

« me faut pour mes bottes et mes habits de tous les
« jours, je puis bien le gagner durant la journée. »

« Avec cela pas une plainte, pas un reproche contre
l'auteur de ses souffrances, et pourtant les procédés
dont usait Mlle D... n'étaient rien moins qu'humains.
Dès qu'un de ses serfs se montrait inexact dans ses
paiements, elle le faisait revenir auprès d'elle dans sa
maison d'Orel, et l'occupait à travailler dans un vaste
jardin potager qui en dépendait ; mais elle nourrissait
si peu le pauvre serf et le traitait si mal qu'il préférait lui abandonner jusqu'au dernier rouble qu'il pouvait gagner en louant ses services à un autre maître ;
il avait du moins la chance d'être bien nourri et mieux
traité.

« Engagé dans cette voie, je ne pus maîtriser mon
désir d'en connaître plus long sur cette affaire. J'allai
aux informations et j'appris que du temps du vieux
D... le village de B... était florissant, et que ses
paysans passaient pour aisés et même pour riches. Il
est vrai qu'alors M. D..., avec un bien de cent cinquante-six âmes, n'avait que 5 ou 6 mille roubles de
rente, tandis que Mlle D... avait eu le talent d'extorquer,
des vingt-sept personnes qui formaient sa part, 3.100
roubles, car les seize hommes lui payaient 2.400 roubles et les onze femmes 700 roubles, ce qui relativement est encore plus exorbitant, vu la modicité des
gages que reçoivent les servantes en Russie. »

Ce tableau d'une éloquente tristesse suffit à montrer l'urgence de la réforme qu'Alexandre II était à la
veille d'accomplir. L'intérêt politique et économique

de l'empire était en jeu. Puis les liens du servage tendaient à se relâcher à mesure que, par la force même des choses, l'esprit de tolérance s'infiltrait en Russie dans la société contemporaine.

L'empereur Alexandre avait raison quand il disait à la noblesse de Moscou : « Il vaut mieux abolir le servage par une mesure venant d'en haut qu'attendre le moment où il s'abolira lui-même d'en bas (1). » Alexandre II aimait son peuple; il voulut user de son pouvoir afin d'alléger les souffrances, de mériter les sympathies et l'amour de ses sujets. L'acte d'abolition du servage (19 février, 3 mars 1861) rend son nom digne d'être inscrit sur la liste des bienfaiteurs de l'humanité (2). Emanciper les serfs, c'était affranchir quarante-huit millions d'hommes, rendre à des esclaves d'hier la jouissance immédiate des droits civils, leur permettre l'accès de la propriété territoriale.

(1) « Les violences du peuple pour se défendre contre les excès des nobles étaient le seul frein mis à l'arbitraire des propriétaires... Au temps du servage, les assassinats des propriétaires et de leurs intendants étaient des faits presque habituels. Pendant les vingt dernières années du règne de Nicolas Ier, on constate 268 cas de ce genre, et ce chiffre est très inférieur à la réalité. Les soulèvements de tout un village ou de tout une volost étaient plus fréquents encore. Dans la même période de vingt années, M. Semevsky (les *Paysans sous Catherine II*, p. 375) évalue le nombre de ces émeutes de paysans à 420. » (*La Russie politique et sociale*, par L. Tikhomirof. Paris, 1886, p. 190.)

(2) Alexandre II affranchit, le 6 août 1858, les serfs de son domaine (23 millions) et ceux des apanages de la famille impériale (3 millions). Le 19 février 1861, il promulgua l'acte

Une pareille réforme n'était pas moins qu'une révolution. Pourquoi n'a-t-elle pas produit l'effet que le tsar en avait auguré ? Sans entrer dans les détails, il convient d'en signaler les principaux motifs. Si l'on invoque aujourd'hui le besoin de liberté en Russie, si l'on prétend que des réformes sont encore désirables pour mettre fin aux agitations nihilistes, n'objecte-t-on pas avec apparence de raison : « Que peut faire le tsar ? L'autocratie semble nécessaire en Russie. Les expériences de libéralisme sont dangereuses. Voyez de quelle manière Alexandre II a été récompensé de l'émancipation des serfs ? Quel a été le résultat de ses réformes ? »

Il est hors de doute que les conséquences générales de l'émancipation des serfs ont contribué à la prospérité de l'empire en même temps qu'elles ont été bienfaisantes pour le propriétaire foncier et pour le paysan. L'émancipation obligeait le propriétaire à s'intéresser directement à l'exploitation de ses domaines, à renoncer à ses habitudes d'indifférence et de paresse, favorisées par la certitude de toucher des revenus par les mains de ses serfs taillables et corvéables à merci ; le moujik, de son côté, devait trouver dans la liberté une cause puissante d'émulation, puisque désormais il était appelé à récolter lui-même les fruits de son travail. Mais y a-t-il eu jamais des bouleversements dans les rapports sociaux sans tiraillements, sans intérêts lésés, sans espoirs déçus ? La

d'émancipation des serfs de la noblesse (22 millions). Cf. *Les Nihilistes et la Révolution en Russie*. Paris, 1882.

noblesse ne se crut pas indemnisée de l'aliénation de ses domaines par les sommes d'argent reçues en paiement. Aux sacrifices qu'on lui imposait, elle désirait des compensations et des avantages que le tsar était impuissant à lui procurer. Elle redoutait d'avoir des terres sans paysans.

D'autre part, le paysan redoutait la liberté sans terre. *Je suis à toi,* dit le moujik au seigneur, d'après un adage populaire, *mais la terre est à moi.* Aussi, voyant qu'on ne lui livrait point la terre libre de charges, de redevances, d'impôts, il ne fut que médiocrement satisfait des faveurs dont il était l'objet. A vrai dire, avait-il lieu de se réjouir beaucoup? Il était libre, mais la liberté n'apportait point un adoucissement immédiat à ses maux; s'il ne subissait plus la domination d'un maître tyrannique, il restait courbé sous la servitude de la misère (1). De même, l'abolition de l'esclavage n'a-t-elle pas eu pour premier effet de laisser à des nègres la liberté de mourir de faim?

L'émancipation des serfs parut aux libéraux l'au-

(1) Les paysans ne pouvaient racheter leurs terres qu'avec le consentement du propriétaire, d'où il résulta que l'émancipation ne se fit pas d'une façon complète et régulière. Le rachat, dit M. Leroy-Beaulieu (*l'Empire des tsars et les Russes*, t. I, p. 439), qui déliait les anciens serfs de toute obligation envers leurs seigneurs, n'était pas encore effectué dans toute la Russie en 1880. Plus de 25 pour 100 des serfs émancipés dans les huit gouvernements du centre étaient encore *temporairement obligés.* Pour mettre fin à une pareille anomalie, un oukase d'Alexandre III a rendu le rachat obligatoire à partir de 1883. Le fils a eu ainsi l'honneur de compléter l'œuvre du père.

rore d'une ère nouvelle ; ils crurent voir des horizons largement ouverts aux progrès de leurs idées ; impatients d'en atteindre les limites et comme sous l'influence d'une sorte d'enivrement, ils prirent des mirages pour des réalités. Le programme de réformes suivi par Alexandre II ne répondit point à leur attente. L'oukase du 29 septembre 1862 sur l'administration de la justice et l'établissement du jury ; l'oukase du 13 janvier 1864 créant une certaine autonomie administrative par l'institution dans trente-cinq provinces des *zemtsvos*, assemblées électives de district et de province appelées à se prononcer sur les intérêts locaux ; la liberté de la presse accordée, en 1865, aux deux villes de Moscou et de Saint-Pétersbourg (1), étaient autant de mesures qui modifiaient assurément la surface des choses ; l'état de malaise général ne persistait pas moins dans les couches profondes de la nation. Puis la politique gouvernementale parut regretter ces premières innovations ; elle en restreignit la portée en mettant des barrières aux aspirations des libéraux qu'elle venait d'encourager. De là les déceptions des esprits surexcités et leur transformation en sentiments d'agression. N'est-il pas vrai que l'évanouissement des espérances, dont la réalisation semble prochaine, n'est guère moins

(1) Cf. *Die Entwickelung des Nihilismus*, par Nicolaï Karlowitsch (pseudonyme de C. Nikolaus von Gerbel-Embach). Berlin, 1880, p. 63. — *Die Nihilisten*, von Johannes Scherr. Leipzig, 1885, p. 57.

En 1861, la censure préventive avait été remplacée par le système des avertissements et du cautionnement.

pénible à l'homme que le renoncement à des droits acquis ?

Comment, à un certain moment, Alexandre II fut-il amené à modifier l'orientation de sa politique ? C'est que son esprit naturellement bon manquait de la fermeté, de la ténacité nécessaires pour assurer le succès de ses réformes. Il semble avoir usé les ressorts de sa volonté à vaincre les résistances qui en avaient précédé l'accomplissement. L'heure était proche où il céderait aux influences de son entourage. La noblesse avait été mécontente de l'émancipation des serfs. Cette émancipation lui semblait préjuciable, en ce qu'elle troublait son apathie et la contraignait à rechercher des moyens d'existence dans un travail personnel. Aussi bien, ses partisans à la cour s'efforçaient de circonvenir Alexandre et de lui inspirer la défiance d'une politique progressive et libérale. Des voix autorisées encourageaient les tendances du parti rétrograde en proclamant la grandeur de l'autocratie. « En Russie, disait M. Katkof, dans la *Gazette de Moscou*, il n'y a qu'une volonté unique qui puisse dire : le droit, c'est moi. Devant elle soixante-dix millions d'individus se courbent comme un seul homme. Elle est la source de tout droit, de tout pouvoir, de tout mouvement dans la vie de l'Etat... La nation croit que le cœur du tsar est dans les mains de Dieu... Quand il s'ébranle, tout s'ébranle. Servir le souverain ne doit pas être exclusivement le devoir de l'administration bureaucratique. Dans le sens que ce mot de pouvoir suprême a en Russie, tout le monde doit se croire, à quelque degré que ce soit, le serviteur du souverain. »

Un événement inopiné se produisit juste à point pour décider Alexandre II à renoncer à ses projets philanthropiques et libéraux.

CHAPITRE IV

E 4/16 avril 1866, après une promenade au Jardin d'été de Saint-Pétersbourg, le tsar remontait dans sa voiture, lorsqu'un jeune homme tira sur lui un coup de pistolet et le manqua. Un paysan, Komisarof, qui se trouvait là par hasard, d'un mouvement brusque, avait fait dévier le bras du régicide. Il fut généreusement récompensé de sa présence d'esprit. Le tsar conféra la noblesse à son sauveur et lui fit don d'un apanage territorial. Les nobles ouvrirent en sa faveur une souscription nationale qui l'enrichit.

L'assassin, Dimitri Vladimir Karakosof, jeune homme de vingt-quatre ans, de famille noble, était un étudiant exclu, depuis l'année précédente, de l'université de Moscou pour n'y avoir pas acquitté les droits d'inscription. D'abord on fit courir le bruit qu'il était Polonais, et on le désirait; mais, informations prises, on dut se rendre à l'évidence. Karakosof était Russe. Cela affligeait l'empereur : « Ce qu'il y a de plus triste, dit-il, c'est que l'assassin est un Russe. »

L'attentat eut un immense retentissement; il produisit une impression profonde, tant sur le tsar que sur l'opinion publique. Le gouvernement mit sur pied sa police et investit le général Mouravief de tous pouvoirs, afin de faire une minutieuse enquête sur toutes les circonstances du crime et de saisir les complices du meurtrier. Mouravief, qui venait d'exercer de sanglantes rigueurs contre les Polonais, s'acquitta avec ardeur de sa nouvelle tâche et promit à l'empereur de mettre la main sur « tous les fauteurs de l'abominable complot ou de mourir à la peine ». Mouravief était d'un caractère singulièrement violent, s'il faut croire le récit, donné par un journal nihiliste (1), du premier interrogatoire qu'il essaye de faire subir à Karakosof dans sa prison. Mouravief y entre escorté de gendarmes et s'adressant à Karakosof : « Lève-toi, serpent », s'écrie-t-il. Karakosof fait semblant de ne rien entendre et reste couché : « Pourquoi veux-tu que je me lève? ce n'est pas moi qui ai besoin de toi, mais c'est toi... » Mouravief, ne pouvant contenir sa fureur, répliqua d'une voix saccadée : « Tu parleras, brigand, je t'étranglerai.., oui!... de... mes mains.., de mes propres mains...., entends-tu...; je suis un ours russe, et lorsque je t'attraperai, je te briserai les os un à un. » Il y eut un moment de silence, Moura-

(1) Ce récit n'a qu'un intérêt purement anecdotique, en raison de sa provenance suspecte. Il est à coup sûr exagéré.

vief, pâle et tremblant, crispe ses poings, tandis que Karakosof se lève lentement en secouant ses fers, fait un pas, puis un second vers son questionneur, et s'arrête, le touchant presque : « Voyons, brigand, crapule, ignoble bourreau, que me veux-tu? Tu es un ours russe ordinaire, noir; moi je suis l'ours blanc des neiges polaires; allons, à nous deux maintenant! » Mouravief, à ces mots, s'affaisse sur le tabouret qu'on lui avait apporté et appelle les gendarmes; Karakosof lui tourne le dos et se recouche sur son grabat sans rien ajouter.

Au moment de son arrestation, Karakosof s'était écrié, en voyant l'attitude menaçante de la foule qui l'entourait : « Pourquoi vous ruez-vous sur moi? Je me suis sacrifié pour vous; j'ai voulu vous venger de celui qui vous a trompés et qui vous opprime. » Et à l'empereur, qui lui demandait la raison de son acte, il avait nettement répondu : « Parce que vous avez trompé le peuple en ne lui donnant qu'une liberté illusoire et l'émancipation sans terres (1). » On tenta vainement d'arracher des aveux et des dénonciations à Karakosof (2); on découvrit seulement qu'il était affilié au club *l'Enfer* de Moscou, société secrète qui

(1) *L'Empereur Alexandre II*, par M. de Mazade. (*Revue des Deux Mondes*, avril 1868.)

(2) Karakosof, atteint d'une maladie incurable, doué médiocrement d'ailleurs, d'un caractère inflexible et d'une nature emportée, s'était proposé pour accomplir l'attentat. Cf. *Geschichte der revolutionæren Bewegungen in Russland*, von Alphons Thun. Leipzig, 1883, p. 38.

avait précisément inscrit sur son programme l'assassinat du tsar (1).

L'attentat de Karakosof est le point de départ
d e poursuites vigoureusement dirigées dans tout
l'empire contre les sociétés secrètes. On voit la
Troisième section de la chancellerie impériale, jadis
l'institution favorite de Nicolas, reprendre son ancienne importance ; de nouveau, elle devient une juridiction mystérieuse, forme un ministère indépendant,
joue dans le mécanisme gouvernemental russe le
même rôle que, dans l'organisme humain, ces centres
nerveux qui commandent les mouvements aux muscles.

La Troisième section, sous Alexandre II, jusqu'à
sa suppression en 1880, fut l'instrument de compres-
sion de toutes les agitations socialistes, révolutionnaires, nihilistes (2). C'était perpétuer des traditions.

(1) L'*Enfer (Ad)* s'était recruté principalement dans les conférences d'étudiants (*Krouschki Samoobrasovaniya*), alors très
nombreuses en Russie. Ce club avait pour but la propagande
révolutionnaire dans le peuple que les jeunes socialistes
croyaient mûr pour un soulèvement. Le fanatique matérialiste
Choudakof en était l'âme. Il avait le dessein de mettre l'*Enfer*
en rapport avec des sociétés de même genre, à Saint-Pétersbourg, et de nouer des relations avec l'*Internationale.*

(2) D'après des témoignages sérieux, de 1823 à 1858, le
nombre des déportés, en Sibérie, se serait élevé à 304.000,
dont la moitié seulement auraient été des criminels condamnés par les tribunaux. D'après les comptes rendus de l'administration des prisons (1885), le maximum de la déportation
sibérienne a été atteint dans les années 1875-1878 ; le total des
exilés s'est élevé, une année, à 19.000. En 1883, il est arrivé
en Sibérie 13.000 déportés, et 14.300 condamnés à la déportation étaient détenus dans les prisons.

M. Anatole Leroy-Beaulieu, dont l'autorité sur les choses de Russie n'est pas contestable, nous les fait connaître sous de noires couleurs : « De Pierre le Grand aux derniers jours d'Alexandre II, aucun engin de despotisme et d'oppression, pas même, peut-être, l'inquisition espagnole n'a fauché tant de vies humaines et broyé tant d'existences, d'autant plus qu'aucun n'a jamais fonctionné plus discrètement et avec moins de bruit. Il n'y aurait pas de martyrologe aussi long que celui de cette chancellerie d'Etat. Le nombre de ses victimes de tout rang, de tout âge, de tout sexe, est d'autant plus grand et plus difficile à compter, que, au lieu d'en faire de publics autodafés, elle les entourait presque toujours du mystère, et les ensevelissait dans les neiges silencieuses de la Sibérie ; que, pouvant s'en débarrasser sans en avoir le sang sur les mains et sans en entendre les cris, elle se montrait d'autant moins scrupuleuse et compatissante (1). »

Une cour de justice fut instituée pour juger Karakosof. Parmi les accusés qui y comparurent en même temps que lui, trente-cinq furent déclarés coupables de participation à des sociétés secrètes et condamnés à diverses peines. Nicolas Iskoutine, condamné à mort, eut sa peine commuée par le tsar en celle des travaux forcés à perpétuité ; Karakosof, condamné à mort, fut pendu au camp de Smolensk, le 3/15 septembre 1866.

L'attentat de Karakosof devait rester longtemps

(1) *L'Empire des Tsars et les Russes*, par Anatole Leroy-Beaulieu. Paris, 1886, t. II, p. 143.

isolé; le régicide avait été l'organe d'un très petit groupe d'énergumènes, mais il n'était pas, à vrai dire, le délégué d'un parti; aussi ne fut-il point approuvé par tous les révolutionnaires. Herzen, alors le chef de la propagande socialiste, le 1/13 mai 1866, publiait dans son journal, le *Kolokol*, sous le titre *Irkoutsk et Saint-Pétersbourg*, un article où il blâmait Karakosof : « Le coup de pistolet du 4 avril nous a frappés au cœur... nous repoussons, par suite, toute participation dans la responsabilité qu'a contractée un fou fanatique. Seuls, les peuples barbares ou dégradés peuvent tolérer l'assassinat dans leur histoire. »

En réponse à l'article du *Kolokol*, le *Comité londonien de la société cosmopoétique des vraies lumières* rédigea une adresse à Herzen. L'indignation y éclate en phrases ronflantes : « Si l'article *Irkoutsk et Saint-Pétersbourg* est apocryphe, ou si son auteur l'a écrit dans un moment d'égarement, il doit le rétracter publiquement, et le considérer comme une faute énorme, indigne de toute personne raisonnable et honnête; au cas contraire, il sera déclaré traître au Créateur et à l'humanité, comme le défenseur le plus radical de la politique autocratique...

« Celui qui se considère lui-même, et que nous considérions aussi jusqu'à présent comme le représentant de la libre pensée de 70 millions d'hommes, composant le peuple de Dieu appelé le peuple russe, n'a pas le droit de commettre des fautes aussi manifestement préjudiciables, et c'est pour cela que nous ne pouvons rester muets. Une telle faute est impardonnable, et prouve une stupidité qui attire sur son auteur le pire des soupçons, celui d'être à la solde du monarque pour blâmer le meurtre, tandis que l'autocratie dure encore... »

Cette virulente diatribe fut attribuée à la Troisième section, désireuse de discréditer Herzen aux yeux des libéraux et, d'un même coup, de rendre odieux les anarchistes coreligionnaires de Karakosof. Elle n'aurait donc été qu'un stratagème ; du reste, elle ne donne point une idée exacte des idées révolutionnaires en 1866. Schédo Ferroti, écrivain russe de talent, en la commentant en 1867 (1), allait jusqu'à dire : « Une nouvelle tentative comme celle de Karakosof est moralement et matériellement impossible. Nous sommes convaincus qu'il n'y a pas, dans toute la Russie, un autre individu capable de tirer un coup de pistolet sur le tsar. »

Durant les années suivantes, les faits semblèrent donner raison au mot de Katkof : « Le coup tiré par Karakosof a purifié l'air. » L'empire russe paraissait calme ; les conseillers d'Alexandre II se figuraient que leur énergie avait prévenu la formation de nouveaux orages. Les socialistes se faisaient presque oublier ; mais leurs passions démagogiques couvaient comme le feu sous la cendre. Le gouvernement ignorait cet état d'esprit quand, par l'effet d'un hasard, il fut amené à ouvrir les yeux.

Un étudiant de l'académie agronomique de Mos-

(1) *Le Nihilisme en Russie*, 1867, par Schédo Ferroti (de son vrai nom le baron Théodore de Fircks).

cou, Ivanof, fut assassiné le 21 novembre 1869 par ses camarades. Ce crime éveilla l'attention de la police. Elle saisit les coupables, et en même temps découvrit l'existence de sociétés secrètes d'étudiants. Serge Netchaïef en avait été l'organisateur.

Cet agitateur habile avait des antécédents de révolutionnaire endurci. Fils d'un employé à la cour impériale, il avait appris à lire et à écrire à seize ans, puis avait fait ses études à Moscou. Il gagnait sa vie comme professeur dans une école paroissiale de Saint-Pétersbourg, quand des troubles universitaires éclatèrent dans cette ville (février et mars 1869). Netchaïef s'y fit remarquer en cherchant à donner une tournure politique aux réclamations des étudiants. Il disparut tout à coup pour aller en Suisse, prendre les ordres de Bakounine et de Ogaref et se faire désigner comme chef de la section russe de « l'Alliance révolutionnaire européenne ». En septembre 1869, il revint à Saint-Pétersbourg et à Moscou.

Un petit poème d'Ogaref, publié dans le *Kolokol* d'Herzen sous le titre *l'Etudiant*, avait eu un grand succès parmi les jeunes révolutionnaires russes. C'était un portrait de l'étudiant modèle, qui se dévoue au salut du peuple. La police du tsar, la haine des boyards le poursuivent ; il vit pauvre et nomade, répétant partout aux paysans : « Rassemblez-vous, levez-vous courageusement. » Condamné enfin aux travaux forcés en Sibérie, il y meurt et ses dernières paroles sont encore : « Le peuple doit conquérir la terre et la liberté. *Zemlia y volya.* »

Ce poème était dédié à Serge Netchaïef. Ce fut assez pour l'accréditer auprès des élèves de l'académie agronomique de Moscou. Il réussit donc à former une société secrète sous la désignation de : *Branche russe de l'Association internationale*, avec certains statuts qui rappellent ceux de la franc-maçonnerie : « L'organisation est fondée sur la confiance envers l'individu. Aucun membre ne sait à quel degré il se trouve du centre. L'obéissance aux ordres du comité doit être absolue, sans objection et sans hésitation. » Les quatre premiers initiés avaient l'ordre de recruter de nouveaux adhérents et de constituer une section. Ivanof, l'un d'eux, très aimé de ses camarades, était une sorte d'apôtre occupé d'œuvres charitables, telles que l'établissement de caisses de secours pour les étudiants pauvres, et l'instruction des petits paysans. La bonne foi d'Ivanof était entière ; il avait l'espoir qu'une révolution sociale pouvait porter remède à la misère. Cependant il ne tarda pas à désapprouver les agissements de Netchaïef. L'affichage de proclamations révolutionnaires dans les pensions alimentaires organisées par Ivanof pour les étudiants pauvres eut pour premier effet de les faire fermer. Dès lors, Ivanof annonça l'intention de quitter l'association. Netchaïef craignit une dénonciation, et réussit à persuader à ses compagnons, Ouspenski, Pryschof, Kousnezof et Nicolaïef, de se défaire de leur dangereux ami (1). Ceux-ci attirèrent Ivanof le soir dans un jardin écarté,

(1) Cf. *Der russische Nihilismus*, par Karl Oldenberg. Leipzig, 1888, p. 67, et Thun, ouvrage déjà cité, p. 41.

sous prétexte d'y déterrer une imprimerie clandestine; ils le tuèrent à coups de revolver et jetèrent son cadavre dans un étang.

Netchaïef, comme on le découvrit dans l'enquête qui suivit le meurtre, avait pour but, paraît-il, en enrégimentant des étudiants, d'assassiner le tsar et de donner le signal d'une révolution. La date de ce soulèvement avait même été fixée au 19 février 1870, jour anniversaire de l'abolition du servage. Trois cents personnes environ furent comprises dans les procès des conspirateurs; quatre-vingt-sept comparurent en justice comme complices de Netchaïef (1er juillet 1871). Plusieurs des accusés furent condamnés à vingt ans de travaux forcés ou de prison, ou bien à la déportation en Sibérie. Leur jeunesse ne parut pas une excuse commandant l'indulgence des juges. Netchaïef s'était réfugié en Suisse, mais extradé comme un vulgaire criminel, il fut condamné en 1872 aux travaux forcés (1).

(1) Le romancier Dostoievsky, en écrivant *les Mauvais Esprits*, s'est inspiré du procès Netchaïef. « J'ai eu pour objet en écrivant *les Mauvais Esprits*, dit Dostoievsky dans le *Journal d'un écrivain* (*Dnevnik pisatelia*, fév. 1876), de montrer que des hommes comme Netchaïef pouvaient de notre temps et dans notre génération trouver des adeptes et des complices. Est-il possible de supposer que tous ses prosélytes, du moins la plupart d'entre eux, étaient des ignorants fieffés? Je ne crois pas du tout qu'ils fussent tels. Je suis moi-même un vieux netchaïéviste. Je suis resté longtemps sous la menace d'une sentence de mort; et je vous affirme que beaucoup de mes compagnons de souffrances étaient des hommes instruits et de bonne éducation. »

CHAPITRE V

TRANSFORMATION DU NIHILISME
LES PROPAGANDISTES

Nous voici à la veille du jour où l'opposition au gouvernement prend la forme la plus curieuse. Les socialistes comprennent que leurs doctrines sont frappées de stérilité si leur prosélytisme n'étend pas ses effets sur les basses classes de la société. On ne peut bouleverser une nation sans l'appui du peuple. Cela est plus vrai en Russie que partout ailleurs. Le peuple russe, par son inertie et par sa masse, paralyse tous les mouvements révolutionnaires ; il joue dans l'équilibre gouvernemental le rôle d'un puissant modérateur. C'est donc le peuple qu'il faut entraîner dans le mouvement social.

Au cri de *Terre et Liberté*, les socialistes entrent en campagne. Ils exploitent habilement toutes les désillusions que l'émancipation a produites afin de persuader aux émancipés eux-mêmes qu'ils ont été trompés par le tsar et qu'on ne les a pas mis en possession de tous leurs droits. Avec un zèle extraordinaire, qui est garant de la sincérité de leurs convictions et à ce titre particulièrement digne de fixer l'intérêt, ils entreprennent, dans le courant de 1873, une véritable croisade dans le peuple.

Une phalange nombreuse d'hommes et de femmes, intelligents, jeunes, actifs, font litière de leurs intérêts personnels *pour aller dans le peuple* (idti v narod), s'en faire mieux écouter et préparer sûrement, par l'infiltration de leurs doctrines, le succès d'une révolution future. Nouveaux missionnaires d'une mauvaise cause, ils prennent leur part des souffrances des prolétaires, quittent leurs positions sociales, descendent dans les rangs des ouvriers, revêtent le costume des travailleurs pour fréquenter les usines et exercer tous les métiers. Ces propagandistes sont, pour la plupart, des jeunes gens de bonne famille, des étudiants qui ont quitté l'Université, des jeunes filles qui ont renoncé aux agréments d'une vie facile et oisive, des hommes généreux qui consacrent leur fortune aux intérêts de *la cause*. Le prince Krapotkine (1), connu comme géolo-

(1) Le prince Krapotkine appartient à la plus ancienne aristocratie russe. Il descend, en ligne directe, des vieux princes feudataires de l'antique maison royale de Rurik. Il fit ses études au collège des Pages, où ne sont admis que les fils de la famille impériale. Il les termina en 1861 ; mais au lieu d'entrer au service de la cour, il alla en Sibérie pour se livrer à des travaux géologiques et y prit part à diverses expéditions scientifiques. Il visita la Chine. De retour à Saint-Pétersbourg, il fut élu membre de la Société de géographie, publia des travaux remarqués dans le monde scientifique et entreprit un grand ouvrage sur les glaciers de Finlande. Il a été collaborateur de M. Elisée Reclus. Membre actif de l'Internationale en 1872, il se fit

gue, chargé de missions spéciales près du gouvernement général de la Sibérie orientale, devient simple ouvrier peintre, sous le nom de Borodin. Des jeunes filles appartenant à des familles riches vont travailler comme ouvrières dans les fabriques : Varvara Batiouchkova, Sophia Soubbotina, Véra Fiegner, Lioubatovitch, Sophia Bardina ; une d'entre elles, comprise dans le procès Tsitsianof (1877), se félicitait d'avoir pu trouver une place de cuisinière chez un chef d'atelier.

« Le plan d'agitation découvert chez le prince Kra-

admettre au cercle révolutionnaire russe des *tchiaikovski*. Ses conférences aux ouvriers de l'Internationale, lui valurent trois années d'emprisonnement dans la forteresse de Petropaulovsk. Mis à l'hôpital Nicolas en 1876, il réussit à s'évader cette même année. Cf. *La Russie souterraine*, par Stepniak (de son vrai nom Kravtchinski, ancien rédacteur de la feuille clandestine nihiliste *Terre et Liberté*). Paris, 1885, p. 131 et suiv. Cet ouvrage a paru d'abord en italien à Milan, 1882.

Dans son journal *La Révolte*, Krapotkine a prêché ouvertement « la propagande par le fait », « par la parole, par l'écrit, par le poignard, par le fusil, par la dynamite ». Convaincu de complicité avec les anarchistes de Lyon, Krapotkine fut condamné le 19 janvier 1883 à 5 ans de prison. Les radicaux français le transformèrent en héros et martyr, et le président Grévy lui fit grâce de deux ans de prison. Libéré le 15 janvier 1886, il s'empressa de se rendre à Paris et d'y faire à la salle du boulevard des Capucines une conférence scientifique sur les propriétés de la dynamite.

Il est à remarquer que Caserio, l'assassin de M. Carnot, était en relations suivies avec les groupes anarchistes parisiens. Abonné du *Père Peinard* et de *La Révolte*, il recevait souvent, par l'intermédiaire de ce dernier journal, des ballots de brochures anarchistes de Krapotkine ou d'Elisée Reclus qu'il distribuait à ses camarades et dans les milieux ouvriers.

potkine — dit le procureur impérial Zycharef dans un rapport communiqué au tribunal de Saint-Pétersbourg en séance secrète et connu du public par suite d'une indiscrétion (1875) — présente entre autres ce grave péril que, quelles que soient l'énergie et la persévérance des autorités, il est hors de doute que la totalité des cercles socialistes ne peut être découverte et qu'il en restera toujours pour poursuivre l'œuvre de la destruction de la société. »

Cette propagande nihiliste collective ou individuelle est en somme un fait des plus curieux. Le Russe se montre ici sous deux aspects bien caractérisés qui révèlent la complexité de sa nature. Le goût des rêves et des chimères n'exclut pas dans son esprit le goût de l'action et des choses pratiques; dans sa vie, de même que dans sa littérature et ses romans, il sait allier l'idéalisme et le réalisme. Les propagandistes font saillir à coup sûr les plus fâcheux côtés du tempérament national; mais leur originalité est séduisante. Pour peu qu'on oublie un instant la folle exagération de leurs principes et qu'on considère leur patiente énergie, on ne peut se défendre pour eux d'une sorte d'admiration sympathique. Ils ont des parties d'âme héroïques, où règnent les sentiments nobles d'une abnégation complète, d'un dévouement sans réserve. Ils sont comme fascinés par des hallucinations humanitaires. Par là, il faut les distinguer de nos anarchistes français, qui ne voient dans le triomphe de leur cause qu'un moyen de contenter un instant des passions personnelles et intéressées. Les nihilistes

sont mus par la puissance attractive de l'idée fixe qui
est pour eux l'étoile brillante vers laquelle ils dirigent
leurs pas, sans prendre garde aux dangers de la route.

Les propagandistes russes, grâce à leur persévérance, auraient peu à peu fait pénétrer dans le peuple
des ferments de socialisme; ils auraient étendu leur
influence sur les ouvriers et les paysans en occupant
des places de maîtres d'école, d'écrivains publics, d'ai-
des-chirurgiens, de scribes communaux, car c'était là
un des moyens d'action compris dans leur programme;
mais quel aurait été le résultat final de leurs efforts si
le temps leur avait été laissé? Il serait puéril de le con-
jecturer d'une manière précise. Il est cependant permis de supposer que le contact avec les misères du
peuple, le spectacle de ses souffrances, surtout la connaissance exacte de ses aspirations et de ses besoins,
eût pu amener les nihilistes à sortir du domaine de
l'utopie pour chercher la solution pressante des questions de la vie journalière. N'auraient-ils pas peu à
peu perdu l'espoir de produire un bouleversement
social? Si fortement trempés que soient leurs caractères, ils se seraient usés à la longue dans les efforts
de l'apostolat; ils auraient constaté qu'ils perdaient
leur temps à évangéliser le peuple russe et se seraient
laissés peut-être envahir par un découragement qui
aurait eu pour dernier effet le calme de l'inaction.
Le gouvernement brusqua tout; aussi les fruits de
l'arbre révolutionnaire, arrachés brutalement de leurs
branches avant leur maturité, tombèrent à terre en
gardant leur acidité.

En Russie, il n'y a point de forme légale d'opposition au gouvernement; toutes les manifestations supposées hostiles sont délictueuses; le blâme des institutions régnantes est séditieux. Dès 1874, Dolgouchine et quatre de ses amis sont emprisonnés comme propagandistes et condamnés aux travaux forcés; de même en mai et septembre 1876, le paysan Alexis Ossipof et une jeune fille Boutovskaïa, accusés d'avoir fait circuler des livres défendus, sont condamnés aux travaux forcés. Les propagandistes sont tous indistinctement suspects, et le gouvernement organise contre eux une persécution régulière. Il ne lui suffit pas de saisir quelques énergumènes donnant des preuves d'une dangereuse excitation, il procède par grands coups de filet et multiplie les arrestations sur de simples soupçons. En cela la police avait tort : la pitié qu'excite le sort d'innocents injustement poursuivis rejaillit toujours un peu sur les vrais coupables.

En mars 1877, le procès contre les propagandistes, dit *Procès des Cinquante*, intéressa vivement l'opinion. Il mérite d'être célèbre dans les fastes du nihilisme. La plupart des accusés sont des jeunes gens, et dans leurs rangs figurent quinze jeunes filles ou femmes de quinze à vingt-cinq ans. Devant les tribunaux, ils gardent une fière contenance ; quelques-uns même y présentent éloquemment leur défense. Cela permet de les considérer comme les porte-parole de leur parti ; leurs discours(1) renferment des déclarations

(1) Nous empruntons les extraits de discours à l'*Introduction à l'Histoire du nihilisme russe*, par Ernest Lavigne, Paris,

de principes qui résument les doctrines nihilistes avec une singulière netteté.

A l'audience du 10-22 mars 1877, un des accusés, Alexéïef, paysan du gouvernement de Smolensk, trace le tableau des misères et des labeurs des paysans et des ouvriers russes ; il déplore surtout la privation de la liberté comme la cause de tous les maux : « Je connais, dit-il, la situation de mes frères d'Occident et je trouve, et beaucoup le trouvent sans oser l'avouer peut-être, que si mauvaise et précaire que soit leur situation économique, elle est pourtant beaucoup meilleure que la nôtre. Ils ont le droit de s'instruire, ils ont quelques libertés qui tendent à élever leur niveau moral ; ils ont des bibliothèques, ils ont des

1880. Karl Oldenberg (*Der russische Nihilismus*, p. 192) appelle ce livre *eine Aneinanderreihung journalistischer Expectorationen*, un ramassis d'expectorations de journalistes. Nous n'avons aucune raison de suspecter la bonne foi de M. La vigne ; il nous avertit d'ailleurs que les discours du procès des Cinquante sont extraits d'une brochure publiée par l'imprimerie clandestine de Saint-Pétersbourg et que les discours du procès des Cent quatre-vingt-treize lui ont été communiqués par un des acteurs de ce procès. Qu'on fasse la part des exagérations de langage introduites peut-être après coup dans ces discours, ils n'en ont pas moins une grande valeur documentaire, parce qu'ils émanent de sources nihilistes et qu'ils sont une très juste expression des doctrines socialistes en Russie. Au reste, nous avons retrouvé ces mêmes discours dans une brochure publiée en russe, à Genève, par M. Dragomanof (1877). Le rapprochement du texte français de M. Lavigne et du texte russe de M. Dragomanof nous a d'ailleurs montré qu'ils ne diffèrent pas par les idées exprimées, mais seulement par des détails de style et de forme.

livres et ils lisent. Nous n'avons rien de tout cela. Ils
nous traitent de barbares et de sauvages, et ils ont
raison. Comment voulez-vous qu'ils disent autrement?
En effet, avons-nous seulement le temps pour nous
instruire?... avons-nous des écoles pour les enfants
du peuple? avons-nous des livres populaires et utiles,
comme à l'étranger? L'existence de l'ouvrier russe
est, pour ainsi dire, antisociale : il est seul, isolé,
puisque le groupement et les réunions sont contraires
à la loi... nous attendions que le gouvernement aban-
donnât enfin le point de vue routinier dans les questions sociales et économiques, mais nos espérances
ont été déçues, car la situation morale et économique
ne s'est nullement améliorée, et les paysans restent
dans l'état primitif comme auparavant.

« L'émancipation des paysans dont on nous annonçait les bienfaits n'a été qu'un rêve pénible. Cette
réforme octroyée, quoiqu'elle fût inévitable, ne ga-
rantit nullement la situation économique ni les droits
politiques des paysans.

« On nous a donné les plus mauvaises terres; nous
sommes plus pauvres qu'auparavant, et nous sommes
devenus esclaves de la bureaucratie et des capita-
listes... nous ne jouissons d'aucune liberté, nous
n'avons pas la possibilité de disposer ni de notre
temps, ni de notre travail, ni de nos capacités. Donc
nous sommes encore des serfs !

« Lorsque nous nous avisons de demander l'aug-
mentation des salaires qui ont été réduits par le capi-
taliste lui-même, on nous traite comme des insurgés

et on nous exile en Sibérie, sans l'apparence de jugement. Nous sommes même privés du droit de défense. Donc nous sommes des serfs !

« Lorsque nous nous mettons en grève en donnant des conseils à nos camarades de ne pas consentir à la peine, on disperse nos réunions à coups de baïonnettes, car, paraît-il, nous n'avons pas le droit de nous concerter sur nos intérêts et ceux de nos familles. Donc, nous sommes des serfs !

« Nous n'avons pas même le droit de déposer une plainte, ni collective, ni personnelle; parce que le premier commissaire venu peut nous chasser à coups de poing et nous faire conduire au poste. Nous sommes, en un mot, en dehors des lois. Donc nous sommes des serfs !

« Il suit, de ce que je viens de dire, que le peuple russe n'a pas à compter sur qui que ce soit, mais seulement sur ses propres forces et sur la vaillante jeunesse. »

Sophia Bardina paraît à son tour. Elle a une physionomie originale. Cette jeune fille de vingt-deux ans, de famille noble, après avoir fait de brillantes études, avait voyagé en Suisse et en Allemagne. Elle avait dû quitter Paris avec plusieurs de ses compagnes, sans avoir pu terminer ses études médicales. Dès son retour en Russie, en 1874, elle avait été considérée comme suspecte. Il est vrai qu'elle y revenait avec l'intention de s'occuper activement de la propagande des idées socialistes dans le peuple.

Voici comment Sophia Bardina fut comprise dans le procès des cinquante. Le 28 mars 1875, un ouvrier de la fabrique de M. Chibaef, à Moscou, le paysan Iakof vint dénoncer à la direction de la gendarmerie deux de ses camarades ouvriers, Ivan Boris et Nicolas Vassilïef : « Ils lui expliquaient, disait-il (ce sont les termes de l'acte d'accusation), que les paysans doivent être, en tout point, mis sur un pied d'égalité avec les autres classes de la société, que la propriété devait être mise en commun, et qu'il fallait mener à bonne fin tous ces projets. Ils lui avaient conseillé (à l'appui de leurs paroles) de répandre ces idées dans le peuple, et de réunir autour d'eux un aussi grand nombre que possible d'individus ayant les mêmes opinions et les mêmes vues. » Après cette dénonciation, Vassilïef fut arrêté, mais une paysanne qui lui portait intérêt voulut dénoncer à son tour les personnes qui l'avaient entraîné. Elle désigna alors un certain nombre d'hommes et de femmes employés dans diverses fabriques, qui distribuaient, lisaient des livres à leurs compagnons de travail et discutaient avec eux. La dénonciation de la paysanne était plus grave que celle de Iakof. Les amis de Vassilïef, disait-elle, qui se réunissaient chez lui, « reniaient Dieu, la religion, le mariage ; ils voulaient mettre au même niveau les pauvres et les riches, organiser une révolte afin d'anéantir le gouvernement, les fonctionnaires et les nobles. Et pour mieux préparer les paysans à la révolte, ils leur distribuaient des livres en les engageant à les lire. »

Sophia Bardina se trouva au nombre des femmes incriminées et fut arrêtée le 4 avril 1875. D'après les dépositions des témoins au procès, elle travaillait à la fabrique des frères Lazaref sous le nom d'Anna Zaïtzef, et c'était souvent la nuit qu'elle faisait des lectures aux ouvriers.

Devant le tribunal, elle prend une attitude très décidée; elle refuse l'assistance d'un avocat d'office, et préfère prendre elle-même la parole. Son but n'est pas tant de se défendre que d'élargir le débat. Les accusations du procureur du gouvernement lui sont un prétexte pour développer ses théories sur la propriété, la famille, la religion, l'Etat. Sauf quelques variantes, ses doctrines et ses raisonnements sont ceux de Lasalle et de Karl Marx.

« Ni moi, ni personne que je sache, dit Sophia Bardina, n'avons jamais parlé de la destruction de la propriété. Au contraire, nous avons défendu cette institution sociale, puisque nous disions toujours et à tout le monde que chaque citoyen a le droit exclusif de jouir du produit de son travail... Ni moi, ni personne des révolutionnaires socialistes, n'avons jamais prêché le communisme obligatoire, parce que nous savions bien que rien ne saurait être obligatoire que ce que le peuple voudra lui-même. Nous avons toujours dit et répété : l'ouvrier a le droit au produit de son travail, sans préjuger de ce qu'il fera après, c'est-à-dire s'il voudra jouir de ce produit seul, individuellement, ou s'il voudra en partager la jouissance avec d'autres, collectivement. Nous avons toujours été unanimes à trouver qu'il aura le droit d'agir en cette circonstance comme il l'entendra. »

Est-il vrai que les propagandistes ont cherché à détruire la famille?

« Eh bien ! répond Sophia Bardina, nous n'avons jamais dit que les liens qui naissent de la consanguinité entre les membres d'un même groupe de citoyens et de citoyennes soient factices ; mais nous n'avons jamais admis non plus qu'ils soient obligatoires et que le pouvoir du chef de famille continue à rester despotique. Or, ne faut-il pas se demander sérieusement si ce sont les révolutionnaires ou la société actuelle qui minent la famille dans ses bases ? Tandis que nous propageons les idées de liberté et les réformes économiques en réfutant les notions de despotisme partout où elles se trouvent, la société actuelle contraint la femme à aller, avec ses enfants, gagner son pain dans les fabriques, où tous se pervertissent au bout d'un certain temps ; ou même, elle oblige la femme à descendre dans la rue pour gagner sa vie par la prostitution non seulement tolérée, mais même sanctionnée par les lois actuelles.

« On nous accuse d'athéisme (1) et du désir de détruire la religion ! Mais quelles preuves a-t-on produites ici pour soutenir cette accusation ? Avons-nous jamais cherché à dénigrer le fondateur du christia-

(1) « Il est très vrai que les nihilistes sont athées, mais il est complètement faux de dire qu'ils s'efforcent de détruire toute religion. » (*Le Tsarisme et la Révolution*, par Stepniak. Paris, 1886, p. 16.)

nisme ou à blâmer la philosophie chrétienne ? Non, du moins, il n'y a pas de preuves à l'appui de cette accusation.

« Je ne me reconnais pas non plus coupable d'avoir commis un crime contre la sûreté de l'Etat, car je suis profondément convaincue que les efforts individuels ne sauraient aboutir au renversement d'une société lorsqu'elle ne porte pas dans son sein des germes profonds de décomposition sociale. Ainsi, par exemple, les monarchies et même les républiques anciennes sont tombées juste au moment où l'état social basé sur l'esclavage n'a pu durer plus long-temps..... je n'ai jamais cru qu'une révolte puisse être artificiellement provoquée. Non, je le répète, ce point de vue est faux, parce que les révolutions populaires et vraiment efficaces ont toujours été le résultat d'un grand nombre de causes historiques dont il serait même très difficile de préciser la nature. »

Des menaces sont la conclusion du discours de Sophia Bardina. Les rigueurs exercées contre les propagandistes exalteront leur ardeur..... « Oui, s'écrie-t-elle, pour quelque temps vous arriverez peut-être à écraser un groupe de révolutionnaires, mais je vous prédis que la répression sanglante que vous appelez pacification ne sera pas de longue durée, et le mouvement reprendra avec une recrudescence nou-velle. Ce seront nos idées qui l'emporteront. Je suis persuadée que même notre société, somnolente depuis des siècles, finira par se réveiller, et son réveil sera terrible, car elle verra avec honte, l'abîme dans

lequel elle est plongée, elle aura honte de l'opprobre
dont elle est souillée..... et ne voudra plus tolérer
qu'on foule aux pieds ses droits et qu'on la prive de
ses enfants pour les enterrer vivants dans les mines
de Sibérie, pour le seul crime d'avoir honnêtement
dit tout le mal qu'ils pensent de leurs oppresseurs !
Et alors la société secouera vite ce joug infâme et
nous vengera; la vengeance sera terrible..... Eh bien,
persécutez-nous, massacrez-nous, juges et bourreaux
tant que vous disposerez de la force matérielle ; nous
vous opposerons la force morale qui finira par triompher des violences, car nous avons pour nous la force
du progrès, les idées de liberté et d'égalité, et ces idées
ne peuvent être percées par vos baïonnettes !... »

Dans ce même procès, Félix Ivanovitch appuie les
paroles de Sophia Bardina. Il essaye de démontrer
que la Russie ne peut pas plus longtemps se tenir à l'é-
cart du mouvement général du progrès européen. Le
socialisme, en dépit des efforts du gouvernement, y
suivra une marche parallèle à celle qu'il suit à l'étranger, avec cette différence qu'il faut compter en Russie
avec la ténacité, l'activité de socialistes jeunes, entreprenants et que rien ne rebute : « Après avoir étudié
les questions sociales, dit Ivanovitch, non en théorie,
mais dans ses rapports intimes avec les sentiments
et les aspirations nationales, la jeunesse russe a
voulu nécessairement les appliquer dans la pratique.
Or, je le répète, elle n'a suivi en cela que la loi historique et inéluctable du progrès social. Mais le mouvement révolutionnaire accusait dès le début un

caractère absolument pacifique et n'aboutissait à rien ; toutes les tentatives qu'elle avait faites échouaient devant l'hostilité systématique des classes possédantes. Que nous restait-il à faire ? Persister dans la voie pacifique devenait impossible ; croiser les bras et attendre sous le bât l'amélioration de l'état social et économique eût été indigne d'hommes honnêtes et convaincus... Rester tranquilles et ne rien faire, dans les conditions où nous sommes, mais ce serait tendre la main au docteur Pangloss et avouer que tout va pour le mieux dans le meilleur des mondes. Non, abandonner tout au courant naturel des choses, serait nous faire complices d'une philosophie sociale absolument criminelle à notre point de vue. »

Le procès des Cinquante se termina comme tous les procès pour crimes politiques en Russie, c'est-à-dire par des condamnations aux travaux forcés, à la déportation, à des peines correctionnelles. Sophia Bardina eut neuf années de travaux forcés en Sibérie (1). Pour quel crime ? Si, de son propre aveu, elle avait propagé les doctrines socialistes, on n'avait prouvé ou même articulé à sa charge aucun fait grave. Combien de Russes ont pu se sentir pris pour la jeune fille de cette sympathie instinctive dont un poète russe, Polonsky, s'est fait l'interprète :

---

(1) Sophia Bardina s'enfuit d'Ischim (gouvernement de Tobolsk) le 25 décembre 1880 / 6 janvier 1881 et passa à l'étranger. Elle mourut à Genève au printemps de 1883.

Que m'est-elle ? Ni femme, ni amante,
ni fille chérie non plus.
    Pourquoi donc alors cette vision douloureuse
m'empêche-t-elle de dormir toute la nuit ?
    Pourquoi donc alors ce rêve incessant ?...
    Jeune, dans une prison sans air,
une étroite cellule aux voûtes écrasantes.....
un lit dans l'humide crépuscule..,...
du lit regardent fiévreusement ardents
des yeux sans pensée, sans larmes, —
du lit pendent presque jusqu'à terre de longues
mèches de lourds cheveux.....
    Sans mouvement sont les lèvres et les pâles
mains sur la pâle poitrine
qui faiblement se pressent sur ce cœur sans défaillance,
et sans espérance dans l'avenir.....

Le courage, la grâce de ces jeunes filles propagandistes plaidaient éloquemment en leur faveur. Aussi des poésies enthousiastes furent composées pour célébrer leurs louanges. En voici quelques fragments fort curieux par le caractère et la nature des sentiments qu'ils expriment (1). Ils sont datés de mars 1877. Les deux premiers sont dédiés à Lydie Fiegner, condamnée aux travaux forcés :

« Aimable jeune fille, quel ascendant tu exerçais sur tous, comme tu étais belle ! Mais ce qui attire vers toi, c'est la sympathie inspirée par l'admirable pureté de ton âme.

(1) Ces poésies ont été reproduites dans une petite brochure russe, publiée à Genève, en 1877, sous le titre : *Les femmes du procès des socialistes de Moscou.*

Elles n'ont pas eu encore, croyons-nous, de traducteur.

« Quelle remarquable harmonie dans les lignes de ton visage, que de noblesse dans tes mouvements ! mais les sentiments de ton grand cœur sont bien plus nobles.

« La face du Sauveur est l'expression de la souffrance ; dans ses traits divins les douleurs ont des traces profondes ; cependant la souffrance et l'amour sont marqués plus fortement dans tes yeux bleus pensifs.

« Tu as voulu aimer ton frère en Dieu, tu le consolais avec tes pleurs, et c'est pour cela qu'on t'a menée, chargée de chaînes, devant un juge sévère qui a abaissé sa main sur toi.

« Comment pourrai-je condamner, se dit-il, à de « durs châtiments une innocente et si charmante « enfant ? »

« Eh bien, juge, condamne cette jeune fille pâle à une peine perpétuelle, sinon tu ne découvriras pas cette force victorieuse qui se cache voilée sous ce regard si doux et si chaste ; car il faut que tu saches que ce n'est ni par les armes étincelantes, ni par la guerre, ni par la force brutale, mais par un brûlant amour pour la société souffrante que notre monde sera vaincu. »

Dans le second fragment, le poète donne la parole à son héroïne :

« Juge, rends ton jugement sur la gravité de mes fautes et mes mauvais desseins, du moins simplement, sans délai, sans détour, sans hypocrisie, sans attendre le plaidoyer du défenseur. Grossièrement

habillée, les pieds nus, je m'en irai là-bas, là-bas
où l'on réserve à nos frères un travail sans fin, des
privations de toutes sortes.

« Pourquoi donc y a-t-il ici des témoins et une cour
de justice? On sait cependant bien qui je suis; juge,
épargne-moi des questions oiseuses; regarde-moi, je
suis vêtue d'un costume d'homme, j'ai les pieds nus,
les mains calleuses, je suis brisée par les rudes travaux, mais sache que dans mon cœur se cache un
sentiment à jamais puissant, l'amour de la patrie;
sache qu'en face de moi, innocente comme je le suis,
juge tu es désarmé. Je ne suis point susceptible de
frayeur devant des menaces ou d'épouvantables châtiments. Ce n'est pas toi qui sera le vainqueur, ce
sera moi.

« Tu me condamneras pour ma vie entière; mais
cela dépasse ton pouvoir de faire accepter ton arrêt du
monde entier; ton arrêt, tu le reconnais toi-même,
n'est pas durable; tu sais que je mourrai avec un
même amour, et que les clefs de la prison une fois
brisées, ma conduite sera à jamais jugée par tout le
monde, brillante, éclatante! »

Une autre petite pièce de vers est une sorte de
paraphrase de la scène du reniement de saint Pierre.
Elle s'adresse au nihiliste qui n'a pas le courage de
ses opinions :

« Nous étions là-bas, quand on le martyrisa; nous
nous tenions tout auprès de lui, et avec précaution
tous nous nous taisions, gardant dans nos âmes notre
grand chagrin.

« Ses ennemis nous ont demandé : « Vous devez
« avoir les mêmes idées que lui, puisque vous êtes
« ses amis ? » Et nous avons nié. On nous relâcha.
Dans le lointain, le coq chanta, et il nous sembla
entendre une voix : « Il meurt, il pardonne à ses
« ennemis ; il meurt, il les bénit ; il ouvre à son
« meurtrier les portes du paradis ; mais..... a-t-il
« pardonné de même à ses amis ? »

. . . .

Depuis les condamnations retentissantes, qui avaient
frappé des propagandistes de race, six mois venaient
à peine de s'écouler, quand l'opinion publique reçut un
nouvel ébranlement. En octobre 1877, commencèrent
les audiences d'un autre procès politique, « un procès
monstre », comme on l'a appelé, le procès des Cent
quatre-vingt-treize, ou de Michkine. Tout contribuait à en rendre les débats dramatiques : le
nombre des accusés, leur attitude fière et provo-
cante, la longueur des interrogatoires (1), les pro-
cédures hésitantes du pouvoir judiciaire. Le procès
eut une fin relativement bénigne : quatre-vingt-dix des
accusés furent acquittés, et un seul, Michkine, fut
condamné à dix années de travaux forcés. Michkine,
il est vrai, n'était pas sans reproches. Il avait été
éditeur très actif de livres défendus, et il avait joué
un grand rôle dans la propagande. Ses défenses sont
de même ordre que celles des accusés du procès des
Cinquante ; il n'est pas besoin de les répéter, c'est

(1) Le procès dura du 18/30 octobre 1877 au 23 janvier / 4 février 1878.

assez de citer quelques-unes de ses réponses au président du tribunal.

« Je n'ai jamais fait partie, dit Michkine, d'une société secrète, mais je suis membre du parti révolutionnaire-socialiste. Ni moi, ni mes camarades, nous ne pouvons reconnaître que nous appartenons à une société secrète, ce qui supposerait une coterie organisée, d'abord, parce qu'elle n'existe pas, ensuite, parce que nos idées ne nous permettent pas de faire corps à part et de nous séparer de la masse. Nous ne représentons qu'une parcelle infime de l'immense parti des révolutionnaires-socialistes, si nous comptons tous ceux qui pensent comme nous et auxquels nous sommes liés par des liens intimes, parce que nous avons le même but et voulons employer à peu près les mêmes moyens pour y arriver. Nous voulons aboutir à un ordre social nouveau, à la fédération des communes économiques autonomes. La base de cette révolution sociale, c'est la terre qui doit être cultivée en commun. Cet ordre social ne peut être réalisé qu'au moyen de la révolution, puisque l'Etat n'a jamais voulu et ne voudra jamais se dépouiller de ses droits et de ses prérogatives. L'histoire est là pour le prouver. Les gouvernements, s'opposant à la marche du progrès, entravant les voies qui pourraient conduire à la réalisation pacifique des revendications populaires, provoquent le mouvement qu'ils répriment. Peut-on espérer, en effet, d'aboutir à quelque chose par des moyens pacifiques, lorsque le gouvernement non seulement ne veut pas se soumettre à la volonté populaire, mais ne veut même pas prêter l'oreille aux justes protestations qui ne concordent pas avec ses vues, et envoie les opposants aux travaux forcés, en Sibérie ? La solution pacifique de n'importe quelle question sociale est-elle possible, dans un pays où le peuple n'a pas d'autre moyen de manifester sa volonté que la révolte ? »

Ces paroles de Michkine marquent clairement les aspirations du parti nihiliste en 1877, à la veille du jour où il allait prendre une nouvelle orientation : elles sont comme le prologue d'un programme résolument anarchiste. L'attentat de Véra Zassoulitch, onze jours après le jugement du procès des Cent quatre-vingt-treize, en a été l'éclatante confirmation.

CHAPITRE VI

Véra Zassoulitch (1) eut le triste honneur de poser le premier jalon d'une longue série de crimes nihilistes. Elle a prêché d'exemple avec d'autant plus d'autorité qu'elle était femme : elle semble avoir fait école, tant ses imitateurs ont été nombreux. Les circonstances l'ont rendue célèbre et en ont fait une sorte d'héroïne.

Un incident avait déterminé la jeune fille à agir. Le 13 juillet 1877, le général Trépof, préfet de police, lors d'une visite dans une prison de Saint-Pétersbourg, passant auprès d'un groupe de détenus politiques, avait été outré de l'attitude de l'un d'entre eux, Bogolioubof, qui ne s'était pas découvert devant lui. Le général Trépof, sous l'impression du moment, lui infligea une punition corporelle ;

(1) Dans *Marianne*, du roman *Terres vierges*, de Tourguénef, M. Arnaudo retrouve le type de Véra Zassoulitch (*le Nihilisme et les Nihilistes*, traduit de l'italien, Paris, 1879, p. 207).

il donna l'ordre écrit de le fouetter de verges. L'exécution de cet ordre fut pour les détenus l'occasion d'une vraie rebellion dans l'enceinte de la prison. L'affaire transpira au dehors (1), et les journaux en saisirent l'opinion publique. Il y avait assurément abus de pouvoir de la part de Trépof, puisqu'un oukase d'Alexandre II, du 17 avril 1863, avait aboli les verges ; mais on avait grossi l'importance du fait. Cette agitation était passée, quand elle eut un écho tardif et inopiné sept mois plus tard, dans l'esprit de Véra Zassoulitch. Un journal de Saint-Pétersbourg lui avait porté la nouvelle au fond de sa province, dans le gouvernement de Penza. La jeune fille, surprise de l'indifférence de la société à venger cet outrage à la dignité humaine, résolut de châtier Trépof.

Véra Zassoulitch se rend à Saint-Pétersbourg, et, dans la matinée du 24 janvier 1878, elle se présente à l'audience du général Trépof. Sous prétexte de lui remettre une pétition, elle tire sur lui, à bout portant, avec un pistolet de poche. La balle atteint le général au flanc gauche et le blesse assez grièvement. Sur-le-champ, Véra est saisie ; mais elle ne manifeste aucune émotion ; fort tranquillement elle demande la permission d'aller prendre un châle et un chapeau qu'elle a laissés dans l'antichambre. Interrogée de suite par le ministre, comte de Pahlen, elle répond qu'elle a accompli un devoir de justice, en revendi-

(1) « The Bogoliouboff affair was common talk in St-Pétersburg », dit le prince Krapotkine dans son étude *The russian revolutionary party*. (*Fortnightly Review*, 1882, p. 665.)

quant les droits méprisés de la dignité humaine. Le lendemain, le général Metzentsof, le chef de la Troisième section, lui pose dans la prison, de nouvelles questions, croyant que les déclarations de Véra le mettront sur la trace d'un complot. Il n'en est rien. La jeune fille n'a pas de complice : elle a agi pour son propre compte.

Comment expliquer l'acte personnel et spontané de Véra Zassoulitch? Ce n'est pas en la nommant « la moderne Charlotte Corday », comme l'ont fait plusieurs auteurs. Ce surnom éveille l'idée d'une comparaison inexacte. Le général Trépof, bon fonctionnaire de l'empire, n'était en rien un Marat. Véra, en le frappant, avait pour but principal de venger avec éclat un coreligionnaire politique. La victime de Trépof, Bogolioubof, était un jeune révolutionnaire emprisonné à la suite de la manifestation tumultueuse de la place de Kazan, où les étudiants s'étaient réunis pour protester contre la déportation infligée à Tchernichevski pour ses écrits socialistes. C'était le seul titre de Bogolioubof à la sympathie de Véra, qui ne le connaissait pas autrement. Il faut dire aussi que la communauté d'infortune établit naturellement des liens de fraternité. Véra pouvait elle-même se considérer comme une victime de la politique. Dès l'âge de seize ans, elle avait été impliquée avec son frère dans le procès de Netchaïef, et elle avait joué le rôle de messagère entre les jeunes gens. Cela avait motivé son arrestation. De ce fait, elle avait séjourné une année dans les prisons de Litovski, et une autre année dans la forteresse Petropaulovskaïa ; puis elle avait erré dans plusieurs provinces, sous la surveillance de la police. Intelligente, ardente, jeune, Véra réunissait donc les conditions les plus favorables au développement de l'esprit nihiliste.

Le 31 mars/12 avril, Véra Zassoulitch comparut devant le tribunal. Elle avait confié sa cause à Alexandrof, avocat libéral de Saint-Pétersbourg. L'éloquence d'Alexandrof toucha le jury, qui rendit un verdict d'acquittement au milieu des applaudissements du public. C'était un événement inespéré. Cet acquittement était une approbation de l'attentat, une condamnation des agissements de Trépof et surtout du régime répressif qu'il personnifiait. C'est ainsi que l'opinion interpréta la décision du jury. Aussi les amis de Véra Zassoulitch, aussitôt après sa mise en liberté, par mesure de prudence, prirent soin de la soustraire à toute surveillance de la police. Leurs craintes n'étaient pas imaginaires.

Assurément, l'attentat contre Trépof avait un caractère nettement criminel ; mais puisqu'un tribunal légalement constitué s'était prononcé, il fallait respecter sa sentence, quelque scandaleuses que pussent être les conséquences. Le gouvernement en pensa autrement, ne voulant pas rester sous le coup d'un échec judiciaire ; il usa d'arbitraire, fit annuler la décision du jury, et donna ordre à la police de se saisir de Véra s'il était possible (1). Cette attitude n'eut

(1) Véra Zassoulitch avait quitté Saint-Pétersbourg et s'était réfugiée en Suisse. On a annoncé en 1890 l'apparition à Berlin

d'autre effet que de faire paraître Véra, aux yeux de certains libéraux, « un ange de l'assassinat ». En même temps, le gouvernement préparait ses armes, afin de pouvoir réprimer, le cas échéant, toute manifestation fâcheuse de même nature.

Un mois plus tard, par l'oukase du 9 mai 1878, le tsar décrétait que dorénavant les crimes politiques, au lieu d'être soumis au jury, le seraient à une juridiction spéciale. L'oukase du 9 août de la même année fixait les règles d'application de cette mesure ; provisoirement, les tribunaux militaires, *constitués comme en temps de guerre*, connaîtraient des crimes d'Etat, et de certains attentats commis contre les fonctionnaires publics; la pénalité serait la même que celle établie par le Code pénal militaire (art. 279, édition de 1875; perte de tous droits et peine de mort). Une loi du 18 septembre réglementa l'exécution des sentences prononcées contre les criminels condamnés à la privation de tous leurs biens et à la déportation.

Ces changements de juridiction, cette aggravation de pénalité, constituaient une transformation profonde de la justice russe. Depuis un siècle et demi, la peine de mort, avait été rayée du Code pénal russe (édit d'Elisabeth Pétrovna abolissant la peine capitale en 1753), sauf dans le cas précis d'attentat contre la vie du souverain, et en matière militaire. Le tsar,

de l'*Ere nouvelle*, revue hebdomadaire socialiste à laquelle Véra Zassoulitch devait collaborer.

il est vrai, avait strictement le droit de rétablir la
peine de mort, puisque le Code russe (dont on a publié deux éditions en 1842 et 1857) dit dans le premier
article du chapitre intitulé : Essence de l'autocratie :
« L'empereur de toutes les Russies est un monarque
autocrate et absolu ; Dieu ordonne d'obéir à son autorité suprême, non seulement par crainte, mais encore
par devoir de conscience. » Et dans l'article 202 :
« L'empereur, régnant toujours comme autocrate sans
entraves, a le pouvoir, en présence d'actes contraires
à sa volonté, de priver le délinquant de tous les droits
définis par les lois. » Il n'y a donc pas là de limite
légalement posée entre le droit et le pouvoir.

Cependant le gouvernement, en manifestant sa défiance des tribunaux réguliers, et en invoquant le secours des tribunaux militaires qui revêtaient, dans la
circonstance, les apparences et le caractère de tribunaux d'exception, donnait prise aux critiques amères
de ses ennemis, et légitimait en partie leurs plaintes.
N'était-ce pas, dans une certaine mesure, reconnaître
pour bonne la théorie sauvage des représailles, dont
les nihilistes sont devenus si hautement les partisans?

Le gouvernement impérial et le parti révolutionnaire prétendent toutefois n'avoir admis le système
des représailles que par contrainte réciproque. Dans
le duel à mort où ils se sont engagés, ils perpétuent
les ripostes, et s'excusent des meurtres en prétextant,
tour à tour, l'état de légitime défense. A dire vrai, la
terreur nihiliste et la terreur gouvernementale, si elles
existent face à face, par un curieux phénomène, sont,

en même temps, causes et conséquences l'une de l'autre. Elles se sont développées de concert, se sont fortifiées à mesure qu'elles se portaient de plus rudes coups.

CHAPITRE VII

L'APOLOGIE DE L'ASSASSINAT
SON EMPLOI SYSTÉMATIQUE

LA propagande socialiste fut entravée, comme
nous l'avons vu en parlant des procès des
Cinquante et des Cent quatre-vingt-treize;
mais ceux des propagandistes qui échappèrent à la
police avaient trop d'enthousiasme et de foi en leur
cause pour que cette foi et cet enthousiasme pussent
être détruits tout à coup. Aussi, persécutés, traqués,
forcés enfin de reconnaître leur impuissance devant
les ressources d'inquisition dont disposait l'organisation impériale, ils abandonnent leur idée première
de prédication socialiste dans la masse de la nation.
Ils cessent de crier : « Allons au peuple ! » et ils
reforment leurs rangs avec le mot de ralliement :
« A l'action ! » L'initiative de Véra Zassoulitch ne
restera pas inféconde. Les nihilistes agiront dans
l'ombre et plus redoutables seront leurs attaques.

7

S'ils ne disposent plus de la parole pour se faire
entendre, ils parleront avec des faits. Avec de
l'audace, ils frapperont les imaginations et intimi-
deront l'autorité souveraine.

Les propagandistes pacifiques de la veille sont les
insurgés du lendemain. S'ils quittent le peuple, c'est
pour faire face à l'autorité et à ses agents. Ils sont
confiants dans le succès de leurs efforts et vont droit
au but, convaincus qu'il n'y a pas de muraille si so-
lide qu'on ne puisse percer et démolir en la frappant
toujours au même point. Et n'est-il point vrai que
« le premier qui prend en main un bâton a raison » (1)?
Aussi bien, les nihilistes érigent en système l'opposition au gouvernement *per fas et nefas*. D'un ton tranchant et arrogant, ils déclarent à l'autorité une guerre
sans merci. On lit dans un de leurs manifestes, affi-
ché le 13 février 1879 sur les murs de Saint-Pétersbourg : « Le despotisme a prodigué les sentences de
mort sans pitié et sans vergogne. Mais en menaçant
de détruire totalement notre liberté et en nous menant
au gibet et à la torture avec une cruauté raffinée digne
d'un Néron, il ne savait pas qu'il travaillait pour la
sainte cause de la liberté et qu'il ne faisait qu'augmenter le nombre et la force de nos partisans parmi
le peuple. En un mot, il n'a rien gagné par ses représailles, et n'y gagnera rien à l'avenir. Notre sang
arrose toujours un sol fertile, et plus il est versé, plus
riche sera la moisson. Les agents du pouvoir arbi-

(1) Portrait de Goubaref dans *Fumée*, de Tourguenef.

traire arriveront à reconnaître que tous leurs artifices diaboliques, toutes leurs cruautés, et la rigueur impitoyable qu'ils emploient pour nous arrêter dans l'œuvre de la libération du peuple russe ne peuvent réussir et ne réussiront pas. *Les victimes qui tombent sont des martyrs de la sainte cause.* Quand même le nombre de nos ennemis serait dix fois plus grand, la victoire nous restera toujours tôt ou tard; et comme nous savons combien notre victoire aura d'influence sur l'histoire et sur la civilisation, nous en concluons que les victimes tombées ne sont pas trop nombreuses, mais le sont plutôt trop peu. Le tsar seulement pour s'emparer de Plevna, a répandu bien plus de sang qu'il ne nous en faudra répandre dans nos efforts pour conquérir la Russie et gagner cent millions d'esclaves à la liberté. »

Cette glorification de l'assassinat et son emploi délibérément systématique est assez étrange pour qu'il faille non pas seulement les constater, mais tenter de les expliquer. Les nihilistes professent une sorte de logique du crime et présentent sans détour leurs arguments. S'ils font l'apologie de l'assassinat en Russie et s'en déclarent les partisans, c'est uniquement par contrainte (1); ils essayent de résoudre l'antinomie

(1) Ainsi les nihilistes, dans la *Narodnaïa Volya* (n° du 23 octobre 1881), ont protesté contre l'assassinat du président Garfield aux Etats-Unis : « Dans un pays, disent-ils, où la liberté des citoyens leur permet de discuter librement leurs idées, où la volonté du peuple, non seulement édicte les lois, mais choisit les gouvernants, l'assassinat politique est la manifestation

qui existe entre leurs procédés sauvages et l'idéal de liberté qu'ils préconisent ; ils n'admettent l'assassinat que parce qu'il leur paraît le seul moyen et le plus sûr d'atteindre leur but humanitaire.

Tout cela est cyniquement avoué dans un article intitulé : *Importance de l'assassinat*, publié par la feuille clandestine *Terre et Liberté (Zemlia y Volya)*, le 25 avril 1878 :

« L'assassinat politique est un acte de vengeance régulière, de représailles. C'est seulement par lui, c'est seulement quand les conjurés politiques survivants répondent par l'assassinat à la destruction systématique de leurs coreligionnaires, que le parti révolutionnaire peut exister et affirmer son indépendance... C'est seulement en nous montrant prêts à tuer et à mourir que nous pouvons espérer d'entraîner derrière nous les masses. Personne, parmi ceux qui connaissent l'état actuel de la Russie, ne niera que l'assassinat ne soit l'un des moyens les plus efficaces d'agitation et de plus, la seule arme que nous ayons entre les mains. En répandant la terreur dans les sphères gouvernementales, nous pouvons espérer ébranler l'ancien système et faire crouler tout l'édifice. Chaque balle que nous envoyons à nos ennemis est une étincelle électrique qui produit des tremblements, des soubresauts

d'un despotisme dont le renversement est le but du parti révolutionnaire en Russie. Le despotisme, soit que les individus, soit que les partis s'en servent, est également condamnable, et la violence n'est justifiable que lorsqu'elle s'oppose à la violence. »

d'épouvante, et paralyse les fonctions des corps officiels dans toute l'étendue des provinces . . . . . .

« A présent que cette arme formidable, l'assassinat
sûr, systématique, s'ajoute au secret, au mystère, la
conspiration devient un pouvoir dans l'État ; pouvoir
redoutable pour ses ennemis, qui ne savent jamais
quand et où ils seront frappés, qui ignorent le lieu et
l'heure où ils recevront leur récompense. Il est enfin
venu le temps où l'assassinat doit compter parmi les
forces motrices politiques de l'époque. La mystérieuse puissance souterraine qui brandit notre poignard a irrévocablement décidé qu'elle citerait à son
tribunal tous les coupables haut placés qui ont joui
si longtemps du bénéfice de leur iniquité. . . . . .
« La répétition habituelle de ce phénomène, l'assassinat politique mystérieux, commence à convaincre nos
ennemis que le moment de rendre des comptes est
venu, et que, si formidable que soit la puissance qui
les protège, ils disparaîtront vite de la terre. L'*assassinat politique*, que des corps d'armée tout entiers ne
peuvent empêcher, qui ne peut être prévenu par des
légions d'espions, si habiles, si subtils, si rusés qu'ils
soient, *voilà le moyen suprême des amis de la liberté.* »

Les raisons invoquées par les nihilistes comme jus-
tificatives de leurs procédés barbares se résument à
ceci : on nous met hors la loi, on nous persécute ;
nous sommes par là exempts de toute obligation civile, le contrat social n'existe plus pour nous (1).

(1) Hélène, l'héroïne du roman de Pisemski, *Dans le Tourbillon* (1872), fait dans ce même ordre d'idées une profession

Tout nous est permis contre un gouvernement qui se permet tout contre nous. Nous sommes les missionnaires d'une cause sainte, la régénération du peuple russe par la liberté. La mort de tel ou tel de nos ennemis, et même de nos partisans, ne peut entrer en ligne de compte quand le sort de plusieurs millions d'hommes est en jeu.

Ce n'est pas encore assez de recueillir les explications des nihilistes ; si l'on veut apercevoir les causes profondes de l'existence du terrorisme, il faut constater deux faits de vérité générale et de vérité parti-

de foi très significative : « Les lois sont des traités, dit-elle, et je suis née après que ces traités ont été signés et sanctionnés ; dois-je les observer moi qui ne les ai pas signés ? Les traités ne sont obligatoires que pour ceux qui personnellement les reconnaissent. » Quand on lui objecte que le vol et le meurtre sont des crimes qu'on doit punir, elle répond : « En réalité, il n'y a pas de criminels ! Ils ne sont que la manifestation visible d'un ordre social mal organisé ! Changez cet ordre et il n'y aura plus de criminels. » Il peut nous paraître étrange qu'un pareil langage soit mis dans la bouche d'un personnage de roman ; mais il existe en Russie un genre de roman que l'on pourrait appeler le roman social. Et comme dit avec autorité C. E. Turner, lecteur anglais à l'université de Saint-Pétersbourg : « En Russie, le romancier a une importance particulière et exceptionnelle. Par suite de l'étroite surveillance (*sharp vigilance*) exercée sur la presse, c'est seulement sous la forme de la fiction que les questions qui touchent par quelque côté à la politique peuvent être librement discutées. (*The modern novelists of Russia*. Londres, 1890). M. de Vogüé a dit de même : « C'est dans ce cadre complaisant qu'il faut chercher en Russie la somme des idées contemporaines sur la philosophie, l'histoire, la politique. » (*Le Roman russe*, p. 144.)

culière : si, d'une part, l'assassinat et la révolte à main armée ont toujours été dans les gouvernements autocratiques une des formes de l'opposition, d'autre part, c'est dans la nature de l'esprit russe de ne savoir pas reculer devant les conséquences pratiques de ses raisonnements. Nous avons essayé de donner la théorie du terrorisme, d'apès les nihilistes eux-mêmes ; voyons comment ils l'ont suivie.

CHAPITRE VIII

LE TERRORISME

Les premiers troubles prirent naissance dans les universités. Le 23 février/7 mars 1878, c'est-à-dire peu de jours après l'attentat de Véra Zassoulitch, dans une rue de Kief, plusieurs coups de revolver sont tirés sur Kotliarevski, substitut du procureur impérial. Les soupçons se portent, à tort ou à raison, sur un professeur de l'université et sur plusieurs jeunes gens. L'un d'entre eux est étudiant. La police les arrête. Aussitôt les étudiants se réunissent en assemblée et prostestent contre l'emprisonnement de leur compagnon Podolski. Sur leur demande, le recteur s'interpose pour sa mise en liberté auprès du gouverneur général Pavlof. Cette démarche étant restée sans effet, ils envoient une députation au gouverneur. Celui-ci les reçoit mal et les mécontente par ses réponses. Comme il arrive en pareil cas, ils protestent plus violemment sans calculer la portée de leurs actes ni de leurs paroles. Mais en Russie, les étudiants n'ont ni les franchises, ni le droit au tapage qu'on leur accorde en France si libéralement. Aussi le tumulte de Kief fut sévèrement puni. On prononça l'exclusion de l'université d'environ cent cinquante étudiants; trente furent envoyés en exil temporaire dans les provinces du Nord (1). Des précautions furent prises afin d'empêcher toute scène tumultueuse; ce fut en vain. Le convoi des exilés de Kief fut salué au départ et au passage à Moscou par les ovations de la jeunesse universitaire. A Moscou, il se produisit même une violente bagarre accompagnée de coups et de blessures. Ainsi les mesures de rigueur prises contre les étudiants n'avaient pas eu pour résultat de les intimider et de les apaiser, mais plutôt de les surexciter. Le 17 avril, à Kief, Matvezef, recteur de l'université, est frappé à la tête sur les marches de l'escalier du palais universitaire, jusqu'à perdre connaissance. C'est encore dans une rue de Kief qu'a lieu l'assassinat de l'officier de gendarmerie Heyking, blessé mortellement d'un coup de poignard tout près du poste de police (25 mai/6 juin 1878). Les auteurs de ces deux attentats restèrent inconnus.

L'assassinat d'Heyking avait un caractère particulièrement cynique. Il avait été annoncé quelques jours auparavant par le journal nihiliste *Terre et Liberté (Zemlia y Volya)*; il paraît avoir été comme une revanche de la tentative qui avait échoué contre

(1) THUN, ouvrage cité, p. 162.

Kotliarevski. « Le hasard a sauvé Kotliarevski, disait ce journal, mais ce vaurien ne doit pas oublier que la peine de mort le menace à tout moment s'il n'abandonne ses mauvais procédés... » Suivait l'énumération des griefs contre le procureur, de nouvelles menaces, et une sentence de mort contre Heyking : « C'est pourquoi nous croyons devoir lui adresser un deuxième avertissement. Nous espérons que la seconde tentative aura plus de succès. Remarquons à ce propos que le chef de la gendarmerie Heyking fera bien de prendre en considération, pour sa part, le présent avis. »

Le terrorisme jeta directement le gant à la face de l'autorité à Saint-Pétersbourg, par le meurtre du général des gendarmes, Mezentsef, chef de la Troisième section de la police secrète de l'empire. A la fin de juillet 1878 (20 juillet / 1er août), cinq jeunes gens et trois jeunes filles, accusés de complot et de résistance armée à l'autorité, furent traduits devant un tribunal militaire à Odessa, alors en état de siège par suite de la guerre de Bulgarie. Kovalski, le principal prévenu, fut condamné à la peine de mort et fusillé le 2/14 août (1). C'était comme une première application de l'oukase du 9 mai de la même année. Les terroristes prévinrent par des avis anonymes le général Mezentsef que sa vie devait payer

____

(1) Kovalski, fils de pope comme Tchernichevski, passa du séminaire à l'université ; au lieu de développer ensuite ses talents dans les luttes du journalisme, il se décida à *aller dans le peuple*, et fut un des premiers propagandistes.

pour celle du condamné d'Odessa. Le 4/16 août 1878, le général Mezentsef faisait, comme de coutume, sa promenade matinale, accompagné de son ami le lieutenant-colonel Makarof, lorsque, aux environs de la place Michel, les promeneurs furent accostés par deux jeunes gens de fort bonne apparence. L'un frappa Mezentsef d'un coup de poignard à la poitrine, tandis que l'autre tira un coup de revolver sur le lieutenant-colonel Makarof sans l'atteindre. Les assassins montèrent aussitôt dans une voiture qui les attendait tout auprès, et disparurent comme par enchantement. Le général Mezentsef mourut à cinq heures du soir le jour même. La police de Saint-Pétersbourg fit d'inutiles recherches pour retrouver les auteurs du crime.

On supposa que Michaïlof, un des individus arrêtés à la suite de ce drame, y avait joué le rôle de complice, et il fut exécuté; de même, plus tard, on présuma que le sous-lieutenant Dubrovin, pendu dans l'été de 1879 (20 avril / 2 mai), ne fut pas étranger à cette affaire, mais la police n'eut pas de preuves; elle put seulement retrouver la voiture et les chevaux dont s'étaient servis les assassins pour leur fuite (1).

(1) Le procès des assassins d'Alexandre II (1881) a fourni des indices confirmés par le procès de Trigoni (27 février 1882). Un des accusés compris dans le procès Trigoni, Baranioukof, qui avait continuellement dépisté la police en changeant plusieurs fois de nom depuis le meurtre de Mezentsef, finit par être reconnu coupable et avoua son crime, mais en déclarant que Michaïlof n'y avait aucunement participé. (Cf. *Rusia ante el Occidente, estudio critico del nihilismo,* par Joaquin Arnàu.

Le journal nihiliste *Terre et Liberté*, s'applaudit du succès de l'assassinat du chef de la Troisième section et de l'émotion qu'il avait produite. Il crut même utile de donner des détails vrais ou faux : « L'exécution de la sentence [avait coûté au parti six mille roubles. »

Plusieurs mois s'écoulent sans nouveaux attentats, soit que les nihilistes aient momentanément épuisé leurs ressources, soit qu'avant de reprendre les armes ils aient voulu juger de l'effet produit par la répétition de l'homicide, soit plus probablement qu'ils n'aient eu en vue aucun haut fonctionnaire contre lequel exercer de pressantes représailles. Déjà on commençait à espérer qu'ils avaient renoncé à leurs agissements sanguinaires. C'était à tort. Cette trêve passagère ne devait être qu'un répit.

En février 1879, on arrêta, dans le gouvernement de Kharkof, un certain Fomine, prévenu d'avoir pris part à une attaque contre les gendarmes pour la délivrance d'un prisonnier politique. Le gouverneur, prince Krapotkine (1), fut averti par un avis anonyme que si Fomine était traduit devant la cour martiale, il en serait rendu responsable sur sa

é Ibañez. Madrid, 1881, p. 392.) — Il est regrettable que le libéralisme de l'auteur de cet ouvrage si complet l'ait conduit à citer parfois des faits contestables et à donner des appréciations exagérées.

(1) Ce prince Krapotkine était le cousin du prince Krapotkine dont nous avons déjà parlé, qui, après avoir fait de la propagande nihiliste en Russie, dirigea à Genève le journal nihiliste *le Tocsin* (*Nabat*) et fut détenu à Clairvaux.

vie. Fomine comparut néanmoins devant le conseil de guerre ; avant même qu'il eût été jugé, dans la nuit du 21 au 22 février 1879, Krapotkine fut blessé à mort au sortir d'un bal officiel, par un inconnu qui tira sur lui deux coups de pistolet et prit aussitôt la fuite. Le lendemain, des placards séditieux affichés à Kharkof donnaient, comme un des motifs de l'exécution de Krapotkine les traitements barbares infligés par ses ordres aux détenus politiques de la ville.

Les meurtres mystérieux se succèdent dès lors avec une singulière rapidité. Le 23 février / 7 mars 1879, à Odessa, on trouvait le cadavre du colonel de gendarmerie Knoop et près de lui un écrit sur lequel on lisait : « Par ordre du comité exécutif révolutionnaire, il doit en être et il en sera fait ainsi de tous les tyrans et de leurs complices. »

Le 26 février / 10 mars 1879, on découvrait à Moscou, dans une chambre d'hôtel, le cadavre d'un jeune homme gisant à terre, la tête brisée, le corps percé de plusieurs coups de poignard avec un papier sur lequel était écrit : « Traître ! espion ! condamné et justicié par nous socialistes et révolutionnaires russes. Mort aux Judas et aux traitres ! » Encore cette fois, le meurtrier échappa à toutes les recherches. La victime était Nicolas Reinstein, espion fort habile au service de la Troisième section, très connu dans les cercles révolutionnaires de Moscou sous le nom de Petit-Nicolas. Le journal *Terre et Liberté* ne manqua pas de révéler la cause de l'assassinat : « Reinstein, Juif

polonais, a révélé à la Troisième section la demeuré de deux de nos typographes. Pour cela, nous
l'avons tué le 9 mars dernier à Moscou, dans l'hôtel
Marmontof. »

Quelques jours plus tard, le 13/25 mars, le général
Drenteln, successeur de Mezentsef à la direction de la
Troisième section, était l'objet d'une attaque, mais
elle échoua. Le coup de pistolet dirigé sur lui n'eut
d'autre effet que de briser les glaces de sa voiture.
Mirski, son agresseur, presque un enfant — il n'avait
que dix-huit ans —, fut pris peu après et exécuté. De
même, le gouverneur de Kief le comte Gartkof, le
5 avril, ne fut pas atteint par un coup de pistolet que
l'on tira sur lui d'une fenêtre, alors qu'il traversait,
au milieu du jour, une des rues les plus fréquentées
de la ville. Cinq jours plus tard, le 10 avril, à Arkhangel, on découvrait le cadavre de l'inspecteur de police
Petrovski, poignardé dans sa propre habitation. Au
manche du poignard qu'on avait laissé dans la blessure était attaché un papier contenant ces mots signés
du comité exécutif : « Tu étais polonais, mais pour
tous les Polonais ici exilés tu étais pire que tous les
bourreaux russes ! Meurs, chien ! car tu n'es pas
digne de vivre au milieu des hommes. »

L'assassinat, lugubre arpenteur, comme pour en-
serrer un vaste territoire dans ses jalons sanglants,
parcourait à grands pas la Russie : de Saint-Pétersbourg à Kharkof, de Kharkof à Kief, de Kief à Odessa,
d'Odessa à Arkhangel. Les terroristes, avec une rage
féroce, multipliaient leurs coups sur les agents de la

police secrète. Dans la lutte offensive et défensive
contre un gouvernement dont ils condamnaient le
despotisme, ils s'arrogeaient tous les droits des pires
despotes. Leur parti avait la prétention de faire
comme un Etat dans l'Etat. Leur comité exécutif en
était le tribunal souverain, dictant des sentences de
mort ; le groupe de leurs affiliés formait une milice de
bourreaux prêts à obéir servilement aux ordres donnés
quels qu'ils fussent.

CHAPITRE IX

LE TYRANNICIDE

Nous l'avons déjà dit; un des traits les plus saillants du caractère des révolutionnaires russes, c'est de tirer, avec une aveugle logique, des prémisses de leurs raisonnements doctrinaires toutes les conclusions qu'elles renferment, et de les prendre ensuite pour des règles de conduite impératives. En frappant les espions, les gendarmes, les procureurs, le chef suprême de la police, ils avaient succesivement gravi les échelons de la hiérarchie gouvernementale. Trépof, Mezentsef, Krapotkine, étaient des serviteurs directs de l'empereur et appartenaient à son entourage. Aussi bien, les nihilistes n'hésitèrent pas à diriger enfin leurs coups contre la personne même de l'empereur. Le terrorisme a son expression dernière et extrême dans le tyrannicide.

Dans la matinée du 2/14 avril 1879, l'empereur

faisait à pied sa promenade habituelle. Il passait près
du Palais d'hiver, presque devant la porte de l'état-
major du corps de garde, quand un jeune homme le
visa avec un revolver et tira un premier coup. L'empereur ne fut pas atteint et s'élança aussitôt au travers
de la place du Palais d'Hiver en décrivant des zigzags;
deux autres coups n'eurent pas plus de succès. En
même temps, le capitaine Koch, se précipitant sur le
meurtrier, lui asséna sur l'épaule un violent coup de
sabre, mais celui-ci, sans même détourner la tête, fit
feu une quatrième fois; la balle, sans toucher Alexandre, alla blesser à la joue un garde du palais. Un
cinquième coup se perdit dans la foule.

On se saisit de suite de l'assassin, qui n'opposa pas
de résistance. Amené aux bureaux de la police, il y
était à peine entré qu'il fut pris de violents vomisse-
ments. En toute hâte, on lui administra d'énergiques
antidotes. Au moment de son arrestation, il avait avalé
une pilule empoisonnée au cyanure de potassium, qu'il
s'était mise dans la bouche un instant auparavant. En
réponse aux interrogatoires dont il fut l'objet, il déclara s'appeler Alexandre Solovief (1).

(1) Né à Saint-Pétersbourg, fils d'un greffier de collège qui
habitait le palais de la grande-duchesse Mikhaïlovna, Solovief
avait été élevé aux frais de l'Altesse Impériale. Il commença
ses études de droit à l'université, mais la pénurie de ses ressources l'empêcha de les continuer. A vingt ans, en 1868, il
passa des examens d'instituteur et fut nommé professeur à
Toropetz, près de Moscou; il y resta sept ans et acquit la
réputation d'un excellent maître. C'est là qu'il se laissa entraîner
aux doctrines socialistes.

Solovief était l'incarnation achevée du type nihiliste. Professeur d'histoire et de géographie, il avait abandonné ses fonctions afin d'apprendre le métier de serrurier et « d'aller dans le peuple ». Puis il avait contracté « un mariage pour la cause » en épousant en mai 1876, Catherine Tchelichef (1). Le jour même de leur mariage, Solovief et la jeune femme s'étaient séparés pour faire de la propagande chacun de leur côté.

Le 30 décembre 1878, Solovief était revenu à Moscou très découragé de ses essais de propagande, sans renoncer toutefois au colportage des publications révolutionnaires. Il s'était enfin décidé au régicide. A quelles influences avait-il cédé ? Dans les interrogatoires de son procès, il persista à déclarer qu'il avait commis l'attentat de son seul gré, sans mandat et sans complices. On a su depuis (2) qu'après plusieurs conciliabules tenus dans les cabinets particuliers de petits restaurants de Saint-Pétersbourg, six jeunes gens avaient résolu l'attentat ; un juif, Goldenberg, et un catholique, Kobilianski, avaient brigué l'honneur de l'exécution ; le choix s'était arrêté sur Solovief qui se vantait d'être habile tireur, parce que l'effet serait plus grand si le tsar était frappé par un Russe orthodoxe.

(1) Ce genre de mariage particulier aux nihilistes n'est qu'un lien purement légal ; il n'astreint les époux à aucun devoir réciproque ; son but est simplement de soustraire une jeune fille à l'autorité de ses parents et de l'émanciper. La jeune femme peut, dès lors, en toute liberté, remplir sa mission socialiste.

(2) Révélation de Goldenberg et procès des Seize en 1880.

Les nihilistes, dans leur journal *Terre et Liberté*, publièrent une apologie du crime. Solovief ne fit aucune révélation ; jugé et condamné à mort, le 25 mai/6 juin 1877, il fut pendu sur l'esplanade de Smolensk, où treize années auparavant Karakosof, l'auteur du premier attentat à la vie d'Alexandre II, avait été exécuté (1).

Le fameux « comité exécutif », qui n'avait encore qu'une existence nominale, s'organise au mois de juin 1879. Une douzaine de jeunes gens, des plus avancés dans le mouvement anarchiste, se rassemblent du 17 au 21 juin près de Lipetsk (gouvernement de Tambof) dans une prairie déserte entourée d'arbres. C'est dans ce lieu écarté, choisi avec une prudence digne des Indiens peints par Fenimore Cooper, que se tiennent les mystérieuses séances du « congrès de Lipetsk » (2). Les chefs du parti nihiliste composent

(1) A la suite de l'attentat de Solovief, la police fit de nombreuses arrestations. La plupart des suspects durent être relâchés. « L'un d'eux, dit M. G. Valbert, vient d'être élu bâtonnier par l'ordre des avocats de Saint-Pétersbourg. » (*La Situation intérieure en Russie. Revue des Deux Mondes* 1er juin 1879.)

(2) Au congrès de Lipetsk ont assisté : Alexandre Michaïlof, Cheliabof, Tikhomirof, Fomenko, Kviatkovski, Kolotkievitch, Morosof, Koschournikof, Chiriaïef, Goldenberg, Sophia Perovskaïa et Vera Filippova Fiegner. Les deux femmes sont, avec Michaïlof et André Cheliabof, les personnalités les plus importantes de ce groupe. Morosof et Tikhomirof furent désignés par le congrès pour la rédaction du journal officiel du parti, la *Narodnaïa Volya*. (Aveux de Goldenberg, lors du procès des Seize en octobre 1880. Débats du procès des Quatorze, en octobre

les actes, fixent les décors du drame à grand spectacle où ils vont jouer les principaux rôles. Pour des conspirateurs qui veulent tenir en échec le gouvernement du plus vaste empire du monde, le revolver de Solovief est un engin trop peu sûr, trop peu meurtrier. Sur la proposition de Kibaltchitch, ils renoncent aux armes à feu pour faire usage de la dynamite.

Kibaltchitch, chimiste et mécanicien, se hâte de combiner une préparation explosive. Deux mois après, le 26 août/7 septembre 1879, dans une seconde réunion nihiliste à Saint-Pétersbourg, il annonce que ses recherches ont été couronnées de succès. Cette même nuit, on dresse le plan du régicide, et on lui donne des proportions inusitées. Il s'agissait d'un triple attentat. Le voyage de l'empereur, de Crimée à Saint-Pétersbourg, fournissait plusieurs occasions. La voie ferrée serait minée en trois endroits : près d'Odessa, près d'Alexandrovsk, près de Moscou, où devait passer le train impérial.

A Odessa se rendirent Kibaltchitch, Frolenko, Kolotkevitch, Slatopoliski, et une femme, Tania Lebedeva; à Alexandovsk, Cheliabof, Presniakof, Okladski, Tichonof, et une femme, Anne Iakimova; à Moscou, Michaïlof, Goldenberg, Hartmann, Baranioukof, Chiriaïef et Sophia Perovskaïa.

Les travaux de la mine d'Odessa furent abandonnés

1884.) Tikhomirof (dit Thun, ouv. cité, p. 187) est fils d'un médecin propagandiste; emprisonné de 1873 à 1878, « il paraît être depuis lors l'un des principaux chefs de l'entreprise terroriste ».

par suite d'un changement de l'itinéraire du voyage de l'empereur. Malgré tous les soins de Cheliabof, la tentative près d'Alexandovsk ne réussit pas. Les deux cylindres contenant la dynamite qu'avait fournie Kibaltchitch, avaient été placés sous les traverses du chemin de fer, dans la mine préparée d'avance; ils étaient reliés à une bobine Ruhmkorf par des fils conducteurs du courant électrique. A l'heure du passage du train, le 18 novembre, Cheliabof et ses acolytes sont à leur poste. Le train impérial passe, mais la machine infernale n'éclate pas : un fil de l'appareil électrique avait été coupé par mégarde.

De son côté, Hartmann avait déployé la plus grande activité. Dès son arrivée à Moscou, le 13 septembre, il avait acheté dans les environs de la ville une petite maison d'aspect fort modeste, tout près du chemin de fer. Deux mois plus tard, la galerie de la mine était terminée au prix des plus grands efforts, des plus grandes fatigues, de continuelles inquiétudes. Par mesure de prudence, tout fut fait avec les moyens d'exécution les plus simples : presque toute la galerie fut creusée à la main; les mineurs n'achetèrent un instrument perforateur que lorsqu'ils se sentirent à bout de forces. On dut recourir à un prêt hypothécaire sur la maison même d'où partait la mine, par suite du manque d'argent; et ce prêt donna lieu à une expertise faite en présence de la police. Puis le voisinage d'une grande ville, où la surveillance était particulièrement rigoureuse, rendait tout difficile. Dans la chambre de travail, les mineurs avaient à leur portée une bouteille de nitroglycérine afin de se faire sauter si la police venait les surprendre. Hartman avait dosé la dynamite et s'était procuré les appareils électriques nécessaires. Il savait que le 19/31 novembre, entre 10 et 11 heures du soir, le train impérial devait arriver. Un peu avant 10 heures, le sifflet d'une locomotive se fit entendre. C'était prévu. Ce premier train, contenant les serviteurs de la cour et les bagages, précédait le train impérial; on le laissa passer. A l'heure fixée, paraît le second train. Sophia Perovskaïa donne le signal convenu : Hartmann réunit les pôles de la batterie électrique, la formidable explosion se fait entendre et la voie du chemin de fer est jonchée de débris... Cependant, le lendemain, les nihilistes apprenaient l'échec de leur tentative. Soit hasard, soit pressentiment d'un malheur, le train impérial avait pris les devants sur son train jumeau; pour la seconde fois, en 24 heures, Alexandre II avait échappé à la mort...

Les régicides, sans perdre de temps, se donnent rendez-vous à Saint-Pétersbourg et prennent de nouvelles résolutions. N'ayant pu atteindre le tsar alors que les circonstances semblaient les favoriser, ils conçoivent un projet d'une inconcevable audace : faire périr le tsar dans sa propre demeure, là même où une surveillance continuelle rend presque insurmontables les difficultés qui s'opposent à l'exécution de leurs crimes; miner le Palais d'Hiver et le faire sauter.

Un ouvrier menuisier, Stéphane Khaltourine, avait déjà offert ses services au comité exécutif pour cette

mine, qui devait être comme une réserve. Khaltourine présentait toutes les garanties au comité exécutif; il avait donné des preuves d'intelligence et de
dévouement au parti révolutionnaire (1). Il n'avait
pas été heureux dans ses essais de propagande ;
irrité contre la police du tsar qui les avait fait
avorter, il avait mûri l'idée du régicide. D'abord il
réussit à trouver du travail sur un yacht impérial et y
montra son habileté comme menuisier vernisseur. Il
put ainsi se faire recommander et admettre comme
menuisier au Palais d'Hiver. Il demanda alors au
comité exécutif des renseignements techniques et
un explosif afin de faire sauter le palais et la
famille impériale. Sa conduite fut fort habile. Il se fit
passer, aux yeux des domestiques avec lesquels il
vivait, pour un être naïf et ignorant ; aussi sans
éveiller de défiance, il put s'enquérir des usages de
la cour et prendre, en toute liberté, connaissance des
appartements en l'absence du tsar. Il remarqua que
la chambre du sous-sol où il logeait se trouvait exactement au-dessous de la salle à manger impériale, mais

(1) Dès 1873, il avait débuté dans la propagande révolutionnaire; depuis plusieurs années, il était « illégal », et, comme
la plupart de ses coreligionnaires, il vivait avec un faux passeport établi sous le nom d'un paysan du gouvernement d'Olo-
netz; il avait organisé à Saint-Pétersbourg, parmi les ouvriers,
l'*Alliance ouvrière du Nord*, mais cette société s'était dissoute
après l'arrestation de ses principaux membres par la police.
Pour la même raison, l'imprimerie clandestine ouvrière que
Khaltourine avait établie ne put fonctionner.

il y avait entre les deux pièces, au rez-de-chaussée, une salle où se tenait la garde du palais.

D'abord le nettoyage et les réparations du palais, hâtés par le retour prochain de l'empereur de son voyage en Crimée, empêchèrent Khaltourine de s'occuper de la mine avant le mois de décembre. Puis un incident rendit la situation du conspirateur fort critique. Le 6 décembre, on arrêta à Saint-Pétersbourg un nihiliste, Kviatkovski, membre du comité exécutif. Dans ses papiers à demi brûlés, on trouva un plan du Palais d'Hiver marqué d'une croix rouge. Cela mit la police sur ses gardes; elle fit fouiller soigneusement toutes les chambres du palais, voisines de la salle à manger et ne découvrit rien; des perquisitions furent faites de jour et de nuit, mais elles restèrent inutiles. Il y avait déjà pourtant un fort paquet de dynamite caché sous l'oreiller de Khaltourine.

On donna l'ordre de fouiller les domestiques et les ouvriers qui revenaient au palais après un absence quelconque. Ce ne fut donc que par parcelles que Khaltourine put compléter sa provision de dynamite; il n'était pas libre de multiplier ses sorties; aussi malgré son désir de ne pas prolonger des inquiétudes avivées à chaque moment, il avait peine à venir à bout de son entreprise. Dailleurs les vapeurs de nitroglycérine qui s'exhalaient de son oreiller, lui occasionnaient des insomnies et de violents maux de tête.

Il fallait, à vrai dire, une grande quantité de dynamite pour produire une explosion suffisante, parce qu'il n'était pas possible de creuser une vraie mine.

Tout ce que put faire Khaltourine, ce fut, au dernier moment, de renfermer toute sa dynamite dans le coffre où il rangeait habituellement ses habits et de l'approcher de l'angle des deux murs principaux qui soutenaient cette partie du palais.

Khaltourine n'avait éveillé aucun soupçon et, s'il faut ajouter foi aux détails du récit donné par M. Tikhomirof (1), une petite intrigue romanesque vint aider l'accomplissement de ses projets : « Khaltourine sut inspirer des sympathies extraordinaires, même au gendarme qui logeait avec les menuisiers. Le gendarme, qui n'était pas un homme méchant, tâchait surtout d'apprendre à Khaltourine des manières de gentilhomme... Le gendarme avait sur lui quelques vues particulières. Il cherchait un parti convenable pour sa fille et avait arrêté son choix sur le jeune menuisier. Il lui fit des allusions, presque des propositions. Khaltourine n'encourageait pas trop le vieillard, mais ne disait pas non, car cette bienveillance lui était très utile. »

Des nihilistes, experts en la matière, avaient calculé qu'il fallait 3 *puds* (2), c'est-à-dire 50 kilogrammes

(1) Cf. *Conspirateurs et policiers* (Souvenirs d'un proscrit russe), par Léon Tikhomirof. Paris, 1887, p. 310. — L'anecdote du gendarme est également racontée dans *Der Russische Nihilismus*, par Gregor Kupczanko. Leipzig, 1884, p. 46. Les deux auteurs semblent d'ailleurs avoir puisé leurs renseignements à une même source, c'est-à-dire à un récit qui a pour titre : *Séjour de Khaltourine dans le Palais d'Hiver* (*Prebyvanie Chaltourina v Simnem Dvorcie*.)

(2) Le *pud* vaut 16 kil., 372 gr.

de dynamite, pour faire sauter la salle à manger. En considération des risques courus par Khaltourine, il fut convenu qu'on se contenterait de ce minimum. Sitôt qu'il fut atteint, il ne resta plus qu'à saisir le moment favorable, et ce n'était pas aisé, car il dépendait d'une coïncidence. Tandis que l'empereur serait dans la salle à manger, Khaltourine devait se trouver seul dans sa chambre. L'empereur, il est vrai, prenait ses repas à des heures presque fixes, mais la présence des menuisiers et du gendarme dans la salle du sous-sol dépendait de mille circonstances imprévues. Les amis de Khaltourine tenaient à être mis au courant des nouvelles. Chaque jour, à l'heure du dîner impérial, Khaltourine avait rendez-vous avec Cheliabof. Les entrevues étaient courtes ; les deux nihilistes feignaient même de ne pas se connaître ; ils se rencontraient sur une place. Khaltourine passait à grands pas près de Cheliabof... — « Réussis. pas... pas possible... *(Nitschevo)*... » lui jetait-il, d'une voix basse et nerveuse.

Plusieurs fois Cheliabof entendit ces mêmes réponses ; enfin, le 5/17 février 1880, il vit s'avancer Khaltourine lui disant : « C'est prêt ! *(Gotovo !)* »

Presque aussitôt, on entendit une épouvantable explosion. Bientôt on apprit que le tsar était sauvé. Que s'était-il passé ? Ce jour-là, le beau-frère de l'empereur, le prince de Hesse, et le prince de Bulgarie, Alexandre de Battenberg, son neveu, étaient les hôtes de la famille impériale. Le dîner devait être servi, comme de coutume, à sept heures précises. Mais un léger retard du prince de Hesse et l'intérêt de la conversation firent différer le passage à la salle à manger. On parlait justement, comme l'a rappelé depuis le prince de Hesse, de crimes de haute trahison qui menaçaient la vie de l'empereur, quand une effroyable secousse ébranla le Palais d'Hiver. Là où étaient tout à l'heure la salle à manger et la salle des gardes, le regard s'arrêtait sur un large écroulement ; des cris lamentables rendaient plus poignant encore le spectacle de la catastrophe. Dix soldats de la garde avaient été tués, cinquante-trois blessés ; les murs étaient couverts de débris humains ; partout des éclaboussures de sang...

Les véritables auteurs du crime échappèrent à la police ; toutefois d'importantes captures venaient d'être faites : les 17 et 28 janvier, on avait découvert les deux imprimeries clandestines de la *Narodnaïa Volya* et du *Tcherni Peredel* et des bombes de dynamite. Cela même faisait supposer que le parti nihiliste avait une organisation complète et disposait de forces dont on exagérait l'importance. Le tsar, soit qu'il cédât à l'impression produite par les événements, soit bien plutôt qu'il voulût tenter une nouvelle expérience politique, se montra disposé aux concessions. Il appela au ministère de l'intérieur le comte Loris Mélikof qui passait à bon droit pour libéral et jouissait d'une grande popularité. Il lui confia le soin de rétablir l'ordre, l'investissant en même temps d'un pouvoir dictatorial, sous la désignation de chef de la commission exécutive (12/24 février.).

Quinze jours s'étaient à peine écoulés depuis l'explosion du Palais d'Hiver quand Mélikof fut l'objet d'un attentat. L'assassin, Mlodestki, était un jeune Juif dont on se saisit immédiatement. Il déclara avoir eu spontanément la pensée de tuer le comte Loris Mélikof, comme représentant de la répression. Cela était vrai, sans doute, car le comité exécutif nihiliste désavoua formellement Mlodestki. Toujours est-il qu'à partir de cet attentat du 20 février/4 mars, l'année 1880 fut calme.

Les procédés de Loris Mélikof, plus humains que ceux de ses prédécesseurs, avaient produit une détente dans l'opinion. Le dictateur tolérait une certaine liberté. La presse put parler sans une contrainte aussi sévère que par le passé ; quelques nouveaux journaux purent se fonder. Les arrestations devinrent rares ; on fit un emploi modéré de la déportation, quelques révolutionnaires reçurent leur grâce en échange de leur repentir. Loris Mélikof semblait être favorable aux réformes. On lui sut gré de l'oukase d'août 1880, par lequel Alexandre II supprimait la Troisième section, considérée par l'opinion comme l'instrument du despotisme. En fait, le public s'exagéra la portée de cette décision. L'incapacité dont avait fait preuve la Troisième section dans sa lutte contre le nihilisme l'avait pour ainsi dire imposée. Le général Drenteln, démissionnaire de son poste de chef des gendarmes, n'avait pas eu de remplaçant. Il était donc parfaitement logique de fusionner la police générale de l'empire avec celle du ministre de l'intérieur. La simplification des rouages dans une machine est la condition d'un bon fonctionnement. Si la réunion des pouvoirs entre les mains de Loris Mélikof était un progrès, c'était seulement parce qu'elle mettait fin à l'autonomie de la Troisième section et enlevait la direction immédiate de ce service à la chancellerie impériale.

Les nihilistes ne se faisaient aucune illusion sur les conséquences de cette réforme ; ils avaient escompté d'abord les intentions libérales de Loris Mélikof ; mais n'en voyant point les effets immédiats, ils pensaient que l'espoir est un triste avantage

Lorsque rien ne marche après lui.

La trêve accordée par eux au gouvernement ne leur avait en rien profité. Goldenberg, jeune conspirateur russe, arrêté au moment de l'attentat de Moscou, venait de se suicider dans sa prison (17/29 juillet), après avoir fait d'importantes révélations sur l'organisation de leur parti. La police avait mis la main sur un des conspirateurs les plus actifs, Alexandre Michaïlof, et grâce à des papiers trouvés à son domicile, avait découvert les traces de deux clubs révolutionnaires ; elle s'était saisie successivement de Baranioukof, assassin du général Mezentsef, de Friedenson, de Kobokevitch et de plusieurs autres. Les nihilistes, sous l'impression de l'inquiétude et du mécontentement, en voyant leurs rangs décimés, se mirent à organiser un nouveau complot. Loris Mélikof, bien renseigné par la police, en fut informé. Il soupçonnait

Trigoni, étudiant connu sous le sobriquet de *Milord*, et Cheliabof d'en être les chefs ; mais ceux-ci restaient introuvables. Le bruit avait couru dans le public que l'on avait découvert dans le yacht impérial *Livadia* des cartouches de dynamite. Ces symptômes étaient alarmants et les craintes de Loris Mélikof n'étaient point imaginaires.

CHAPITRE X

E journal *Narodnaïa Volya*, organe clan-
destin des nihilistes, dans le compte rendu
de la mort du tsar qu'il publia plus tard,
raconte que, dès le 7 septembre 1880, le comité exécutif avait dressé un plan d'attentat (1). Un ménage
d'apparences très pacifiques, habitant depuis le 28 novembre 1880 un appartement fort bien meublé sur la
perspective Nevsky, loua au mois de janvier dans la
petite Sadovaya ou rue des Jardins, le rez-de-chaussée
d'une maison appartenant au comte de Mengden pour
y installer une fromagerie. Ce ménage était fictif. Le
vrai nom de Kobozef, le prétendu mari, était Jurii
Bogdanovitch (2), géomètre de profession. Quant à la

---

(1) Cf. *Rusia ante el Occidente*, par Joaquin Arnau é Ibanez.
Madrid, 1881, p. 411 et suiv. Cf. *Le Français*, des mois de mars
et avril 1881 et autres journaux.

(2) Bogdanovitch ne fut arrêté que l'année suivante à Moscou,
où il vivait sous le nom de Prosorovsky. Jugé à Saint-Péters-

femme, Anne Yakimova, fille de pope et complice de Cheliabof dans l'attentat d'Alexandrovsk, elle se faisait appeler Elena Fedorovna. Leur but était de creuser une mine sous la petite Sadovaya. Cheliabof, que l'on retrouve partout, dirigeait les travaux de la mine. La galerie souterraine, partant de l'arrière-boutique, devait s'avancer de 5 mètres environ sous la rue où passait presque chaque jour le traîneau impérial. Cette galerie était soigneusement garnie de planches pour empêcher les éboulements ; un sofa en cachait l'ouverture. Le creusement se fit en sécurité et sans trop de peine ; la terre que l'on retirait était jetée au fur et à mesure dans deux tonneaux recouverts de paille et de fromages, dans des caisses de bois et enfin sous un canapé garni d'une ample housse. La mine fut achevée dans les derniers jours du mois de février 1881 (1). Le chimiste Kibaltchitch s'em-

bourg, le 5/17 avril 1883, avec seize autres terroristes, il fut condamné à mort. Sa peine fut commuée par Alexandre III en celle des travaux forcés à perpétuité en Sibérie.

(1) Dans le courant du mois de février, une quinzaine de jours avant l'attentat, des voisins de la fromagerie ayant des soupçons sur les prétendus époux Kobozef, les dénoncèrent à la police. Le général Mrovinski, expert technique de la police de Saint-Pétersbourg, dirigea la perquisition faite dans la fromagerie, mais ayant négligé de visiter l'arrière-boutique, il ne trouva rien de suspect. Ce fut seulement dans une nouvelle descente de justice, faite trois jours après le meurtre du tsar, que l'on découvrit tous les préparatifs de la mine. Le général Mrovinski fut condamné par le jury, en même temps que deux conseillers d'Etat, à la déportation en punition de leur coupable négligence.

ploya à la bien charger. Il y fit placer des sacs de dynamite (45 kilog.), une grande quantité de capsules au fulminate de mercure, une forte boule de coton-poudre imprégnée de nitroglycérine. Le tout était en communication par un fil métallique avec un appareil électrique. L'explosion, d'après les prévisions, devait produire dans la rue une brèche d'au moins quatre mètres.

A partir de la seconde quinzaine de janvier 1881, les conspirateurs avaient déployé une grande activité; ils étaient pleins d'espoir. Ils avaient de fréquentes réunions, prenant grand soin de changer les lieux de rendez-vous, afin d'écarter les soupçons : c'était tantôt chez Cheliabof et Sophia Perovskaïa, qui demeuraient rue Ismaïlovski, cachés sous les pseudonymes de Slaviouski et de Sidia Voïnof ; tantôt chez Nicolas Stéfanof Elkinof, qui se disait artisan de Vilna et logeait rue Simbirskaya ; plus souvent au laboratoire de Kibaltchitch, rue Telajuaya, qui était en même temps l'habitation de Fasenko Navrotski. En outre de Cheliabof, Sophia Perovskaïa et Kibaltchitch, il faut nommer parmi les principaux organisateurs du complot, Trigoni et Sajounof.

Comme le jour de l'attentat approchait, Cheliabof appela à son aide des volontaires. Il ne s'en trouva pas moins de quarante-sept qui vinrent lui offrir leurs services. Dans ce groupe, il en choisit une demi-douzaine, dont Ryssakof (1) et Grineviski. Kibalt-

(1) Ryssakof était boursier à l'Ecole des mines depuis deux ans.

chitch, de son côté, avec la collaboration de Sajounof, ancien officier de marine préposé à la fabrication
des torpilles, préparait un mélange explosif destiné à
charger des bombes. Ces bombes seraient lancées à
la main au cas où la mine ne pourrait être employée;
elles étaient en métal, et disposées de manière à éclater quel que fût le point du choc. Kibaltchitch ne
laissa rien à l'aventure; pour ne pas avoir de mé-
compte, il prit la précaution, le 28 février / 12 mars 1881
d'aller avec quelques amis aux environs de Saint-
Pétersbourg, dans un lieu désert, près du monastère
de Smolno, afin d'éprouver la valeur de ses explosifs.

L'expérience réussit et les conspirateurs se rendirent immédiatement rue Telajuaya, où ils avaient
donné rendez-vous à Cheliabof. On attendit Cheliabof pendant une heure; il ne vint pas; ce retard,
contraire à ses habitudes d'exactitude, ne pouvait
s'interpréter autrement que par un emprisonnement.
Ils fixèrent rendez-vous pour le lendemain à neuf
heures du matin.

Qu'était devenu Cheliabof? Le 27 février / 11 mars,
il était sorti de bonne heure et s'était rendu chez
Trigoni; mais la police, ayant su depuis la veille où
était la demeure de Trigoni, y avait tendu une souri-
cière. Trigoni et Cheliabof furent pris. Sophia Perovskaïa, ne voyant pas Cheliabof rentrer de toute
la nuit à leur commun domicile, devina la vérité.
Aussi, dès le lendemain matin, elle se hâta de sortir en disant au portier qu'elle allait acheter des four-
nitures pour se confectionner un vêtement, mais elle

ne revint pas. Quelques heures plus tard, la police se présentait inutilement à sa porte. Jusqu'au lendemain soir, Sophia Perovskaïa déploya une fiévreuse activité, transportant des bombes, donnant des ordres, pourvoyant à tout.

Le comte Loris Mélikof, jugeant que l'arrestation de Cheliabof était de grande importance, en avait aussitôt avisé le tsar, puis il avait fait subir un interrogatoire au détenu. Celui-ci, après avoir déclaré au procureur impérial qu'il ne répondrait point aux questions qu'on lui posait, avait ajouté : « Mon arrestation ne changera rien. Un nouvel attentat contre le tsar sera certainement mis à exécution. » Cette menace était si précise et si nette que le ministre crut de son devoir d'insister auprès du tsar afin de le décider à ne point assister le lendemain à la revue des troupes. La princesse Iourievskaïa ne dissimula pas ses inquiétudes ; mais Alexandre II, ne jugeant pas le danger imminent, ne crut pas devoir céder à leurs conseils de prudence (1). On a dit pourtant (2) qu'Alexandre II eut, dans la soirée de ce même jour. un fâcheux pressentiment en trouvant son chien Tris-

(1) Quelques jours auparavant, a-t-on raconté, l'empereur avait reçu de Paris par la poste, à son adresse, une boîte de pilules portant l'étiquette : Docteur Jus, Paris. *Pilules contre l'asthme et le rhumatisme*. Alexandre II chargea son médecin particulier, le docteur Botkine, d'en examiner le contenu. Au moment où le docteur ouvrit chez lui la boîte, une explosion se produisit. Les pilules étaient composées de dynamite.

(2) Cf. *Mémoires* de la princesse Iourievskaïa, épouse morganatique d'Alexandre II.

tan empoisonné, et qu'il fut exaspéré au point de
s'emporter en menaces contre Horn, son premier valet de chambre. Le lendemain, dimanche 1/13 mars,
l'empereur prit congé de sa famille à l'heure de la
revue. Il était fort calme. En le quittant, la princesse,
Iourievskaïa lui fit une dernière recommandation :
« J'espère que tu ne passeras pas par la perspective
Nevsky, mais le long du canal Catherine. » La princesse indiquait la route du canal comme plus sûre et
plus facile à garder, parce qu'elle est bordée d'un
côté par le canal et de l'autre par de hauts murs de
jardins et plusieurs édifices appartenant à l'Etat.

Nous avons vu que les conspirateurs s'étaient donné
rendez-vous le dimanche 1/13 mars, à neuf heures
du matin. Sophia Perovskaïa, en l'absence de Cheliabof, leur distribua leurs rôles et leur assigna les postes d'observation d'où ils surveilleraient l'arrivée du
cortège impérial. Il paraissait probable que le tsar,
se rendant au Manège (1), passerait comme de coutume par la petite Sadovaya où était la mine : si l'explosion produisait son effet, les conjurés n'auraient
qu'à s'enfuir ; sinon, ils s'apprêteraient à lancer leurs
bombes. Sophia Perovskaïa, faisant le guet au coin
de la rue Michel, se chargea de leur indiquer, par un
signal convenu — celui de se moucher en passant de-

(1) Pendant l'hiver il est impossible aux troupes de manœu-
vrer sur le Champ de Mars encombré de neige. Les revues
ont lieu, par suite, dans le grand manège Michel, assez vaste
pour que plusieurs régiments puissent s'y mouvoir en même
temps.

vant eux — s'ils devaient attendre le long du canal le retour d'Alexandre II au Palais d'Hiver.

L'escorte de l'empereur n'aperçut rien de suspect en se rendant à la revue, qui eut lieu d'ailleurs sans aucun incident. Après la revue, le tsar se rendit au palais Michel, où il faisait fréquemment visite à sa cousine, la grande-duchesse Catherine. Il était deux heures à peu près quand il en sortit et monta dans le traîneau fermé qui prit la route du Palais d'Hiver par la rue des Ingénieurs et l'avenue du canal Catherine (1).

Un cosaque de la garde était assis près du cocher ; six autres cosaques à cheval suivaient immédiatement le traîneau impérial. Derrière eux s'avançait le traîneau du colonel Dvorjitski, chef de la police, puis venaient à cheval, le capitaine Koch (celui-là même qui avait frappé de son sabre l'épaule de Solovief) et son collègue Koulebiakin.

A deux heures et quart, à cent et quelques mètres du coin de la rue des Ingénieurs, dans l'avenue du canal Catherine, Ryssakof lance une bombe et prend la fuite. Le projectile éclate sous le traîneau impérial et en brise les vitres et l'arrière-train, Alexandre n'avait reçu qu'une contusion au pied gauche ; il apprend que l'explosion a blessé gravement un cosaque de sa suite et un enfant ; il crie au cocher d'arrê-

_____

(1) Cf. *Rusia ante el Occidente*, p. 416 et suiv., ouv. cité. — *Alexandre II. Détails inédits sur sa vie et sur sa mort*, par V. Laferté. Bâle, 1882. — *Die Nihilisten*, par Scherr.

ter ; ce sentiment de pitié lui coûta probablement la vie. En effet, le cocher, guidé sans doute par un instinct de prudence, ne tint pas compte d'abord de l'ordre donné et il n'obéit que lorsque le tsar tira violemment le cordon attaché à son bras.

Le colonel Dvorjitski s'était précipité au secours de l'empereur ; il ouvrit la portière du traîneau et l'aida à descendre. Alexandre s'avança vers les blessés et demanda : « Où est le meurtrier? L'a-t-on ? » Et il se dirigea avec Dvorjitski vers le lieu même où l'on venait d'arrêter l'assassin, que le capitaine Koch protégeait avec peine contre la fureur de la foule immédiatement rassemblée. Un cosaque de la garde (celui qui était assis sur le siège du traîneau impérial), conservant sa présence d'esprit, dit au tsar : « Majesté, la foule augmente de plus en plus; il serait bon que Votre Majesté n'en approchât pas. » A quoi Alexandre répondit : « Cela ne fait rien. » Se tournant vers Dvorjitski, le cosaque reprit avec anxiété : « La foule est très compacte, on devrait la dissiper. » Le colonel fit un geste négatif. Le tsar n'était plus qu'à trois pas de Ryssakof et demandait au capitaine Koch : « Est-ce lui ? »

L'émotion avait été si vive que le porte-drapeau Rudikovski, tout troublé, s'adressa au tsar lui-même sans le reconnaître : « Qu'est-il arrivé à l'empereur? — Grâce à Dieu, je suis sauvé comme vous voyez », répondit le malheureux monarque. — Reste à savoir s'il en faut rendre grâce à Dieu », répliqua Ryssakof avec un aplomb cynique, en regardant Ignace

Grineviski (1), qui s'avançait avec précaution en cachant une bombe.

Pendant que Dvorjitski recevait des mains d'un cosaque le poignard et le revolver avec lequel Ryssakof avait essayé de se défendre, Alexandre II, d'une voix émue, disait au criminel :

« — Est-ce toi qui m'as jeté la bombe ?

« — Oui, c'est moi.

« — Comment t'appelles-tu ?

« — Glazof.

« — Quel est ton emploi ?

« — Je suis ouvrier.

« — Mais sais-tu ce que tu as fait (2) ? »

Sans attendre la réponse, le tsar se retourna, fit quelques pas et s'arrêta sur le lieu même de l'explosion. Grineviski s'était rapproché peu à peu ; il était appuyé sur le garde-fou du canal, les mains en arrière, à trois pas de l'empereur qui lui tournait le dos. Tout à coup, on le vit lever rapidement les mains et lancer avec violence une bombe aux pieds du tsar. La détonation fut instantanée et un nuage de terre et de neige aveugla les yeux des assistants (3).

(1) Certains auteurs désignent l'assassin sous le nom de Michel Ivanovitch ou encore d'Elnikof.

(2) Les paroles prononcées par le tsar ont été diversement rapportées ; toutefois il y a fort peu de différence entre les trois ou quatre versions qui en ont été données.

(3) Les précautions nécessaires, on le voit, n'avaient pas été prises en prévision d'un attentat. Et comme dit avec raison M. Laferté (ouv. cité, p. 25) : « Nul doute que la catastrophe n'eût échoué si les abords de cette route (du canal Catherine)

Quelques secondes après, quel tableau ! L'infortuné Alexandre, le libérateur des serfs, était tombé à genoux, se soutenant à peine, contre la balustrade du quai, mortellement blessé, les membres inférieurs brisés et déchirés, n'ayant plus autour du cou que des lambeaux de manteau, la tête ensanglantée et nue, un œil arraché de l'orbite, la respiration agonisante... C'est à peine si l'on put entendre ces premiers mots : *Oubili menia !* « C'est fait de moi ! » Le colonel Dvorjitski, malgré des blessures aux jambes, aux bras et à la tête, put se lever et venir auprès du souverain avec d'autres personnes de l'escorte. L'empereur, en portant un mouchoir à son visage, balbutiait : « J'ai froid, grand froid !... *(Kolodno ! kolodno !)* » A cet instant arrivait son frère, le grand-duc Michel Nicolaïevitch. Il se pencha sur lui et lui demanda s'il l'entendait. Alexandre inclina la tête : « Oui, j'entends... » puis, comme pour répondre à la proposition faite par le capitaine Frank de lui faire donner les premiers soins dans une maison voisine, il articula ces mots d'une voix éteinte et mourante : « Non... vite, vite, au palais... C'est là... que je veux mourir. » Pendant le transport dans le traîneau de Dvorjitski, il soupira encore une plainte : « Mon Dieu ! comme je souffre !... *(Hospodi, kak ia stradaïou !)* » L'hémorragie lui fit perdre connaissance à son arrivée au palais. Les médecins Botkine et

eussent été gardés par des sergents de ville, comme cela devait être. »

Golovnin ne purent que constater ses blessures et la fracture des deux jambes au-dessous de la rotule. Son confesseur Bajanof vint l'absoudre. Toute la famille impériale entourait le lit de l'agonisant.

Vers quatre heures, on mettait en berne le drapeau du Palais d'Hiver. La foule remplissant la vaste place se découvrit, s'agenouilla, se signa au milieu d'un religieux silence. Alexandre II avait rendu son âme à Dieu, à 3 heures 35 minutes du soir, 1 heure 20 minutes après l'horrible drame du canal Catherine (1).

. . . .

(1) L'attentat du 13 mars a fourni à M. Lucien Thomin le thème du roman *Les Tigres de la Néva* publié dans l'*Ami des Campagnes*. Paris, 1882.

L'assassinat d'Alexandre II remet en mémoire celui de M. Carnot, frappé d'un coup de poignard dans la soirée du 24 juin 1894, au milieu des fêtes données à l'occasion de sa visite à l'Exposition universelle de Lyon.

Le président et son cortège quittaient, un peu après neuf heures du soir, le palais du Commerce, pour se rendre à une représentation de gala donnée au Grand-Théâtre. La voiture présidentielle, précédée d'un peleton de cuirassiers, venait de s'engager dans la rue de la République, lorsqu'un individu, se détachant de la foule massée sur le trottoir, s'élança sur le marchepied. C'était Caserio. Tirant de sa poche un poignard enveloppé d'un morceau de journal, le meurtrier fit glisser le fourreau et d'un geste rapide frappa le président Carnot en criant « vive la Révolution ». L'arme, longue de plus de seize centimètres, enfoncée jusqu'à la garde, perfora le foie. Laissant le poignard dans la plaie, Caserio poussa encore le cri de « vive l'anarchie ». Il fut immédiatement arrêté par des gardiens de la paix. Condamné à mort par la cour d'assises, il a été exécuté à Lyon le 16 août.

Caserio n'avait que 21 ans. Il était né le 8 septembre 1873 à Motta-Visconti, en Lombardie, d'une modeste et honnête

Les deux bombes lancées par Ryssakof et Grineviski avaient fait de nombreuses victimes. Un
cosaque de la garde impériale avait été tué presque
sur le coup ; il y eut vingt blessés, soit parmi les gens
de l'escorte et de la police, soit parmi les passants.
Deux moururent quelques heures plus tard : un
enfant de quatorze ans, Nicolas Maximof, et le
régicide Grineviski. On avait transporté ce dernier
dans les écuries du palais, où il expira sans vouloir
révéler son nom.

Un grand nombre de curieux vinrent aussitôt sur
le théâtre de la catastrophe, contempler les crevasses
produites par l'explosion et chercher sous la neige
des débris pour les conserver à titre de reliques : celui-
ci emporte un éclat de bois, celui-là un caillot de
sang figé, un autre une mèche de cheveux ou un
lambeau d'étoffes. Dans les maisons situées en face
de l'endroit où l'attentat avait été commis, cent trente-
cinq vitres de fenêtres avaient été brisées.

Cette fois, les principaux auteurs de l'attentat

famille. En 1886, il avait été placé à Milan comme apprenti
boulanger, et était garçon boulanger au moment même de son
crime.

Dès l'âge de 18 ans, ardent disciple des anarchistes, il lisait
avec passion leurs journaux et brochures. Il devint bientôt un
intermédiaire pour la correspondance entre anarchistes et un
agent de propagande. Coupable d'avoir distribué des écrits
anarchistes à des soldats, il fut arrêté à Milan. Après des
séjours à Lugano, à Lyon, en Suisse à Lausanne et Genève, à
Cette, il revint à Lyon. Il n'avait pas cessé d'être en relations
avec des anarchistes français et étrangers.

tombèrent entre les mains de la police. Ryssakof, jeune néophyte de dix-neuf ans, se laissa arracher quelques aveux ; il donna l'adresse de la demeure des conspirateurs, rue Telajuaya. Des agents de la police s'y rendirent dès le 2/14 mars et voulurent entrer. Aussitôt plusieurs détonations se firent entendre. « Prenez garde, il y a ici de la dynamite, » dit une femme en leur ouvrant la porte. Sur le seuil, un homme venait de se suicider, c'était Juan-Petrof Fasenko, de son vrai nom Nicolas-Alexief Sablin, frère d'un lieutenant-colonel de grenadiers. La femme se déclara l'épouse du suicidé ; c'était, en réalité, Hessa Helfman. La police se servit de l'habitation de la rue Telajuaya comme d'un piège ; de la sorte elle se saisit de Timothée Michaïlof, qui tira six coups de revolver sur les agents chargés de l'arrêter, puis, le 10/22 mars, de Sophia Perovskaïa et de Kibaltchitch.

L'enquête sur l'attentat fut bientôt terminée. Les assassins comparurent le 26 mars/7 avril devant les sénateurs nommés pour le jugement des crimes de haute trahison. Le siège du ministère public était occupé par M. Mouravief. Chacun des accusés avait l'assistance d'un avocat. Chéliabof seul avait refusé un défenseur, pensant sans doute, et avec quelque raison, qu'il était fort inutile de chercher à plaider sa cause. Cependant Chéliabof, dès le commencement des débats, essaya de protester en déclinant la compétence de la cour de justice, parce qu'elle est un tribunal gouvernemental. Dans une affaire révolu-

tionnaire de cette espèce, elle est en même temps juge
et partie. Le tribunal apte à bien juger devrait être
composé par le peuple, ou par des mandataires du
peuple légalement élus ; en tous cas, il faudrait constituer un jury. Comme on pense, cette demande d'in-
compétence fut aussitôt repoussée.

Questionné sur sa religion, Chéliabof répond qu'il
a été baptisé dans la religion orthodoxe mais qu'il n'en
accepte pas les pratiques, tout en reconnaissant que
les doctrines de Jésus-Christ sont une partie de ses convictions. La foi sans les actes est, à son avis, lettre morte.
Tout chrétien doit lutter pour la vérité, pour la défense
des droits des opprimés et des faibles, et souffrir pour
eux, s'il est nécessaire. Quand on interroge Chéliabof sur sa profession, il déclare qu'il n'a eu d'autre
occupation que de servir la cause du peuple, à laquelle
il a fait depuis plusieurs années le sacrifice de sa personne. Puis, dans un long discours, il parle de l'organisation du parti révolutionnaire, de sa participation
à l'attentat d'Alexandrovsk, de son rôle d'organisateur dans le plan de l'assassinat du 13 mars, de la
part qu'il a prise dans les travaux de terrassement
dans la Petite rue des Jardins pour la préparation de
la mine.

Kibaltchitch ne nie pas avoir servi le parti nihiliste
avec ses connaissances scientifiques et techniques. Il
signale les motifs qui ont engagé les socialistes dans
la voie du terrorisme et rappelle avec insistance les per-
sécutions dirigées contre les hommes faisant une propagande pacifique dans les rangs du peuple.

Les déclarations des autres accusés témoignent d'une attitude aussi ferme : on n'y découvre aucun sentiment de repentir du crime accompli ; elles sont l'expression, sans aucune atténuation, des principes socialistes, et n'offrent aucun intérêt spécial.

Après trois journées d'audience, la sentence fut prononcée en ces termes : « Le Sénat, constitué en tribunal extraordinaire par ordre suprême pour juger les crimes d'Etat, après avoir examiné les circonstances de la cause, condamne :

« André Chéliabof, âgé de 3o ans ; Sophia-Ivavna Perovskaïa, de 27 ans ; Nicolas–Ivanof Kibaltchitch, de 27 ans; Nicolas-Ivanof Ryssakof, de 19 ans; Timothée Michaïlof, de 21 ans; et Hessa Helfman, de 26 ans, conformémement aux articles 9, 13, 18, 139 et 1459 du code pénal, à la perte de tous leurs droits civils et à la peine de mort par le gibet. »

Cette condamnation devait produire une impression d'autant plus vive sur le public, qu'elle comprenait deux femmes, jeunes encore, dont la vie passée avait été fort dramatique.

Hessa Helfman, d'origine juive, était une femme du peuple. Elle gagnait sa vie comme couturière à Kief quand elle entra dans le mouvement révolutionnaire. Accusée d'avoir prêté son concours à l'échange de correspondances entre révolutionnaires, elle fut condamnée à quatre années de prison. C'est là qu'elle devint foncièrement nihiliste. Sa peine achevée, la police l'interna dans le gouvernement de Novgorod.

Elle se sauva à Saint-Pétersbourg le 2/14 octobre 1879. Depuis lors elle fut la messagère attitrée du parti nihiliste; elle se chargeait notamment de la distribution du journal *Narodnaïa Volya* et autres publications de l'imprimerie clandestine. Son mari, Nicolas Kolotkevitch, arrêté comme terroriste en février 1881, fut condamné à mort un peu plus tard. Hessa Helfman était enceinte au moment de l'assassinat d'Alexandre II; pour cette raison, sa peine fut commuée en celle des travaux forcés, mais seulement le 9/21 juillet 1881, plusieurs mois après l'exécution de ses complices. Elle mourut en prison le 13 février 1882. Un numéro de la *Narodnaïa Volya*, du mois de mai, en donne la nouvelle.

Sophia Perovskaïa (1), par ses origines, attirait tout naturellement l'attention.

« Comme Krapotkine, dit M. Stepniak (2), elle appartenait à la plus haute aristocratie russe. Les Perovsky sont la branche cadette de la famille du fameux Rasoumovsky, mari morganatique de l'impératrice Elisabeth Petrovna. Son grand-père fut ministre de l'instruction publique, son père, gouverneur général de Saint-Pétersbourg. Son oncle maternel était le

(1) On l'a appelée « la nymphe Egérie du comité exécutif ». M. Emilio Castelar a tracé un portrait singulièrement poétisé de l'héroïne nihiliste, dans la revue *Ilustracion Española y Americana*, 15 mai 1881. M. Castelar a publié à nouveau l'article de la Revue dans la *Rusia contemporanea*, recueil d'esquisses historiques, écrites à la manière de Paul de Saint-Victor.

(2) *La Russie souterraine.*

célèbre comte Perovsky, qui conquit pour l'empereur Nicolas une province considérable de l'Asie centrale. » A l'âge de quinze ans, Sophia, entraînée par le goût de l'étude, s'était échappée de chez ses parents. Accusée de propagande ouvrière, elle fut mise une première fois en prison le 25 novembre 1873, et au bout d'une année mise en liberté provisoire sur la caution de son père. En 1877, comprise dans le procès des 193, elle fut absoute, mais, sur un ordre de la police, envoyée dans une province du Nord. Elle réussit à s'enfuir à Saint-Pétersbourg, où elle joua un rôle prédominant dans les complots terroristes.

. . . .

L'exécution de la sentence de mort ne fut pas différée; et on l'avait fixée à une date très prochaine, au 3/15 avril, jour du Vendredi Saint. La veille, un groupe d'étudiants et de révolutionnaires assaillirent la prison où étaient les condamnés et tentèrent de les délivrer, mais ils durent se retirer devant les forces qui défendaient la forteresse.

Le bruit avait couru dans le peuple que Sophia Perovskaïa ne serait pas exécutée, parce qu'elle appartenait à la noblesse. Afin d'éviter qu'on la prît, en la voyant, pour la femme Hessa Helfman à laquelle on accordait un sursis, le général Baranof prit soin de faire afficher dans la ville plusieurs milliers d'exemplaires d'un petit placard contenant les noms des cinq condamnés qui seraient pendus le matin à 9 heures.

L'exécution eut lieu sur la place Siméon. Les précautions avaient été prises afin d'empêcher tout

-désordre. Quatre compagnies d'infanterie formaient le carré autour de l'échafaud ; un grand nombre d'officiers en tenue de campagne avec casque ou -shako se tenaient auprès. Des lignes de troupes et de gendarmes gardaient les rues avoisinantes où s'était massée la foule, composée en grande partie de gens du peuple.

L'échafaud dressé ressemble à un portique de gymnase. Deux poutres verticales solidement fixées en terre et réunies par une poutre horizontale portent plusieurs anneaux de fer. Le tout est peint en noir. A quelques mètres de l'échafaud, on a construit une plate-forme peu élevée, où doivent prendre place le procureur, les secrétaires, les membres du tribunal et quelques spectateurs privilégiés. Tout auprès se tiennent debout quatre condamnés militaires, à l'air calme et indifférent, qui serviront d'aides au bourreau ; ils portent la touloupe, sorte de pelisse en peau de mouton dont la laine est à l'intérieur.

Voici que paraît le bourreau de Moscou, Frolof, un ancien gendarme qui a, dit-on, la faculté de boire autant qu'il veut ; c'est un grand gaillard vigoureux, à la barbe blonde, vêtu d'un cafetan bleu très sale et chaussé de grosses bottes. Il apporte un paquet enveloppé d'un mouchoir ; ce sont les cordes de chanvre, plus minces que le petit doigt, qui doivent servir à la pendaison. Tout est bientôt préparé.

Quelques instants avant l'heure fixée pour l'exécution, arrivent en voiture le procureur impérial, le secrétaire de la cour suprême, un médecin et trois autres magistrats, tous en uniformes. Les cinq condamnés sont amenés dans deux voitures, espèces de caissons noirs avec deux bancs sur lesquels on les attache assis, tournant le dos au cheval en signe d'infamie, et afin que le peuple puisse mieux les voir. Ils sont accompagnés par une escorte d'infanterie et de cosaques précédée de tambours et de fifres.

Avant de sortir de prison, les condamnés ont revêtu un costume spécial : casquette noire avec couvre-oreilles, cafetan noir, pantalon en gros drap gris. Au cou de chacun d'eux et tombant sur la poitrine est attachée une planchette noire où est inscrit en lettres blanches le mot russe qui signifie « parricide ». Sophia Perovskaïa a un capuchon sur la tête ; un long manteau noir recouvre sa robe de toile grise ; elle a les bras liés le long du corps, les mains dans des gants sans doigts. C'est elle qui a l'air le plus résolu parmi ses compagnons quand on l'aide à descendre de la voiture. Le vent du matin a dérangé sa coiffure, et ses cheveux sont ébouriffés sur le front.

Le bourreau place en rang les condamnés dans l'ordre où ils seront exécutés. Les tambours qui, pendant tout le temps, n'ont cessé de battre, reçoivent l'ordre de s'arrêter. On fait signe aux cinq popes en vêtements sacerdotaux qu'ils peuvent s'approcher. Ils présentent un crucifix aux condamnés que tous, et Chéliabof particulièrement, embrassent avec ferveur.

La troupe présente les armes ; les tambours battent

au champ. Le bourreau a ôté son cafetan. Il est en chemise rouge, porte un gilet et un pantalon de velours. C'est le type du paysan russe. Il s'approche de Kibaltchitch et lui passe par-dessus la tête une chemise grise sans manches à laquelle est attaché un capuchon qu'il rabat. L'opération achevée, le bourreau fait monter Kibaltchitch sur un tabouret. Il lui enroule une corde autour du cou et s'assure que le nœud coulant fonctionne bien. Puis, d'un mouvement brusque, il enlève le tabouret. Kibaltchitch tourne sur lui-même pendant une ou deux secondes. On voit s'agiter ses deux pieds qui dépassent légèrement le sac dans lequel tout le corps est enfermé. Puis c'est le tour des quatre autres condamnés. L'exécution est bientôt terminée. Vingt minutes s'écoulent encore; c'est le temps légal pendant lequel les cadavres doivent rester suspendus. Les fossoyeurs apportent des cercueils, y déposent les corps des suppliciés, et les recouvrent d'un voile noir.

La justice a accompli son œuvre.

Cependant les suppliciés furent considérés par leurs amis comme les martyrs d'une cause sainte. On a raconté que Frolof, le bourreau, vendit les cordes et les éclats de bois des potences qui avaient servi à la pendaison. La corde qui avait étranglé Sophia Perovskaïa fut débitée brin par brin et les nihilistes la portèrent dans une sorte de sachet, sur leur poitrine, comme une relique. La cagoule, qu'on avait rabattue sur ses yeux au moment de la hisser au gibet, fut également vendue par Prolof et coupée en petits morceaux. La photographie de Sophia fut partout colportée clandestinement et on imprima, sous le manteau, des vers où l'on jurait de la venger.

CHAPITRE XI

LA catastrophe du 13 mars produisit une consternation générale; elle réveilla des sentiments de sympathie profonde pour la royale victime et de réprobation contre les assassins. Mais, à coup sûr, l'opinion publique aurait exprimé plus fortement ses regrets, si elle avait mieux connu, à cette heure d'émotions spontanées, la sincérité du libéralisme et la magnanimité d'Alexandre II. Au commencement de l'année 1881, il s'était montré disposé à écouter les propositions faites par le comte Loris Mélikof d'élargir le cercle des libertés russes. Le plan de réformes que le ministre avait conçu comprenait la convocation d'une assemblée nationale élue par les états provinciaux et les municipalités des grandes villes, composée de gouverneurs, de représentants des zemstvos et des villes. Les attributions de ces représentants de l'empire seraient

d'ailleurs, limitées à l'étude des projets de lois soumis par le gouvernement à leur examen. C'était là une garantie contre les empiètements de l'autorité autocratique du tsar.

Le désir de remplir complètement les devoirs de chef d'Etat inspirèrent à Alexandre II les généreuses paroles qu'il prononça dans le conseil de l'empire : « Messieurs, ce qu'on nous propose, c'est l'assemblée des notables de Louis XVI. Il ne faut pas oublier ce qui suivit. Si pourtant vous jugez cela utile au pays, je ne m'y oppose point » (1).

L'utilité de cette importante réforme fut admise en principe dans un conseil auquel assistèrent le tsarévitch et plusieurs grands-ducs. Une commission fut nommée pour la discuter à nouveau et en préciser les détails. La rédaction du nouvel oukase fut sans doute arrêtée d'une manière presque définitive dans le courant du mois de février 1881. Dès le 1er mars, le matin même de sa mort, Alexandre II avait envoyé à Loris Mélikof l'ordre d'annoncer dans le *Messager officiel* du lendemain lundi, la convocation prochaine d'une assemblée représentative. Au moment de se rendre à la revue des troupes, en prenant congé de la princesse Iourievskaïa, il lui dit : « Je viens de signer

---

(1) M. Leroy-Beaulieu, à qui nous empruntons ces détails, dit les tenir de « source sûre ». (*L'Empire des Tsars et des Russes*, t. II, p. 610.) M. Tikhomirof, qui a des attaches avec le parti nihiliste, ne paraît pas mettre en doute le libéralisme d'Alexandre II et de Loris Mélikof en cette circonstance. (*La Russie politique et sociale*, p. 496 et 497).

un papier qui, je l'espère, fera une bonne impression
et apprendra à la Russie que je lui accorde tout ce
qui est possible. » Et il ajouta en faisant un signe de
croix, comme il avait coutume dans les circonstances
solennelles : « Demain ce sera publié, j'en ai donné
l'ordre. » Cette volonté impériale n'eut pas son effet.
Quelques heures plus tard, Grineviski lançait la bombe
homicide...

Alexandre II venait d'expirer quand Loris Mélikof
demanda au nouveau souverain s'il devait se confor-
mer aux ordres reçus le matin même : « Ne change
rien aux ordres de mon père, répondit Alexandre III,
ce sera son testament. » Au milieu de la nuit,
Alexandre III, sur le conseil de certains courtisans,
revint sur cette première détermination, et avisa aussitôt le ministre de l'intérieur d'arrêter, à l'imprimerie
du *Messager officiel,* la publication du projet de
réformes. Quelques jours plus tard, un conseil extraordinaire auquel étaient convoqués plusieurs survivants du règne de Nicolas et des partisans de l'ancien
état de choses, déclarait imprudente et prématurée la
convocation de l'assemblée des notables. « Des témoins
oculaires, dit M. Anatole Leroy-Beaulieu, m'ont
affirmé qu'à la fin de ce conseil l'empereur avait été
pris d'une sorte de malaise et de faiblesse, comme si
en se ralliant à ce parti, il en avait pressenti la gravité » (1).

(1) *L'Empire des Tsars et les Russes,* p. 6i3. M. Tikhomirof donne une indication qui n'est pas absolument concordante

On conçoit les premières hésitations d'Alexandre III à adopter une mesure politique d'une gravité exceptionnelle, sous le coup du malheur qui venait de le frapper inopinément. L'attitude des nihilistes, au lendemain même de leur crime, n'était pas de nature à produire sur lui une impression favorable. Convoquer l'assemblée des notables, c'eût été faire droit aux réclamations impérieuses des assassins de son père. Dans le numéro de la *Narodnaïa Volya* du 2/14 mars, les nihilistes chantent l'hymne de leur triomphe et publient, sous forme d'un appel au peuple, ce programme politique :

« Gens de la campagne, exposez au tsar vos réclamations, envoyez-lui des délégués, faites-lui connaître les souffrances du peuple russe, plus lourdes à supporter aujourd'hui que sous le joug des Tatars. Réunissez-vous, habitants des villages, et signez des pétitions demandant :

sur ce point et je la cite ici sous réserves : « Une semaine après la mort de son père, Alexandre III convoqua en séance extraordinaire le conseil des ministres. Là éclatèrent de vrais orages. On accusa Loris Mélikof de vouloir détruire l'autocratie. Il prit feu et démontra chaleureusemeut que les réformes étaient indispensables pour consolider la monarchie elle-même. Quand la question fut mise aux voix, le conseil, par une majorité de neuf voix contre cinq, se prononça pour la publication du décret. L'empereur remercia la majorité de sa sincérité, mais s'abstint de tout acte. » (*La Russie politique et sociale*, p. 500.) Le comte Loris Mélikof, deux mois après la mort d'Alexandre II, donna sa démission de ministre de l'intérieur et quitta la Russie. Il est mort à Nice le 24 décembre 1888.

« 1º Que le tsar ordonne un nouveau partage des terres sans rachat ;

« 2º Qu'il ne permette à aucun fonctionnaire ou officier de police de s'immiscer dans les affaires communales ;

« 3º Qu'il diminue les impôts ;

« 4º Qu'il convoque une assemblée nationale composée de délégués élus par le peuple ;

« 5º Que désormais le tsar ne puisse augmenter les impôts, ni faire la guerre, ni aucune autre chose sans le consentement du peuple ;

« 6º Si le tsar veut faire droit à cette pétition, la justice régnera encore avec éclat sur la terre, l'oppression et le mal disparaîtront. »

Une lettre du comité exécutif à Alexandre III, du 10/22 mars, imprimée à plusieurs milliers d'exemplaires comme un manifeste du parti, n'ajoute rien d'essentiel à la proclamation du journal révolutionnaire. Cependant les nihilistes y expriment leur répugnance pour le terrorisme : « Nous souffrons plus que qui que ce soit de la perte de tant de talents, de tant d'énergies voués à une œuvre de destruction et de besognes sanglantes, lorsque, sous l'empire d'autres circonstances, ces mêmes efforts auraient pu engendrer des travaux féconds, développer l'esprit populaire, servir les citoyens.

« Mais d'où vient la nécessité de cette lutte sanglante ? De ce qu'un gouvernement de justice, un gouvernement au sens vrai du mot n'existe pas chez nous. Un gouvernement doit, s'il est conforme au principe même de son existence, être l'expression des aspirations du peuple, suivre la volonté du peuple...

« Toutes les réformes tendent à plonger davantage le peuple dans l'esclavage, afin qu'il puisse être plus facilement exploité. Le gouvernement est allé si loin qu'aujourd'hui la masse du peuple est exposée à la plus affreuse misère, à la mendicité, et que le paisible bourgeois n'a plus de volonté libre dans son propre foyer...

« Est-ce un gouvernement, celui qui protège de pareilles horreurs ? Voilà pourquoi le gouvernement russe n'a pas d'influence morale ; voilà pourquoi il ne trouve pas d'appui dans le peuple ; voilà pourquoi la Russie renferme dans son sein tant de révolutionnaires ; voilà pourquoi un acte tel que l'assassinat du tsar provoque, dans une partie notable de la population, satisfaction et sympathie...

« Pour sortir de cette situation, il n'y a que deux voies : la révolution perpétuelle que l'on ne peut arrêter par la peine de mort, ou la prise en considération des légitimes revendications du peuple. Dans l'intérêt du pays, le comité exécutif s'adresse à vous et vous conseille de choisir la seconde voie...

« Nous nous adressons à vous, écartant tout préjugé, oubliant toute méfiance créée par des siècles de mauvaise administration. Nous oublions que vous représentez le pouvoir qui a si souvent trompé le peuple, qui lui a fait tant de mal ; nous nous adressons à vous et nous espérons que les sentiments d'horreur que vous devez ressentir n'étouffent pas en

vous la conscience de vos devoirs, le désir de la vérité.
Notre horreur est grande aussi ; vous avez perdu
votre père, nous n'avons pas seulement perdu nos
pères, mais nos frères, nos femmes, nos enfants, nos
amis et nos biens ! Nous sommes prêts à sacrifier
tout sentiment personnel pour le bien de la Russie !
Nous en attendons autant de vous. Nous ne posons
pas des conditions ; les conditions nécessaires pour
substituer au mouvement révolutionnaire le travail
pacifique, c'est l'histoire qui les a créées.

« A notre avis, ces conditions sont au nombre de
deux :

« 1° Amnistie générale pour tous les anciens criminels d'Etat ; car ce ne furent pas des criminels,
mais les exécuteurs d'une mission civique très douloureuse.

« 2° Convocation des représentants de toute la nation
russe pour la revision des lois concernant l'Etat et la
vie civile, ainsi que pour la réforme de ces lois d'après
les vœux du peuple. »

Et afin que la volonté du peuple se manifeste tout
entière dans le choix de ses représentants, ils récla-
ment, pendant les périodes électorales, la liberté de la
presse, de la parole, des réunions publiques, des
professions de foi.

« Voilà, disent enfin les membres du comité exécutif, l'unique moyen de ramener la Russie dans les
voies de son développement pacifique. Nous déclarons solennellement à la face de la patrie et du monde
entier, que notre parti se soumettra sans conditions à

l'assemblée nationale réunie selon nos désirs, et qu'il ne se permettra pas de mettre opposition au gouvernement que l'assemblée nationale voudra sanctionner. »

Les demandes des nihilistes sont, comme on le voit, inacceptables dans leur ensemble ; les accueillir ce serait pour le tsar se lier les mains. Toutefois, elles ont une importance significative, en ce qu'elles concordent, dans une certaine mesure, avec les aspirations d'un grand nombre de libéraux russes.

Plusieurs *zemstvos* (assemblées provinciales qui ont quelque ressemblance avec nos conseils généraux) ont vivement soutenu la cause du libéralisme par des déclarations que l'on peut considérer comme autant de chapitres des cahiers généraux de la Russie. Ce ne sont là que des échos d'opinions locales, mais on ne saurait en méconnaître le caractère. Les membres des zemstvos, alors même qu'ils expriment des idées libérales, ne peuvent passer pour nihilistes. La spontanéité de leurs remontrances sur la politique générale de l'empire est d'ailleurs d'autant plus remarquable, que le gouvernement est bien loin de les encourager. En 1879 et 1880, durant la période la plus sanglante du nihilisme, Alexandre II avait demandé au pays son concours pour la répression des manifestations révolutionnaires. En réponse à cet appel, les zemstvos de Kharkof, de Tchernigof et de Vladimir exprimèrent leur opinion avec une patriotique franchise. Le zemstvo de Tchernigof osa faire un tableau de l'état de la Russie et de ses besoins, auquel la modération de la forme donne une valeur toute documentaire (1) : « Les événements de ces derniers temps ont montré avec une clarté suffisante que les mesures répressives et les châtiments les plus sévères sont impuissants à arrêter le torrent des idées pernicieuses qui pénètrent dans l'organisme social et infectent les individus par contagion. Dès lors que les dispositions de notre code pénal, le plus sévère de toute la législation criminelle de l'Europe, sont impuissantes à réprimer de tels malheurs, par cela même est prouvée l'existence des causes qui fatalement produisent le présent état de choses ; ce qui veut dire qu'il y a dans notre propre organisme social un germe morbide qui exige un traitement général et méthodique et non des remèdes locaux et limités...

« La pensée que les idées, même les plus anarchiques, peuvent être détruites par le fer et le feu, révélerait la plus profonde ignorance de la manière dont elles se développent et se propagent ; une idée ne vit et ne grandit que lorsqu'elle trouve un milieu ambiant et approprié ; supprimez-lui son atmosphère propre et elle périra... La société russe présente, en ce moment, toutes les conditions voulues pour la naissance et le développement des idées contraires au principe

---

(1) Cette délibération du *zemstvo* de Tchernigof, dit M. Arnaudo (*le Nihilisme et les Nihilistes*, 1879), fut lithographiée et on en répandit un grand nombre d'exemplaires. — Le gouvernement russe n'ayant pas autorisé la publication immédiate du texte, la presse russe de l'étranger, notamment le *Obchtché Dielo* de Genève se chargea de le faire connaître.

de l'organisation de l'Etat, contraires à la volonté du gouvernement... Par suite, la lutte contre les individus isolés restera stérile, tant que l'état des choses restera le même, à la place d'un membre amputé repousseront de nouveaux rejetons. La lutte contre les idées destructives est seulement possible dans la société qui a, à sa disposition, les armes nécessaires ; ces armes sont : la liberté de penser, la tribune libre, la presse libre, la chaire libre... Tandis que les idées anarchiques se propagent à l'aide d'une presse clandestine et d'une conspiration permanente, la société sera incapable d'exprimer sincèrement ses opinons. Disons en outre qu'il n'existe pas même d'opinion publique, puisque, dans l'état de choses actuel, il n'y a pas d'organe pour l'exprimer... Le silence est la règle de nos institutions publiques (1)... Ne respectant aucune loi, ne trouvant pas la moindre garantie en elle-même, sans une opinion publique qui pourrait mettre un frein aux inspirations incompatibles avec les intérêts sociaux, privée du droit de libre critique des idées et des opinions, la société russe présente une masse inerte et désorganisée, apte à tout absorber ; elle n'a pas en elle-même de force pour la lutte » (2).

(1) « Les débats des zemstvos sont publics, dit M. Leroy-Beaulieu, mais les comptes rendus des séances ne peuvent être publiés qu'avec l'approbation du gouverneur. Si la parole est libre, elle ne peut sortir de l'enceinte du zemstvo qu'en se courbant sous le joug de la censure. » (*L'Empire des Tsars et les Russes*, t. II, p. 194.)

(2) André DANIEL, *L'Année politique* 1880.

Quelques zemstvos, en adressant leurs condoléances à Alexandre III, après l'attentat du 1ᵉʳ/13 mars 1881, ont fait des allusions discrètes à l'établissement d'une constitution. De même, plusieurs journaux russes ont exprimé l'espérance de voir le nouveau souverain entrer dans la voix des réformes.

« Sire, dit *l'Ordre*, les sévères mesures de contrainte ont prouvé leur insuffisance. Interrogez le pays dans la personne de ses élus. »

« Il faut dit *le Pays (Strana)*, que les mesures fondamentales de la politique intérieure soient inspirées par les représentants de la nation et que, par cela même, ils en aient la responsabilité. Il faut que la personne du tsar ne soit plus à l'avenir que le symbole également sympathique à tous de notre unité nationale, de notre puissance et de la prospérité croissante de la Russie. »

« De tous les faits précédents, dit *la Voix (Golos)*, se dégage la nécessité de fonder une organis ation nationale, propre à contribuer, de concert avec le gouvernement, à la prospérité de la révolution qui nous est si chère à tous. Il est indispensable de reprendre les réformes interrompues par la sédition en appelant à l'aide les forces de la nation » (1).

Alexandre III, porté au trône inopinément, dans des circonstances tragiques, mis tout à coup aux prises avec mille difficultés d'ordres divers, a cru faire

(1) *Le Pays* et *la Voix*, bien que n'étant point des journaux hostiles au nouveau tsar, reçurent des avertissements de la censure.

acte de sage prudence en ne se laissant pas entraîner
dans l'engrenage des innovations hâtives et témérai-
res. Toutefois, dès le début de son règne, il a tenté
une expérience dont il faut justement reconnaître la
portée. Sur son initiative, une commission de trente-
deux membres désignés officiellement sous le titre
d'experts, ayant pour but d'éclaircir deux questions
d'économie sociale, celle des cabarets et celle des
migrations de paysans, s'est réunie à Saint-Pétersbourg en septembre 1881. Ces experts furent choisis
par le gouvernement, mais, pour la première fois en
Russie, ils furent pris avec une grande impartialité et
dans tous les rangs de la société. On vit figurer, dans
cette petite assemblée, des membres des zemstvos et des
municipalités à côté des maréchaux de la noblesse ;
un paysan y fut appelé, et même M. Gordéienko qui,
précédemment, avait été l'instigateur de la déclaration
du zemstvo de Kharkof, contenant des remontrances
à Alexandre II. Les discussions, contrairement à la
coutume, purent franchir l'enceinte de l'assemblée,
les journaux eurent le droit de les reproduire, et ils
en usèrent largement. Cette tentative d'enquête faite
auprès des représentants du pays était un premier
pas dans la voix libérale ; elle avait suffi pour faire naître
des espérances. Quelques mois plus tard, une nouvelle commission fut chargée d'étudier un plan de
réorganisation générale de l'administration ; mais,
cette fois, elle fut exclusivement composée de fonctionnaires ; les membres des Etats provinciaux ne pouvant
y paraître qu'à titre de déposants.

Alexandre III, bien que peu porté par tempérament au libéralisme, a pris à tâche d'user de son pouvoir pour assurer le succès de toutes les réformes qui lui paraissaient utiles à la prospérité et à la grandeur de son empire. Pendant les treize années de son règne, sous son impulsion et par sa volonté, la Russie a été transformée ; l'armée et la marine russes ont été réorganisées ; il a achevé, en 1883, l'œuvre de l'émancipation des serfs, par un oukase imposant aux propriétaires fonciers l'obligation de faire droit aux réclamations des paysans concernant le rachat définitif des terres ; en 1890, il a donné son assentiment à la formation d'une société de patriotes pour l'achat, dans la Russie méridionale, de propriétés appartenant à des Allemands, des Polonais, des Autrichiens, afin de les céder à des agriculteurs russes. Il a supprimé, le 18 juillet de cette même année, l'exil en Sibérie, en le remplaçant par la colonisation de terres non peuplées de l'empire ; il a ouvert la route de l'Asie et relié entre elles les parties les plus lointaines de la Russie, par l'établissement du chemin de fer transcaspien. Il n'a cessé de prodiguer ses encouragements à l'agriculture, au commerce, à l'industrie.

Il est mort. Il a été le Tsar de la Paix et il a mérité ainsi la reconnaissance de son peuple et de l'Europe.

CHAPITRE XII

—

LES DERNIERS EFFORTS DU NIHILISME
L'AVENIR DE LA RUSSIE

LES nihilistes ont fermé les yeux à tous ces bienfaits, il ne leur a point paru que la prospérité et la grandeur de la Russie soient possibles sans une brusque transformation gouvernementale qui jetterait le pays dans les plus dangereuses aventures. Ils continuent à mettre en pratique leurs procédés sauvages. Si les attentats restent isolés, c'est que la police a été plus heureuse que jadis à les prévenir. Elle a fait avorter de nombreuses tentatives, en découvrant des travaux préparatoires de mines, des imprimeries clandestines, des clubs anarchistes, des dépôts de dynamite et de bombes explosibles. Rappelons toutefois l'assassinat d'un espion et quelques attentats contre des fonctionnaires : contre Tchévérin, chef de la police au ministère de l'intérieur (décembre 1881), contre Strelnikof, procureur militaire à

Odessa (1) (18/30 mars 1882), contre Iliaschevicht, gouverneur en Sibérie (septembre 1882).

Trois semaines après l'assassinat de Strelnikof, la *Narodnaïa Volya* donnait son approbation au crime, refusait de faire la paix avec le tsar jusqu'à ce qu'il eût octroyé au peuple les libertés nécessaires. En même temps elle annonçait de nouvelles vengeances.

En octobre 1885, ce journal qui ne paraissait qu'à de rares intervalles, déclarait, en se plaignant des sévérités de la police, que la lutte terroriste devait être réduite désormais à l'essentiel de la défense (2), c'est-à-dire à la punition des traîtres. Il ne paraît pas que les nihilistes aient tenu compte de cette déclaration ; ils n'ont pas renoncé au tsaricide. Les attentats

(1) Un procès contre les nihilistes complices de l'assassinat d'Alexandre II, ou auteurs de précédents attentats, s'était terminé le 15/27 février 1882 par des condamnations à des peines diverses. Il y eut dix accusés condamnés à mort ; parmi eux étaient Trigoni, Sajounof, la marchande de fromages de la petite Sadovaya, Anna Yakimova, et une amie intime de Sophia Perovskaïa. Alexandre III leur fit grâce de la vie en exceptant seulement Sajounof, ancien officier de marine, qui repoussait d'ailleurs toute commutation de peine. A la clémence impériale les nihilistes répondirent presque immédiatement en tuant Strelnikof d'un coup de révolver. Les deux assassins furent pendus à Odessa dès le 22 mars /3 avril. On ne sut que plus tard qui ils étaient : l'un, Khaltourine, l'auteur principal de l'explosion du palais d'Hiver ; l'autre, Chelvakof, ancien étudiant de l'université de Saint-Pétersbourg.

(2) Dans ces dernières années, deux cents nihilistes environ ont émigré de Russie et se sont établis en Suisse, spécialement autour du lac de Genève, et à Paris ; un petit groupe s'est rendu à Londres.

dirigés contre Alexandre III en sont la preuve ; presque chaque année il s'en est produit de nouveaux. Un des plus importants a été celui du 1/13 mars 1887, jour anniversaire de la mort d'Alexandre II ; s'il n'eût pas été découvert en temps opportun par une police vigilante, il aurait été la répétition du drame sanglant du canal Catherine, car six étudiants, portant des bombes explosibles, furent arrêtés dans les rues par lesquelles devait passer la famille impériale.

Il est inutile d'insister sur le complot auquel devaient prendre part les nihilistes arrêtés à Paris et condamnés le 5 juillet 1890. Leurs complices comparurent, à Saint-Pétersbourg, devant le Sénat, le 4 novembre 1891, et trois des accusés, Sophie Gunsbourg, Simon Stofanovski et Freifeld furent condamnés à mort le 9 novembre. Certains journaux ont prétendu avec quelque vraisemblance que l'assassinat du général Séliverstof fut un acte de représailles et comme une réponse à ces condamnations (1). L'assassin Padlevski a confirmé cette opinion dans le récit donné par le journal *l'Éclair* ; il a dit que son père et son frère aîné, impliqués dans le procès des cent quatre-vingt-treize étaient morts en prison.

L'histoire du nihilisme est à la dernière période de son évolution (2). Le terrorisme en est l'expression

---

(1) Le tsar a commué l'arrêt de mort prononcé contre Sophie Gunsbourg et ses complices.

(2) C'est l'opinion même du prince Krapotkine, énoncée il y a déjà une douzaine d'années : « Life and evolution move quickly during revolutionary times ; and the Russian revolu-

la plus aiguë. Les révolutionnaires ne sont pas gens à revenir sur leurs pas et à l'abandonner. Ils persistent à se laisser conduire par cette idée fausse que le crime et la violence peuvent affranchir la Russie et assurer le bonheur de son peuple.

En présence du mouvement persistant, raisonné, systématique des nihilistes, une question se pose. Est-il possible, dans l'état actuel de la Russie, de prêter l'oreille à leurs revendications? Est-il vrai, comme ils le disent, que l'établissement immédiat et sans transition d'une constitution « est le seul moyen de faire entrer la Russie dans une voie pacifique et de régler son développement » ?

La Russie ne paraît pas encore mûre pour une constitution : sa formation historique l'y a fort mal préparée. « Aujourd'hui, disait le prince J. Lubomirski en 1879, la monarchie constitutionnelle serait aussi fatale à la puissance de la Russie qu'une république » (1).

L'invasion des Tatars a eu jadis pour effet de détruire chez elle les premiers éléments du progrès social. Le peuple opprimé est demeuré inerte, tandis que le pouvoir suprême se développait sur le modèle asiatique. Tous les intérêts religieux, moraux, politiques, économiques furent concentrés sur une seule tête. Devant le pouvoir autocratique ainsi établi, tout cède : la noblesse se confond avec le fonctionnarisme, le clergé oublie sa dignité et son indépendance spiri-

tionary party, young as it is, already has a whole history. » (*Fortnightly Review*, 1882.)

(1) *Le Nihilisme en Russie*. Paris, 1879.

tuelle, qui sont la raison même du respect dû aux
vérités religieuses dont il est le propagateur et l'apôtre ;
l'aristocratie libre et riche et la bourgeoisie n'occupent
pas dans l'État la place à laquelle elles ont droit.
Aucune lutte, aucune manifestation spontanée, aucune
discussion d'intérêts n'est possible, ni ouvertement
tolérée entre gens d'opinions diverses. La Russie a
donc suivi une voie exclusive comparativement aux
nations de l'Europe occidentale ; elle n'a pas eu
comme nous les franchises du moyen âge, les universités libres, les états généraux, les parlements, la
Révolution. En France le mouvement vers la liberté,
aidé et encouragé par le pouvoir royal, a été continu
dans son ensemble ; la France a passé par gradations
successives de l'état de barbarie à l'état féodal, de la
féodalité à l'unité monarchique, de la monarchie plus
ou moins absolue à la monarchie constitutionnelle et
à la république. On a vu tomber de siècle en siècle
les liens qui tenaient le peuple dans la dépendance.
Si cela n'apparaît pas assez clairement, rapprochez
deux dates : en 1180, Louis VII, roi de France,
affranchit les serfs d'Orléans; en 1858, le tsar
Alexandre II affranchit les serfs de ses domaines.

La Russie contemporaine est dans la situation d'un
étudiant qui a commencé fort tard son éducation, et
qui, pour se mettre au niveau des compagnons de son
âge, est obligé de sauter des classes. Elle doit, dans
un nombre d'années limité, subir une crise de croissance intellectuelle et morale dont on ne peut lui épar-
gner les dangers qu'avec d'infinis ménagements.

L'établissement d'une constitution dans le vaste empire russe, composé de peuplades de races diverses, n'ayant pas les mêmes mœurs et ne parlant pas la même langue, présenterait des difficultés spéciales ; mais, sans même insister sur ce point, comment ne pas penser qu'une constitution à la mode de l'Europe occidentale, telle que la demandent les révolutionnaires russes, — c'est-à-dire la convocation de représentants du peuple, librement élus et pris dans toutes les classes de la société —, équivaudrait pour le tsar à une abdication ou à un renversement du trône plus ou moins prochain, mais à peu près certain ? *Est-ce mur eternel ?*

L'insistance des nihilistes à réclamer la réunion d'une assemblée nationale peut inspirer des défiances et des craintes d'autant mieux fondées, que le but immédiatement visé par leur parti est, d'après un des derniers programmes du comité exécutif « une insurrection politique qui se propose de transmettre le pouvoir au peuple ». Aussi bien, les apologistes des doctrines nihilistes voient dans la constitution russe l'aurore du socialisme. M. Dragomanof fait cet aveu fort explicite : « L'Assemblée générale, ou pour mieux dire les états généraux de Russie ne peuvent accomplir une autre tâche que celle accomplie par des assemblées analogues en Europe occidentale, — c'est-à-dire en finir avec le féodalisme, affaiblir l'absolutisme, et transporter le centre du pouvoir à ce qu'on appelle la bourgeoisie ; — après quoi, le mouvement socialiste en Russie prendra une marche analogue à celle que nous présente l'Occident. Ce mouvement recevra pour base naturelle le parti ouvrier, dont l'organisation est maintenant impossible en Russie. *On doit s'attendre aussi aux accès du césarisme démocratique* en Russie, même aux allures communalistes, qui ont beaucoup de chances de séduire un grand nombre de populatistes (*narodniki*) parmi les socialistes russes, surtout dans la Moscovie, ce nid du pouvoir des tsars, qui a des prétentions de donner au vieux monde occidental le spectacle d'un développement original » (1).

Mais si l'heure d'octroyer une constitution à la Russie n'est pas encore sonnée, il est urgent, ce semble, de donner satisfaction aux revendications légitimes. Les libéraux les mieux intentionnés en Russie sont nombreux et tacitement d'accord sur le bien fondé de quelques-unes des réformes proposées par les terroristes. Ainsi, ne serait-il pas utile d'accorder aux zemstvos le droit de formuler des vœux, de publier sans autorisation et intégralement les comptes rendus de leurs séances? de tolérer une certaine liberté de presse et de réunion? d'abolir les tribunaux d'exception, de renoncer aux condamnations par voie administrative et sans contrôle? Ces réformes supprimeraient de fréquents sujets de plainte; en permettant à

(1) *Le Tyrannicide en Russie et l'action de l'Europe occidentale*, Genève, 1881. — M. Dragomanof est l'auteur de plusieurs autres brochures sur le nihilisme, écrites en russe, parmi lesquelles il faut citer : *les Femmes du procès socialiste de Moscou,* 1877 (on y trouve le discours de Sophia Bardina); *Sur l'affaire Zassoulitch,* 1878 ; *Le Terrorisme et la liberté en Russie,* 1880.

l'opinion publique de se manifester, elles auraient pour résultat de faire connaître exactement au gouvernement les souffrances et les besoins de la nation. La Russie pour remplir ses destinées, ne pourra se passer d'ici longtemps d'une tutelle vigilante, mais il faut qu'elle soit tantôt tolérante et tantôt sévère. L'histoire même de la Russie ne doit-elle pas rappeler au Tsar le mot de Tacite : *Imperaturus es hominibus, qui nec totam servitutem pati possunt, nec totam libertatem.* — Ton devoir est de dominer des hommes auxquels ne convient ni un complet esclavage ni une entière liberté. »

La Russie a beau différer des autres nations européennes, il ne faut pas oublier que la somme des vérités et des connaissances est aujourd'hui éminemment cosmopolite. La civilisation, par suite de la fréquence et de la facilité des rapports entre les peuples, tend à être une pour toute l'humanité. Sans doute, toutes les nations n'ont pas le même idéal social, ni les mêmes aptitudes, ni les mêmes goûts, ni les mêmes besoins, mais il y a une soif de liberté et d'égalité en Europe dont il faut tenir compte. La Russie ne pourra toujours rester isolée du mouvement général, elle y rentrera par les questions qui se rattachent à sa vie sociale et intellectuelle et elle subira les évolutions historiques inhérentes aux sociétés modernes (1).

(1) N'est-ce pas un événement significatif de constater dans l'Extrême-Orient le contre-coup des idées européennes, et de voir le Japon, où le despotisme était en vigueur depuis des

Le jour n'est pas assurément lointain où le développement de l'industrie et du commerce, déjà en voie de rapides progrès, où le mouvement de centralisation aidé par l'établissement des chemins de fer, produiront visiblement leurs effets en Russie. Le nombre des ouvriers des villes ira grandissant. Comment alors ne pas supposer que parmi eux les nihilistes recruteront sans peine des partisans?

Le paysan russe est resté jusqu'à présent opposé aux idées nihilistes; cependant ses mœurs communales ont développé chez lui des tendances socialistes. L'existence du *mir* démocratique fait contraste avec l'autocratie tsarienne ; le paysan n'en a pas conscience et il aime le tsar. Mais, en même temps, sa passion pour la terre lui inspire la haine du gouvernement et de ses représentants. « Il est convaincu, dit M. Courrière (1), que les nobles et les employés, qu'il regarde comme étrangers, le trompent et qu'ils sont un obstacle entre le tsar et son peuple... que sans eux, il recevrait en propriété toute la terre... C'est en vain que l'empereur Alexandre III lui-même, lors de son couronnement, annonça aux *starschinas*, réunis à Moscou, que la propriété de chacun devait être respectée. Le peuple se tait et attend. Là est le danger qui menacera un jour la Russie. Dans ce pays, s'il y a

siècles, mis par la volonté de son souverain en possession du régime parlementaire, avec deux Chambres, une Chambre des pairs et une Chambre des députés ? Les lois constitutionnelles ont été promulguées en février 1889 et les premières élections ont eu lieu au mois de novembre 1890.

(1) *Revue française. — Exploration*, 1er mars 1890.

une révolution, ce sera une révolution agraire, et notez bien que cette révolution se fera au nom du tsar lui-même contre les employés et les grands propriétaires fonciers. »

Les révolutionnaires russes le savent si bien que depuis 1825 (date du complot des décembristes), ils ont tout mis en œuvre afin d'exciter les appétits des paysans en exploitant leurs espérances dans une prochaine liquidation foncière.

Les hautes classes de la société sont, elles aussi, envahies par des idées révolutionnaires. Dans les universités, on trouve des étudiants, avides de science, épris des doctrines funestes des économistes allemands, prêts à s'ameuter et à braver les rigueurs de la police dès qu'on refuse d'écouter leurs réclamations (1); dans l'armée, des officiers d'infanterie, d'artillerie et de marine se laissant gagner par les principes socialistes (2), comme le prouvent les procès politiques dans lesquels quelques-uns d'entre eux ont été impliqués, surtout depuis 1882; dans les séminaires, une jeunesse peu portée à la piété sacerdotale accessible même parfois aux idées de révolte.

(1) Des désordres ont éclaté à l'Institut technologique de Saint-Pétersbourg, dans les derniers jours de mars 1890; ils n'ont cessé qu'après l'arrestation par la police de 280 étudiants environ.

(2) En octobre 1884, sept officiers, dont l'un était lieutenant-colonel, ont été convaincus d'affiliation au parti nihiliste. Voy., pour plus de détails, *Le Tsarisme et la Révolution*, par Serguis Stepniak. Paris, 1886, pages 45 et suiv.

M. A. Leroy-Beaulieu (1) cite des faits tout à fait significatifs. En 1879, les séminaristes de Voronéjé avaient voulu se débarrasser de leur inspecteur ; deux ans plus tard, sous Alexandre III, mécontents de leur supérieur, ils avaient tenté de le faire sauter au moyen de matières explosibles placées dans un calorifère donnant sur son cabinet. Parmi les conspirateurs qui en mars 1887 avaient fabriqué pour l'empereur Alexandre III des bombes strychninées, se trouvait « un candidat en théologie » de l'Académie ecclésiastique. « On sait du reste, dit M. Leroy-Beaulieu, qu'il n'est pas de procès politique où ne figurent des fils de popes. »

Si les séminaristes et fils de popes commettent de pareils crimes, il n'y a pas lieu de s'étonner que des germes de révolte trouvent des éléments de développement dans toutes les classes de la société russe. Comment ne pas craindre que les popes ne remplissent mal leurs fonctions de gardiens des mœurs publiques, comprises dans les devoirs de leur ministère ? Aussi de très bons esprits considèrent comme essentielle la réforme du régime ecclésiastique. L'Eglise russe aurait besoin d'être émancipée de la tutelle excessive que l'Etat exerce sur elle, pour faire sentir d'une façon utile son influence sur l'ensemble de la nation.

Le clergé russe a été l'objet de nombreuses critiques. Dans une étude remarquable publiée en 1871,

(1) *Revue des Deux Mondes*, 15 octobre 1887,

le P. Gagarine déclarait ne pas croire « qu'il y ait dans l'Eglise catholique, dans les Eglises protestantes même, un clergé tombé aussi bas que le clergé russe et qui réponde aussi peu à ce qu'on est en droit d'attendre de lui. Ce malheureux clergé semble en être venu au point de se persuader à lui-même qu'il n'a d'autre devoir à remplir que de chanter les offices. Quant à faire connaître et aimer Jésus-Christ, à montrer aux âmes la voie qu'elles doivent suivre pour marcher sur ses traces, il n'y songe seulement pas. Le salut des âmes rachetées par Jésus-Christ au prix de son sang, il ne s'en préoccupe pas. Sa pensée ne va pas au-delà de quelques formalités purement extérieures composées d'une façon judaïque. »

On peut justement reprocher ces défaillances au clergé russe mais sans exagérer sa culpabilité. Il en faut chercher la cause première dans la bizarre organisation à laquelle l'Eglise russe est soumise depuis Pierre le Grand. Se servir de la religion pour assurer l'autorité du gouvernement à l'intérieur et pour étendre son influence à l'étranger, tel était le dessein de l'autocrate. Le clergé est réduit ainsi à n'être plus qu'une caste de fonctionnaires, un auxiliaire de l'administration. Le rôle du prêtre, en pénétrant jusqu'à la conscience des sujets, consiste beaucoup moins à leur faire pratiquer leurs devoirs envers Dieu qu'à leur inculquer le respect, l'amour, le culte du gouvernement. Cette fausse conception politique détermina Pierre le Grand à détruire le patriarcat, ce dernier retranchement, déjà bien peu résistant, de l'indépendance religieuse. Dès lors il importait peu que le tsar fit profession publique d'un humble respect pour les ministres de la religion, si en retour de cette déférence nominale ils assuraient au maître la soumission aveugle de ses subordonnés. A l'intérieur du temple, au lieu de recevoir les hommages des prêtres, l'empereur leur présente les siens ; il est d'usage qu'il baise la main du pope. Mais c'est là une question de forme. En fait, la politique du gouvernement russe est d'accorder en honneurs à l'Eglise ce qu'il lui retire en libertés, de payer en révérences ou en argent les services qu'elle rend à la police.

Assurément, l'accord parfait entre l'Eglise et l'Etat a des avantages dont on ne saurait méconnaître l'importance, mais à la condition que chacun des deux pouvoirs alliés conserve son autonomie ; aussi bien, le régime des Eglises d'Etat est détestable. Ceux qui le préconisent sont dupes d'une illusion et ont une idée fausse des prérogatives de l'Eglise. Le christianisme, par la nature de ses doctrines, n'est pas un instrument politique ; il ne tient pas des hommes sa vertu. Si les hommes veulent l'asservir dans un intérêt particulier, il perd toute autorité, toute vigueur, et n'est plus entre leurs mains qu'une machine dont le ressort moteur est brisé. C'est ce qui se produit en Russie. Le régime religieux institué par Pierre le Grand a trop duré. Si le Tsar émancipait l'Eglise orthodoxe et cessait de faire peser directement son pouvoir sur les consciences, il ferait beaucoup pour la civilisation des peuples de son vaste empire. Cette réforme aurait des résultats plus considérables même que l'émancipation des serfs accomplie par Alexandre II, et ne présenterait pas à beaucoup près les mêmes dangers que l'établissement d'une constitution.

Les répressions inexorables pour désarmer des sectaires n'ont qu'un effet passager; elles n'atteignent pas toujours le but désiré. Le plus sûr, ou pour mieux dire, le seul moyen d'arrêter les ravages de l'esprit révolutionnaire et de prévenir l'explosion des bombes c'est la moralisation du peuple et des classes instruites. Le gouvernement russe, désireux d'exercer sur ses sujets une action moralisatrice vraiment effective et salutaire, ne saurait mieux faire que d'encourager les œuvres de prosélytisme entreprises par des apôtres de l'Evangile, en leur laissant la liberté, l'indépendance nécessaire pour qu'ils puissent acquérir de l'influence et de l'autorité.

Avec la liberté de conscience réellement respectée que deviendrait l'Eglise orthodoxe? Son existence même ne serait-elle pas menacée? Ne se produirait-il pas en Russie, par la force des choses, un mouvement vers l'unité catholique? Mais serait-ce là un danger pour l'autorité suprême du tsar? L'Eglise catholique ne s'est jamais attaquée aux pouvoirs régulièrement établis; elle ne cherche pas à leur porter ombrage; et c'est elle qui dispose des meilleurs préservatifs contre la contagion désastreuse du matérialisme, de l'athéisme, du positivisme, de la libre pensée sous toutes ses formes. Dans la lutte qu'elle engagerait loyalement avec le catholicisme l'Eglise orthodoxe pourrait donner des preuves de sa vitalité, montrer ce que sont ses ministres. La rivalité entre ces deux cultes aurait pour effet immédiat de susciter dans tout l'empire une émulation féconde pour le bien, de créer un mouvement d'opinion qui aurait les plus heureux résultats. La paix avec Rome ferait naître en Russie un esprit nouveau et amènerait la disparition progressive d'un schisme qui est perpétué par une volonté souveraine et autocrate bien plutôt que par la volonté même de ses adeptes (1).

*
* *

Le danger de voir grossir les forces d'opposition au gouvernement est donc réel, s'il n'est pas imminent. La Russie souffre du même mal que tous les peuples

(1) Dans les derniers mois de 1893, les catholiques polonais ont été victimes de mesures violentes prises contre eux par l'administration russe. Le sac de l'église de Kroze, en Lithuanie, a été un acte de véritable persécution. On ne saurait cependant déterminer la responsabilité du tsar dans ces circonstances. Etait-il exactement informé? Quels ont été ses ordres?
Toujours est-il que des signes d'apaisement et de tolérance religieuse en Russie apparaissent aujourd'hui d'une façon manifeste. Contrairement à toutes les prévisions, les journaux de Varsovie ont eu l'autorisation de publier la lettre encyclique du Pape aux évêques de Pologne. La nomination de M. Isvolski, représentant de l'empire, au poste de ministre résident près du Vatican est un fait d'une haute importance, c'est un nouveau triomphe de la politique si sage et si modérée de Léon XIII.

d'Europe, mais à un degré plus intense (1). Aussi, le

(1) On lit dans *le Soleil* du 27 octobre 1890 : « A en croire
les journaux anglais, les idées subversives trouveraient actuellement plus que jamais des adeptes acharnés dans l'empire des
tsars.

« Les personnes poursuivies pour avoir manifesté des tendances révolutionnaires appartiennent généralement aux classes
éclairées : ce sont des étudiants, des professeurs ou même des
officiers. De nombreuses arrestations ont été opérées. L'on
assure que dans chaque ville d'une certaine importance, l'on
compte au moins deux ou trois sociétés secrètes dont les unes
auraient pour but d'attenter à la vie de l'empereur, les autres
de propager les doctrines révolutionnaires.

« Un mouvement similaire s'est produit dans les campagnes.
Il est dû à la promulgation d'une loi nouvelle qui a pour effet
d'enlever aux populations rurales la gestion directe de leurs
intérêts et de les confier à des gouverneurs investis de pouvoirs
judiciaires et administratifs très étendus. Cette loi rencontre
une résistance opiniâtre dans les campagnes. On cite des conflits nombreux qui auraient éclaté entre les autorités et le
peuple. Dans le gouvernement de Kharkof, le gouverneur a été
obligé de recourir à la police et à un corps de cosaques pour
refouler l'émeute dirigée contre lui. Dans le gouvernement de
Pskof, des faits semblables se sont signalés. Dans le gouvernement de Simbirsk et dans le district de Novomoskovsk, division
administrative du gouvernement de Jékaterinoslav, de véritables combats ont été livrés entre la population et la gendarmerie accourue pour défendre les nouveaux administrateurs.

« Dans certains districts, les paysans soutiennent leurs revendications en employant des procédés peu avouables. A
Riazan, dans la Grande-Russie, de nombreuses arrestations ont
eu pour cause des incendies allumés par les mécontents.

« La situation s'aggraverait. Jeudi dernier, un télégramme
chiffré parvenait au ministère de l'intérieur, l'avisant que le
mouvement s'étendait jusqu'au gouvernement de Moscou.
Deux des nouveaux gouverneurs, le prince Tscherskassof et
M. Tarnorsky ont été grièvement blessés dans une révolte de

jour où la révolution y fera ses premiers pas, il ne sera pas aisé d'entraver sa marche envahissante ; elle trouvera partout des complices, elle disposera bientôt d'une véritable armée, organisée d'avance, pour ainsi dire, dont les soldats seront enrégimentés tout de suite par des chefs capables de diriger leurs violences.

Dans ce mouvement socialiste et révolutionnaire qui se propage en dépit du pouvoir autocratique, quel rôle assigner aux nihilistes ? On est tenté d'abord d'exagérer son importance en se remémorant la fréquence et la hardiesse des attentats, ou d'atténuer sa gravité en considérant le nombre relativement petit des membres actifs de leur parti. A vrai dire, si les nihilistes ont séduit par leurs doctrines des esprits aventureux et inexpérimentés (1), on doit admettre aussi que la sauvagerie de leurs actes a indisposé contre eux bon nombre d'honnêtes libéraux. Ils ont donc dépensé, en pure perte pour le bien de l'empire russe, une grande somme de ténacité et d'héroïsme. Sans l'assassinat d'Alexandre II, depuis plus de dix ans la Russie serait entrée, à son heure, dans la voie des libertés, et Alexandre III n'aurait pas éprouvé une méfiance du libéralisme justement motivée.

paysans aux environs de Moscou. Il serait très regrettable que le gouvernement russe fût obligé de recourir aux moyens violents pour mener à bien l'œuvre de transformation sociale si vaillamment poursuivie. »

(1) Il est bon de remarquer que presque tous les membres actifs du parti nihiliste ont moins de trente ans.

En résumé, avec du sang et de la dynamite, les nihilistes ont signalé la nécessité des réformes ; mais en même temps ils les ont rendues difficiles à accomplir, les ont retardées, ou même les ont empêchées.

RUSSES ET NIHILISTES

A PARIS

—

Paris est un centre d'attraction pour les riches du monde entier. Ils y viennent chercher le plaisir, dépenser leur or, prendre l'air de la mode. C'est à Paris qu'elle se fait. Où? comment? pourquoi?... Ce n'est pas le lieu d'en chercher les motifs, mais on le doit constater.

Les Russes, au printemps, et à la fin de l'été, y arrivent nombreux; ils semblent goûter tout particulièrement les avantages de notre climat et la vie de la capitale. Ils s'y accoutument beaucoup mieux, beaucoup plus vite que les autres étrangers, et il n'est pas aisé de les distinguer au milieu des groupes de parisiens. Ils ont, d'ailleurs, une singulière aptitude à parler correctement notre langue. Le français est chez eux, à Saint-Pétersbourg même, la langue de la bonne société. Voilà comment à Paris ils peuvent si bien comprendre les pièces de théâtre des Dumas et des

Sardou, lire avec plaisir les romans des Daudet, des Bourget et des Zola.

Sans compter les touristes qui ne sont en France que des passagers, toute une population de Russes séjourne sur notre territoire. Il n'y en a pas moins de onze mille qui vivent dans les départements de Meurthe-et-Moselle, Seine-Inférieure, Seine-et-Oise, Marne et Aube. On estime que plus de huit mille sont fixés à Paris. Ceux qui habitent les plus beaux quartiers, le boulevard Malesherbes, les avenues Marceau et Kléber, constituent l'aristocratie de la colonie russe ; ils reçoivent dans leurs salons les illustrations françaises de la politique, de la science et des arts.

Les artistes russes forment un groupe séparé. Ils ont un cercle sur le boulevard de Clichy ; nombre d'entre eux sont connus dans le monde parisien ; d'autres se font applaudir dans les théâtres et les concerts. Citons seulement quelques noms : Bogolinbof, peintre du tsar ; Prianischnikof, Makovsky, Pokitonof, Vassikovski, pensionné par le gouvernement ; Bernstam, le sculpteur du musée Grévin ; Tschaïkovsky, qui compose ses opéras à Paris ; Brandoukof, éminent violoncelliste ; Vareschagine, peintre et écrivain de talent, qui habite à Maison-Laffitte, dans la banlieue, une agréable villa.

En traversant la Seine, derrière le Panthéon, on trouve dans le quartier de la Glacière l'autre partie de la colonie russe, composée d'étudiants et de réfugiés politiques. Mécontents du régime autocratique ou de la surveillance qui pèse sur eux dans leur pays, ils s'en éloignent, mais ils mettent à profit leur exil, fréquentent les écoles, poursuivent leurs études au milieu de privations de toutes sortes. Le « struggle for life » est dur pour eux. Ils ont pourtant trouvé le moyen d'organiser à leurs frais une bibliothèque dans une modeste maison du quartier latin. Moyennant une petite offrande que l'on jette dans le tronc fixé à l'entrée, elle est accessible à tout le monde. Là, ils se défendent du froid, réunis autour du grand samovar bouillant posé au milieu de la table; ils font d'amples libations de thé, se livrent à des discussions sans fin, se rappellent les souvenirs de la patrie lointaine. Cette bibliothèque a été fondée en 1875 par Tourguenef, elle est entretenue par une société de 70 membres qui payent pour le loyer et l'abonnement de lecture 1 fr. 50 par mois. Les journaux et autres publications russes sont envoyés gratuitement aux étudiants par les éditeurs.

Les étudiants sont de race slave ou de race juive : une quarantaine slaves et environ deux cents juifs. Le nombre des étudiants juifs augmente de jour en jour, parce que les universités russes n'en reçoivent comme élèves qu'un tant pour cent proportionné au nombre des slaves. Les études de l'enseignement supérieur n'étant pas à la portée de la femme en Russie, il y a à Paris au moins quatre-vingt-dix étudiantes russes. Quelques-unes envoient des correspondances politiques et littéraires à des revues ou journaux roumains, bulgares ou américains.

La situation des étudiants n'est guère préférable à

celle des réfugiés politiques. Leurs ressources pour vivre étant généralement insuffisantes ils doivent s'employer à des travaux qui y suppléent. On a vu une jeune fille, aujourd'hui licenciée ès sciences, obligée, afin de continuer ses études, d'exercer le métier de repasseuse. Des jeunes gens ont été, à de certains moments, maçons ou charpentiers.

Les étudiants vivent en commun. Souvent ils louent à quatre ou cinq un modeste appartement. La meilleure pièce sert de chambre à coucher aux jeunes filles, dans une autre s'installent les jeunes gens, et la troisième pièce sert de salle d'étude et de salle à manger. Ces communautés sont fréquentes au quartier latin. On n'y voit rien de mauvais. L'honorabilité de ces jeunes filles n'est pas mise en suspicion; elle est si bien reconnue, qu'en déclarant leur position d'étudiantes russes elles trouvent sans peine à louer des chambres, ce qui n'est pas toujours facile à des femmes seules.

Il ne faut point rechercher le luxe et les commodités dans les logements d'étudiants. Quelques tables couvertes de livres, un portrait de famille ou de quelque célébrité politique attaché au mur, c'est tout. La nourriture est des plus simples. Il y a quelques années ils mangeaient de la viande de cheval parce qu'on la trouve à bon marché à Paris. Aujourd'hui ils peuvent manger de la vache et des légumes, grâce à une cuisine coopérative où ils se réunissent au nombre de 100 à 150. Cette cuisine a son conseil de direction. Pour éviter les frais de service, les con-

sommateurs se servent eux-mêmes. Quatre d'entre
eux sont désignés chaque jour pour faire la besogne.
Pour 55 centimes on a un plat de viande de vache, un
légume, du pain à discrétion ; pour 10 centimes de
plus, une soupe; on sert aussi du thé ou du café
dans ce restaurant, mais le vin y est chose inconnue.

La vie des étudiantes à Paris est plus curieuse
encore que celle des étudiants. On ne peut s'empêcher d'admirer leur ardeur au travail et leur ténacité
qui ne reculent devant aucun obstacle, afin de s'instruire et de conquérir les moyens de vivre d'une manière libre et indépendante.

Plusieurs des premières étudiantes russes habitaient Zurich, quand, en 1873, elles en furent expulsées
et durent quitter la Suisse. Parmi celles-ci, Mlles Soub-
botine, Lidie Fiegner, Varvara Alexandrof, Véra
Loubatowich, Alexandra Chorjevsky se rendirent à
Paris dans l'espoir que le gouvernement russe, qui les
tenait pour suspectes, voudrait bien les laisser en
repos, afin qu'elles pussent terminer leurs études
universitaires. La médecine était la carrière qu'elles
avaient choisie. La faculté de médecine de Paris
admettait à ses cours les étudiantes étrangères; donc
pas de difficulté de ce côté. La Sorbonne, d'ailleurs,
accepta comme valables leurs diplômes russes ou
ceux de Zurich. Les premières années d'études leur
furent comptées. Les étudiantes s'efforcèrent, pour
répondre à ces aimables procédés, de se mettre au
niveau des cours de la faculté de Paris, différents de
ceux qu'elles avaient suivis dans les universités alle-

mandes. Le séjour à Paris augmentant leurs dépenses, elles durent réduire leurs frais de table et de logement, restreindre au minimum leur budget devenu de beaucoup inférieur au mince budget d'un simple ouvrier.

Enfin arriva l'heure des examens, l'heure de toucher au but de si grands efforts. Aussi les étudiantes sur le point de s'y présenter, éprouvèrent une déception profonde : « Sans trop regarder à vos droits, leur dirent les professeurs, nous avions cru pouvoir vous recevoir en 2ᵉ année ; mais nous sommes contraints de ne pas vous laisser subir l'examen, car votre ambassadeur nous a fait savoir que le gouvernement russe ne voulait pas que les jeunes femmes russes étudiassent à l'étranger ; nous sommes, en ce qui vous concerne, dans l'obligation de nous incliner devant cette volonté, recevez nos sincères regrets et croyez bien que si ce n'eût pas été le désir du prince Orlof, vous auriez été admises de suite comme toutes les autres femmes russes régulièrement inscrites comme étudiantes » (1).

Dans quelles circonstances le prince Orlof avait-il prononcé son veto?

Peu de temps auparavant, le doyen de la faculté de médecine, M. Wurtz, demandait un jour à l'une des postulantes, Mˡˡᵉ Egoroff:

____

(1) Je cite sous toutes réserves ces propos dont je n'ai pu contrôler la véracité. Je les emprunte à une brochure russe de quelques pages, parue à Genève, et qui n'a pas été, à ma connaissance, traduite en français.

« Qu'est-ce que cela signifie? Pourquoi tout d'un coup tant de jeunes femmes russes viennent-elles postuler à la faculté de Paris? » Sans détour, Mlle Egoroff répondit : « C'est notre gouvernement qui nous a obligées de quitter Zurich », et en même temps elle expliqua le motif que donnait le gouvernement russe.

« Ah! dans ce cas-là, reprit M. Wurtz, il faut faire une démarche auprès de votre ambassadeur. »

Fort longtemps après, on connut le texte du refus du prince Orlof : « Le gouvernement russe, avait-il dit, considère comme fâcheux que les femmes russes étudient hors de la Russie; il n'y a à cela aucune nécessité, aucune raison, car en Russie elles trouvent des instituts aussi forts que les facultés étrangères. Les femmes russes veulent cependant malgré tout étudier avec les hommes. Comme cela leur est arrivé à Zurich, elles abandonnent totalement leurs études et se jettent dans la politique; l'exemple que nous pouvons donner, c'est qu'à Zurich, elles faisaient toutes partie de la secte de la société démocratique. »

Les jeunes étudiantes durent en conséquence abandonner leurs études recommencées à Paris. La plupart d'entre elles, craignant de ne pouvoir les continuer dans une troisième ville, renoncèrent à leur idée de faire leur médecine, et se mirent en mesure de passer les examens de sage-femme. Mais, pour cela, elles crurent préférable de revenir en Suisse, où il était possible d'acquérir le titre en moins de temps qu'à Paris.

Dans la suite, l'ambassadeur russe cessa ses rigueurs. Trois jeunes filles, au lieu de faire des démarches directes, se servirent de l'intermédiaire de personnes influentes auprès de lui. Le prince Orlof, loin de leur susciter des embarras, aida les étudiantes. Ceci eut lieu en 1874. Depuis, un grand nombre de jeunes filles russes ont fait à Paris leurs études médicales ; quelques-unes d'entre elles appartiennent à des familles riches et aristocratiques. C'est le cas de Mlle Skvortzof, qui en 1890 a été reçue docteur en médecine, avec des félicitations de MM. Charcot et Magnan pour la soutenance de sa thèse. Une autre, Mlle Machkorzef, s'est distinguée comme oculiste, a été l'élève de Becker et occupe aujourd'hui en Russie une position subventionnée par le gouvernement.

* *
*

Les étudiants ou étudiantes russes à Paris sont souvent tenus pour suspects par leur gouvernement. Est-ce avec raison ? Oui et non. L'attitude des étudiants russes ne prête pas à des critiques spéciales (1). Mais il faut reconnaître que l'esprit de liberté qu'ils trouvent en France est bien fait pour les griser. Ils sont dans l'état d'émancipés qui, avec le goût d'indépendance naturel à la jeunesse, sont disposés à s'insurger contre les mesures autoritaires, abusives parfois,

(1) Mlle Bromberg et Mme Reinstein, toutes deux étudiantes en médecine, furent comprises dans le procès des nihilistes de Paris (juillet 1890), et acquittées, mais le mari de Mme Reinstein fut condamné à la prison ainsi que plusieurs autres inculpés.

de la politique russe. Sont-ils vraiment nihilistes ?..
Non, à coup sûr; du moins, s'il en est parmi eux, ils
font exception. Car beaucoup d'étudiants qui à
Paris font parade, en quelque sorte, d'opinions avancées très tranchées, redeviennent de bons patriotes
à leur retour en Russie. Déjà on a pu noter que les
nihilistes les plus ardents sont des jeunes gens entraînés par les illusions et la fougue de la jeunesse. Capables de s'assagir avec les années, ils comprennent
l'impossibilité d'une réalisation pratique de leurs rêves
les plus chers, de leurs théories d'autrefois, défen-
dues alors au risque de leur vie.

C'est ce qui explique comment les étudiants russes
sont souvent en excellents rapports avec les réfugiés
politiques leurs compatriotes, venus à Paris pour
échapper à la justice de leurs pays, aux souffrances
de l'exil en Sibérie.

Les réfugiés politiques, ou pour mieux dire les socialistes russes, sont à Paris au nombre de plusieurs
centaines, si on comprend dans le même groupe tous
ceux qui font partie des diverses sectes révolutionnaires (1). Ils n'oublient pas leur passé, ils y restent atta-
chés. Les difficultés de la vie sur une terre étrangère,
la suspicion dont ils sont l'objet, ne font qu'enraciner
plus profondément dans leurs âmes leurs principes
nihilistes, l'esprit de révolte et de haine personnelle
contre le despotisme. Au printemps de 1890, ils ont

(1) Cf. *Nihilists at Paris*, by J.-H. ROSNY. *Harper's Monthly Magazine*. Août 1891.

attiré l'attention de Paris sur leur groupe. La découverte de bombes chez plusieurs d'entre eux fit grand tapage, et, quelques mois plus tard, toute la presse parisienne s'empressa de dramatiser, avec l'habileté et l'adresse que l'on sait, l'assassinat du général Seliverstof par Padlevski, l'introuvable Padlevski, qui se serait échappé de France grâce au complaisant concours de M. George Labruyère. Il n'en fallut pas plus pour conclure, avec quelque exagération sans doute, à l'organisation à Paris même, de vastes complots dressés contre le tsar.

Toujours est-il que les réfugiés politiques russes sont pour nous l'objet d'une vive curiosité. Ils ont d'ailleurs une physionomie particulière. Parce qu'ils ont été, à des titres divers, terroristes dans leur patrie, il ne s'ensuit pas du tout, comme on serait tenté de le penser, que, par instinct, ils soient sanguinaires ou voleurs. Il est bien rare que ces nihilistes soient compromis dans des affaires criminelles et traînés devant nos assises. Ils n'ont rien de commun avec les anarchistes, dont Ravachol s'est montré le type le plus complet, le plus hideux par bien des côtés. Ne nous les représentons pas comme l'Ogre des contes de fées, qui porte un grand couteau à la ceinture, a de grandes dents pointues et est affamé de chair humaine.

Les nihilistes, réfugiés politiques à Paris, s'y montrent souvent des gens laborieux, tranquilles, de mœurs douces. Ils ne sont fanatiques et exaltés que sur un point spécial. Tels certains monomanes sont gens rai-

sonnables et intelligents sauf pour les sujets détermi-
nés sur lesquels ils ont des idées fixes qui leur semblent
au-dessus et en dehors de toute discussion.

Tous ces réfugiés politiques ne sont pas assurément
des hommes supérieurs, des sociologues ou des économistes de mérite ; ils n'ont pas la perception nette
des conditions nécessaires à l'éclosion d'une révolution. Un changement de constitution n'est pas le
résultat de tel ou tel acte d'héroïsme accompli par des
individus, mais la conséquence de l'impulsion des
idées de tout un peuple, avec le concours des occasions dont la Providence seule dispose à l'heure
qu'elle a choisie pour laisser accomplir son œuvre.
Toutefois ces nihilistes ne sont pas des fanatiques vivant dans un état de continuelle surexci-
tation d'esprit. S'ils ont des théories sociales fausses,
ils sont les apôtres d'une doctrine, et en dépit de
leurs excès, ils ont subi par certains côtés l'influence
de la civilisation.

Il faut remarquer d'ailleurs que les socialistes russes
ont un caractère spécial : ils ne perdent jamais de vue
la Russie; c'est vers la Russie qu'ils portent sans
cesse leurs regards. Ils sont patriotes à leur manière,
jusque dans leurs plus funestes erreurs, dans leurs
principes les plus exagérés.

Il ne semble pas qu'ils se réunissent à Paris, dans
des cafés ou les uns chez les autres, pour tramer des
conspirations dont nous ayons à craindre les suites. Ils
célèbrent entre eux des fêtes russes, comme celle du
12 janvier, qui correspond au premier de l'an russe.

Ils avaient jadis un banquet le 13 mars, jour anniversaire de l'assassinat du tsar, mais il a été supprimé. La plupart d'entre eux désapprouvent aujourd'hui cet acte féroce, et le considèrent comme un acte maladroit qui a fait du tort à leur cause.

Il y a à Paris une soixantaine de refuges de nihilistes. Leur quartier préféré est le sud-ouest de Paris, quartier tranquille, près des fortifications, du côté des boulevards Arago et Saint-Jacques, dans la région des hôpitaux, des écoles et de l'Observatoire.

Presque tous ces nihilistes sont pauvres, bien qu'il s'en trouve parmi eux qui appartiennent à des familles aristocratiques et riches. Cela s'explique aisément. Ils sont souvent en mauvais termes avec leurs parents de Russie, à cause de leurs opinions ; et il ne leur est pas facile de recevoir assistance. La police russe n'est pas bien disposée à l'égard de ceux qui secourent les exilés ; si un père, une mère, un frère, une sœur envoient de l'argent, ils sont suspects et courent le risque de voir leurs biens confisqués. Les intermédiaires sont rares, et ils doivent user d'une extrême prudence dans leurs missions. Les réfugiés politiques russes sont donc à Paris dans une situation fort précaire. De là, pour eux, la nécessité de gagner leur vie par le travail. Les uns se font traducteurs, les autres donnent des leçons, se livrent à des travaux littéraires ou tâchent de s'employer dans le journalisme. Quelques ouvrages qui ne sont pas sans mérite ont été de la sorte composés et écrits par des exilés. Par exemple : *la Russie politique et sociale*, de Tikhomirof ; le curieux livre de Stepniak, *la Russie souterraine*; des traductions de Tolstoï, Dostoïevski, etc. En somme les réfugiés politiques russes forment un petit groupe de travailleurs pauvres dont il n'y a pas lieu sans doute de louer la vertu et d'exalter les mérites, mais qui, au point de vue français, ne semblent pas (à de rares exceptions près et que l'on connaît) être pour nous un danger redoutable. Suivons M. Rosny (1) dans un logement de nihiliste, à Paris.

« J'ai gardé, dit l'auteur anglais, un souvenir attristant d'une visite dans une des maisons de l'avenue du Maine. Elle fut la demeure d'un des chefs du célèbre comité central qui attira si vivement l'attention en Russie en 1879 et 1882, Tikhomirof, qui depuis lors est devenu moins révolutionnaire, ce qui lui a permis de retourner en Russie. Il fut l'auteur du fameux manifeste à Alexandre III au lendemain de l'assassinat d'Alexandre II. Tikhomirof a l'œil saillant et mobile. Dans la rue, il est continuellement aux aguets et inquiet. D'ailleurs cet homme est sympathique, d'une rare intelligence, d'un tempérament impartial. Marié, père de famille, il est fort préoccupé de l'avenir de ses enfants. Ses craintes d'être sans cesse surveillé légitiment son attitude ; personne n'a été plus espionné. Avant son pardon, il ne pouvait faire un pas sans être suivi. Sa demeure était l'objet d'une perpétuelle surveillance.

« Il a eu des heures d'angoisses qui lui ont laissé

(1) *Harper's New Monthly Magazine*, août 1891.

des souvenirs tels que celui-ci : « Après l'assassinat d'Alexandre II, au moment du terrible procès
qui aboutit à la condamnation à mort des amis
de Tikhomirof et de ses collègues du comité terroriste, il vivait à Saint-Pétersbourg, où il était à
tout moment exposé à un nouveau danger. S'il était
pris, son sort était fixé et inévitable : il serait pendu.
Il n'osait pas s'enfuir de Russie, ni même sortir de sa
maison. Il me dit que, si ce n'avait été à cause de sa
famille, et pour remplir ses devoirs de père, il aurait
probablement pris la fuite, tant était terrible pour lui
le sentiment du péril. Il lui était impossible de dormir ; il n'avait pas une minute de répit ; toujours
l'effroyable perspective de l'arrivée de l'officier de
police, de la prison, de la condamnation, de l'échafaud, et de sa famille abandonnée à elle-même, privée
de tout secours !

« Eh bien, à toutes ces terreurs vint s'en ajouter une
nouvelle ; à un effroi, un nouvel effroi. Un fourgon
de condamnés à mort passa sous les fenêtres de Tikhomirof. Sa servante connaissait de vue plusieurs
des victimes, qui étaient venues à la maison de son
maître. Quelle scène émouvante : Tikhomirof, sa
femme et sa servante à la fenêtre, attendant comme
les autres habitants de la maison le passage du sinis-
tre cortège ! C'était nécessaire : si le terroriste ne
s'était pas montré à la fenêtre, il aurait été certainement soupçonné par ses voisins et dénoncé. On
peut s'imaginer l'état d'esprit de ce malheureux
homme, l'agonie de tout son être. Au milieu de tout

cela, une obsédante question qui se posait comme l'idée fixe d'un fou : « La servante reconnaîtra-t-elle les condamnés?... Les reconnaîtra-t-elle? Si elle les reconnaît, si elle fait un geste, si elle pousse un cri, si seulement elle soupire, c'est la mort pour Tikhomirof. Il attend, il est sur le point de s'évanouir. Enfin passe le fourgon des condamnés revêtus du costume des suppliciés. Tikhomirof considère avec anxiété l'expression de figure de sa servante. D'abord une vague rumeur, le chuchotement de la foule... le cortège est sous la fenêtre... sera-t-il sauvé?.. sera-t-il perdu?.. Il est sauvé!.. La servante n'a reconnu aucun des condamnés! Mais qui peut exprimer l'émotion ressentie pendant ces instants décisifs? »

Au nombre des nihilistes de marque qui vivent à Paris, il faut citer Pierre Lavrof, aujourd'hui vieillard à la longue barbe et aux cheveux blancs. Il passe sa vie au milieu des livres; sa maison est un rendez-vous pour les réfugiés politiques et les étudiants russes. Il s'est échappé de Russie depuis l'attentat de Karakosof, c'est-à-dire depuis 1866.

Journaliste et écrivain, il a composé un ouvrage qui a pour titre : *Essai d'une histoire de l'idée dans les temps modernes*. Le premier volume a été publié à Genève.

Pierre Lavrof est un socialiste fort avancé. Ses déclarations au congrès socialiste de Marseille (sept. 1892) ont été applaudies. Il s'exprimait en ces termes : « Nous affirmons devant nos coreligionnaires du congrès de Marseille notre ferme résolution de soutenir de tous nos efforts, dans notre patrie, la lutte énergique en faveur des principes socialistes et contre l'absolutisme impérial, un de leurs plus grands ennemis dans notre pays.

« Ainsi l'a fait avant nous avec tant d'abnégation, avec tant de fermeté dans ses convictions socialistes, et quelquefois avec tant de succès, le parti de la *Narodnaïa Volya* (*la Volonté du peuple*). Ainsi feront ses successeurs, aspirant à garder dignement la tradition des socialistes révolutionnaires russes.

« Nous comptons dans notre lutte, d'autant plus fermement sur les sympathies des vrais socialistes français, qu'ils ont déjà dénoncé, à Lyon, à l'indignation du monde socialiste international, l'alliance de la bourgeoisie soi-disant républicaine de la France avec le tsarisme. »

C'est dire les dangers ou du moins les inconvénients qui résultent pour nous de l'influence des nihilistes russes sur les socialistes français (1). Nous sommes à une heure critique de notre histoire; nous avons besoin d'une alliance avec la Russie, à l'orient de l'Europe. Pourquoi des nihilistes russes viendraient-ils exciter les passions, déjà excessives en elles-mêmes, de nos socialistes français et les rendre

---

(1) Ainsi, le 28 octobre 1893, les socialistes russes ont donné à Paris, un bal auquel avaient été conviés les représentants du socialisme révolutionnaire français.

Cette fête, où l'on a vivement acclamé l'alliance socialiste franco-russe, était présidée par Lavrof, auprès duquel on remarquait les citoyens Jules Guesde, Duc-Quercy, Argyriadès.

plus pernicieuses encore au point de vue de la défense nationale?

Les réfugiés russes n'ont qu'à se louer des rapports qu'ils ont avec la population parisienne, mais il ne doivent pas être surpris de la surveillance dont ils sont l'objet de la part de la police. Non seulement ils éveillent de la défiance, comme on l'a vu, mais le gouvernement français a le désir fort légitime de donner satisfaction au gouvernement russe. L'alliance avec le Tsar, un des principaux arbitres de l'équilibre et du sort de l'Europe, est aujourd'hui le nœud gordien de notre politique. Ainsi nous assistons à l'étrange spectacle d'un gouvernement républicain, ayant des attaches démocratiques, qui cependant ne manque aucune occasion de flatter un pouvoir aristocratique et despotique !

L'opinion publique, il est vrai, exprime ses sympathies pour les Russes avec une insistance qui ne laisse pas parfois d'être quelque peu ridicule. Les anecdotes plus ou moins véridiques se sont multipliées comme pour prouver cet enthousiasme. En voici une fort amusante :

Pendant l'Exposition, en 1889, un voyageur avise un fiacre qui passe :

« Cocher! voulez-vous me conduire à l'Exposition?

— Non, monsieur, mon cheval est éreinté.

— Cocher! je vous donnerai dix francs.

— Non !

— Vingt francs !

— Non !

— Cent francs !

— Non !

— Cocher, je suis russe !

—Ah ! c'est différent !... allons, montez, monsieur ! »

En même temps le cocher allongeant un coup de fouet sur la pauvre bique :

« Hue ! Cocotte ! et vive le Tsar ! »

Combien de fois sur les promenades, dans les salles de spectacle, n'a-t-on pas acclamé l'hymne russe ?... Et qui n'a encore dans la mémoire le récit de la triomphale réception de nos marins à Cronstadt ?...

Il n'y a rien de mieux, au reste, que de concilier la politique des intérêts et la politique des sympathies. La Russie a besoin de nous comme nous avons besoin d'elle.

LES
CONTES POPULAIRES SLAVES

CHAPITRE PREMIER

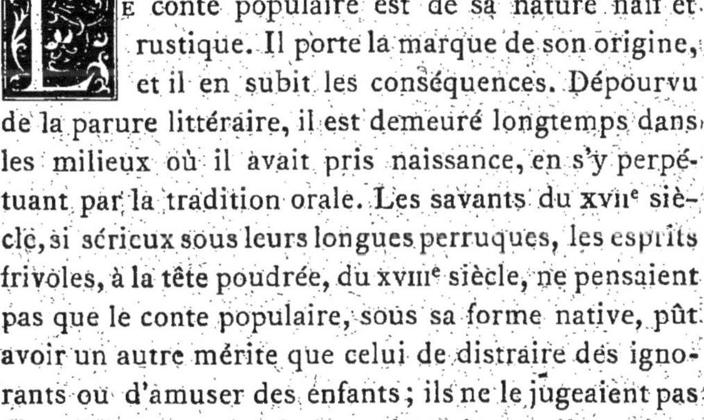

IMPORTANCE DES CONTES POPULAIRES

LE conte populaire est de sa nature naïf et rustique. Il porte la marque de son origine, et il en subit les conséquences. Dépourvu de la parure littéraire, il est demeuré longtemps dans les milieux où il avait pris naissance, en s'y perpétuant par la tradition orale. Les savants du XVIIe siècle, si sérieux sous leurs longues perruques, les esprits frivoles, à la tête poudrée, du XVIIIe siècle, ne pensaient pas que le conte populaire, sous sa forme native, pût avoir un autre mérite que celui de distraire des ignorants ou d'amuser des enfants ; ils ne le jugeaient pas digne d'être le sujet de leurs ingénieuses discussions ou de leurs doctes examens. Charles Perrault, qui fit si bon accueil aux contes de ma mère l'Oye, eut bien soin de les accommoder au goût de son temps avant de les présenter au public ; il ne songea point à pénétrer le sens des fictions populaires qu'il utilisa, et il n'osa même pas avouer l'intérêt qu'il portait aux contes de fées ; la première édition qu'il en donna ne parut pas sous son nom.

A notre époque, la curiosité des chercheurs est insatiable ; elle n'a pas honte de s'affirmer sur tous les sujets d'études. Les découvertes de l'archéologie, de l'ethnographie, de la philologie nous ont accoutumés à considérer toute production de l'esprit humain, si futile qu'elle soit en apparence, comme un document dont la science peut faire emploi pour des révélations curieuses, tout à fait inattendues. Ainsi le conte populaire est réhabilité. N'est-il pas une manifestation originale de l'imagination collective des peuples, à certains égards, même plus digne d'intérêt qu'une manifestation de l'imagination individuelle ?

Les recueils de contes populaires se sont multipliés de nos jours, à mesure que les récoltes des érudits sont devenues plus abondantes. Avec un singulier plaisir et une ardeur qui va jusqu'à la passion, ces savants chercheurs ont prétendu interpréter tous les contes, expliquer leurs formes diverses, fantaisistes, légendaires, mythiques, merveilleuses, féeriques... Leurs études constituent une science nouvelle, connue sous le nom de *Folk-lore* (1).

(1) Le mot *Folk-lore* (mot anglais formé de deux vocables archaïques, *folk*, peuple, et *lore*, science) a été employé pour la

L'étude d'un seul conte peut devenir une source abondante d'observations. Examinez ses versions successives, ou les transformations qu'il subit en passant d'une nation dans une autre, vous trouvez toujours un canevas primitif qui subsiste, et sur lequel les broderies accessoires s'ajoutent, s'étendent, se compliquent, se simplifient, disparaissent pour reparaître à nouveau. Toute modification a sa raison d'être, elle est l'œuvre instinctive du narrateur, de celui qui colporte le conte, et voilà la confirmation imprévue d'une vérité fort heureusement exprimée par La Bruyère dans les Caractères. L'homme, dit le moraliste, « est né menteur », il veut « du spécieux et de l'ornement ; l'homme n'aime que son propre ouvrage, la fiction et la fable. Voyez le peuple, il controuve, il augmente, il charge par grossièreté et par sottise ; demandez même au plus honnête homme

première fois en 1846 dans la revue anglaise l'*Athenæum*. Il désigne la science historique qui a pour but d'analyser et de comparer les traditions, contes, chants, proverbes, maximes des divers peuples.

La principale société de folkloristes français, la *Société des traditions populaires*, se réunit tous les mois à un dîner : le dîner de ma mère l'Oye. Elle publie une revue mensuelle, la *Revue des traditions populaires*, et un annuaire. Sans compter les publications isolées, de savants travaux sur les littératures populaires des folkloristes français, publiés à Paris par les éditeurs J. Maisonneuve et E. Leroux, forment deux collections qui comprennent plus de cinquante volumes.

On peut citer plusieurs revues étrangères consacrées au Folk-lore : en Angleterre, *The folk-lore journal* ; en Espagne, *El folk-lore* ; en Italie, *Archivio por lo studio delle tradizioni populari*, etc...

s'il est toujours vrai dans ses discours, s'il ne se surprend pas quelquefois dans des déguisements où engagent nécessairement la vanité et la légèreté, si pour faire un meilleur conte, il ne lui échappe pas souvent d'ajouter à un fait qu'il récite une circonstance qui y manque ? Une chose arrive aujourd'hui et presque sous nos yeux, cent personnes qui l'ont vue la racontent en cent façons différentes ; celui-ci, s'il est écouté, la dira encore d'une manière qui n'a pas été dite... (1) »

Cependant, il y a dans le conte populaire, surtout lorsqu'il est merveilleux et féerique, un caractère nettement marqué. L'imagination orientale, si riche en ingénieuses inventions, si fertile en fictions gracieuses, y a laissé des traces profondes. Les contes populaires les plus remarquables, les plus significatifs, qui accomplissent des migrations lointaines depuis l'antiquité la plus reculée, viennent de l'Orient. L'Inde a mis au jour, dès les premiers siècles de l'histoire de l'humanité, des récits tout remplis d'enchantements et de magie, que nous avons acclimatés plus ou moins heureusement en Occident, mais sans y ajouter rien d'essentiel. Tous les trucs de magie dont se sont servis Perrault, Mme d'Aulnoy, Mme Leprince de Beaumont, ont été déjà mis en œuvre dans les contes indous. Un érudit de talent, M. Gaston Pâris, va jusqu'à dire : « Par un phénomène que la science, non sans surprise, constate mieux tous les jours, il semble que

---

(1) Chapitre des Esprits forts.

l'imagination moderne et occidentale, même dans les esprits les plus brillants, soit incapable d'inventer un conte égal à ceux qui, créés pour la plupart en Asie il y a de longs siècles, se sont de là propagés dans nos contrées et forment encore le fonds presque unique de notre patrimoine de fictions. En pénétrant dans des milieux bien différents de celui où ils étaient nés, les contes orientaux ont subi naturellement certaines transformations qui les ont quelquefois améliorés, et gâtés beaucoup plus souvent, mais elles ne sont pas assez grandes pour que la critique, en rapprochant avec art toutes les variantes qu'elle recueille, n'arrive presque toujours à ramener les formes occidentales à leur origine asiatique, et ne puisse suivre les étapes de ces récits voyageurs à travers les siècles et les nations » (1).

Grâce au conte populaire, on saisit le fil qui unit la pensée moderne à la pensée antique et on remonte au point de départ des fictions. L'étude du conte populaire, qui peut sembler futile au premier abord, conduit tout droit à la preuve de l'unité originelle de la grande famille humaine (2). Le plateau central de

____

(1) *La Poésie au moyen âge*, par Gaston Paris, p. 153. Un vol. in-18, Paris, 1885.

(2) Un folkloriste, M. Paul Sébillot, soutient pourtant une autre opinion. Il prétend que les contes, dont les thèmes principaux peuvent être réduits à un nombre relativement restreint, « ne doivent pas tous leur origine à un peuple quelconque, mais qu'ils ont pu être inventés séparément par chaque groupe. A un même état de développement, les mêmes spectacles, les mêmes besoins d'explication ont pu amener l'imagination des

l'Asie, désigné par la Bible comme le berceau de l'humanité, se trouve aussi le berceau d'où sont sortis tous les contes populaires qui ont eu dans le monde une si remarquable vitalité. Nous avons reçu en héritage les fictions orientales, de même que nous avons reçu en héritage des Aryens nos ancêtres les qualités de la race.

L'érudition avide de tout scruter, a cherché dans les débris de cet héritage intellectuel des générations primitives l'empreinte des premières formes de la pensée, des premières tendances de l'esprit humain. Sous les frêles enveloppes de la fiction, elle a voulu retrouver un sens caché, une signification qui y aurait été enfermée parfois à l'origine d'une manière presque inconsciente. Le conte populaire ne serait donc plus, comme on est tenté de le penser, un simple récit anecdotique, la production d'une imagination qui s'amuse, mais bien plutôt une sorte d'émanation de l'esprit symbolique et religieux ; il aurait servi à ex-

noirs et des jaunes, des blancs et des rouges à des conceptions semblables ; leur similitude n'est pas plus concluante en faveur d'une origine commune ou d'une imitation, que les pointes des flèches des Néo-Zélandais en faveur d'une parité d'origine entre eux et nos ancêtres qui se servaient, séparés par des temps et des espaces immenses, d'instruments analogues. »
Il s'en faut de beaucoup que l'argument de M. Sébillot soit décisif. Il est tout naturel qu'une flèche ressemble à une autre flèche, mais il ne paraît pas possible de supposer que deux peuples, dont l'imagination est soumise à des influences de milieux, de mœurs absolument différentes, inventent des fictions semblables.

‑primer sous une forme sensible des idées philosophi‑
‑ques et religieuses, des mythes plus ou moins mysté‑
‑rieux.

Il n'y a rien là que de fort plausible. L'homme des
‑premiers âges, en présence des grands phénomènes
de la nature, a été naturellement amené à se repré‑
‑senter ces forces comme des êtres bienfaisants ou
‑malfaisants. « Parmi les causes qui transforment en
mythes les faits d'expérience journalière, a dit un
ethnographe anglais, il faut placer d'abord et avant
tout la croyance à l'animation de la nature entière,
laquelle, à un plus haut degré, arrive à la personnifi‑
cation. Reconnaître dans les moindres événements de
ce monde le résultat de l'action d'un être vivant et de
sa volonté, est un fait étroitement lié à ce phénomène,
où l'on ne saurait voir ni un accident ni une hypo‑
thèse gratuite... Pour les populations inférieures, le
soleil, les astres, les rivières, les vents, les nuages
deviennent des créatures animées douées d'une vie
analogue à celle de l'homme ou des bêtes, et accom‑
plissant leur rôle principal dans l'univers par le moyen
de membres, comme les animanx, ou d'instruments
artificiels, comme les hommes; mais ce qui est accessi‑
ble à la vue n'est que l'instrument dont on fait usage,
la matière apte à prendre une forme, tandis que der‑
rière se trouve une créature supérieure, bien qu'à demi‑
humaine, qui tient l'objet avec ses mains ou y souffle
avec son haleine » (1).

(1) *La Civilisation primitive*, par E. TYLOR, p. 326. Trad.
franç. Paris.

Ainsi, les Aryens nos ancêtres, entraînés par le goût poétique vers une sorte de panthéisme, ont personnifié dans leurs fictions le soleil, la lune, l'aurore, le crépuscule, les nuages, les ouragans..... De là ces mythes que l'on a nommés mythes solaires. Les contes populaires russes en renferment des exemples bien nets, et tels que les autres contes populaires de l'Europe occidentale n'en pourraient fournir de semblables. C'est que la Russie, très largement ouverte du côté de l'Orient, a reçu par voie d'importation directe et implanté chez elle les dogmes et les formules de la mythologie asiatique. Sans doute, l'influence du christianisme s'est fait sentir sur les croyances entachées de paganisme, mais pas assez pour faire disparaître des fragments de mythes qui sont restés épars dans les contes. Dans les uns, les personnages mis en scène sont le roi du temps ou le chef des dieux, les saisons, les mois ; dans d'autres c'est une sorcière, la Baba Yaga, personnification effrayante de l'ouragan, ou le géant Kotchéi, le génie de l'hiver. On s'accorde à voir dans Cendrillon, qui est un homme dans le conte russe, une image de la nature endormie pendant l'hiver, qui se réveille au printemps pour combattre les ténèbres et les frimas.

Vassilissa la belle, alors qu'elle se rend à la demeure de la vieille Baba Yaga, rencontre trois cavaliers : « Tout à coup un cavalier passe auprès d'elle en galopant ; il est blanc, ses habits sont blancs, son cheval est blanc et les harnais en sont blancs, le jour commence à poindre. Vassilissa va un peu plus loin ;

un second cavalier passe auprès d'elle en galopant ; il
est rouge, vêtu de rouge, monté sur un cheval rouge,
le soleil paraît. Vassilissa continue à marcher ; elle ne
parvient que le soir à la clairière ou s'élève la demeure
de Baba Yaga.... Tout à coup passe un autre cavalier.
Il est noir, ses vêtements sont noirs et noir est son
cheval. Il galope jusqu'à la porte de Baba Yaga et
disparaît comme s'il s'enfonçait sous terre, la nuit
tombe. »

Les trois cavaliers, blanc, rouge et noir, personni-
fient l'aurore, le jour, et la nuit. Le conteur de Vassilissa la belle prend soin de l'indiquer clairement, mais
c'est là une exception. Généralement l'interprétation
des mythes est fort douteuse, en dépit de l'ingéniosité
des commentateurs. Bacon en fait très justement la
remarque dans sa préface de la *Sagesse des anciens.*
« Je n'ignore pas, dit le philosophe, jusqu'à quel
point une fiction est chose malléable et inconstante et
comme il est aisé, avec les ressources de l'imagination
et du discours, de trouver des analogies ayant une
apparence de vérité, et d'attacher à ces inventions des
idées que l'auteur n'a jamais eues. »

Aussi bien nous ne suivrons pas les savants inter-
prètes des contes slaves sur le terrain de l'érudition ;
nous n'essayerons pas de pénétrer le secret des mythes, mais seulement de donner des analyses des principaux contes, sans éviter les longues citations qui
sont nécessaires pour faire goûter l'originalité, la va-
riété, les agréments des récits naïfs.

CHAPITRE II

Le conte populaire, création poétique de l'imagination et de la fantaisie du paysan slave, est un miroir où viennent se refléter l'image de ses mœurs et de ses sentiments. Il revêt d'une forme sensible les superstitions, les terreurs, les chagrins de l'homme, et il encadre le tout dans un milieu en rapport avec les contrées où il a pris naissance. Ainsi, le conte slave est moins riant, moins gai que le conte français ; ses héros fréquentent les landes, les forêts profondes et noires, les bords des étangs sauvages, les plaines glacées ou couvertes de neige, les ténébreuses retraites du monde souterrain.

Il s'en dégage des idées générales qu'il est aisé de mettre en lumière.

Le paysan slave mène une vie dure, pénible, aux prises avec des difficultés de toute nature ; il a souffert

jadis dès invasions des Tatars, il a dû supporter le joug
de maîtres auxquels il était despotiquement asservi,
il lui faut subir les rigueurs d'un climat terrible. Aussi,
dans les contes, la force, la violence, le mal, paraissent
sans cesse sous le masque d'êtres monstreux, diffor-
mes ; on doit toujours redouter leurs coups ; on ne
peut les vaincre qu'en les attaquant avec une persévérance, un courage héroïque, et le secours des sortilèges et des talismans. La lutte des deux principes
contraires qui se disputent l'empire du monde, le Bien
et le Mal, est souvent figurée dans des récits merveilleux, capables d'émouvoir au plus haut degré des
imaginations d'enfants, des âmes simples de gens du
peuple.

Parmi les êtres malfaisants avec lesquels nous allons
faire connaissance, il en est deux qu'il faut mettre au
premier rang ; ils ont une physionomie véritablement
typique : c'est Baba Yaga la sorcière, et Kotchéi le
magicien.

Yaga est une vieille femme aux cheveux blancs,
d'un aspect hideux, toute rabougrie, la figure couverte de rides et de taches. Une de ses jambes est
ossifiée, et à cause de cette infirmité, elle s'appuie
pour marcher sur d'immenses béquilles de fer. Pour
se promener ou pour voyager, elle s'asseoit dans une
auge de bois de chêne, une sorte de mortier qu'elle
met en mouvement au moyen d'un pilon, prenant
soin, d'effacer avec un balai, chemin faisant, toute
trace de son passage. Elle habite des lieux écartés.
Les abords de sa demeure sont effrayants. L'enceinte

qui l'entoure est faite d'ossements humains. Sur les
pieux dont elle est formée, sont fixés des crânes avec
leurs yeux ; les montants des portes sont des jambes
d'hommes, les verrous sont des bras, la serrure est
une bouche armée de dents aiguës. Personne n'ose
approcher, car Baba Yaga « mange les gens comme
des poulets ». Aussi bien, Vassilissa la belle, qui est
un objet de jalousie pour ses sœurs et est détestée
par sa belle-mère, reçoit-elle l'ordre de se rendre chez
Baba Yaga, lui demander de la lumière. Lorsque la
jeune fille s'approche de la demeure de la sorcière, les
crânes fixés sur l'enceinte commencent à jeter des
flammes, si bien que toute la clairière environnante
est illuminée comme à midi. Bientôt la forêt retentit
d'un terrible mugissement, les arbres craquent, les
feuilles sèches frémissent (1). Baba Yaga approche,
elle rentre chez elle, et reniflant l'air, elle s'écrie :
« Pouah ! pouah ! je sens la chair russe ici ! Qui
est-ce qui est ici ? » — Vassilissa s'approche terrifiée :
« C'est moi grand'mère ; mes belles-sœurs m'ont
envoyé vous demander de la lumière. — Très bien, dit
Baba Yaga, je le sais ; si tu t'arrêtes chez moi quelque temps et si tu travailles pour moi, je te donnerai de la lumière, mais si tu ne le fais pas, je te
mangerai. »

(1) « Sans beaucoup de hardiesse on peut voir dans la Baba
Yaga, dit M. Louis Léger, la personnification du vent impé-
tueux qui sévit dans les plaines immenses, efface avec son
souffle la trace des pas humains, et s'arrête comme épuisé à la
lisière des grands bois dont il ne peut entamer les profondeurs. »

La vieille sorcière est terriblement exigeante ; mais Vassilissa suffit à tout, grâce au secours d'une petite poupée, qui est une véritable fée et que sa mère lui avait confiée en mourant. La poupée fait son ouvrage sans se laisser voir. La sorcière est tout étonnée : « Comment as-tu pu faire l'ouvrage que je t'ai donné? dit-elle à Vassilissa.

— La bénédiction de ma mère est venue à mon secours, réplique la jeune fille.

— Eh! eh! qu'est-ce que cela? Sors de ma maison, fille bénie, je n'aime pas les gens bénis. »

Baba Yaga, en sa qualité de méchante sorcière, ne pouvait parler autrement ; elle épargne pourtant Vassilissa qui a trouvé grâce devant ses yeux ; elle la jette seulement à la porte de sa chambre, prend un des crânes aux yeux brillants fixé sur l'enceinte de sa demeure, l'enfonce sur un bâton, et le lui remet en lui disant : « Tiens-le bien, c'est une lumière que tu peux porter à tes belles-sœurs ; c'est ce qu'elles t'ont envoyé chercher, je crois. »

Vassilissa retourna à la maison de ses sœurs. Elles n'ont plus besoin de lumière, pensa-t-elle, et elle fut sur le point de jeter le crâne, quand tout à coup une voix caverneuse en sortit : « Ne me rejette pas, porte-moi à ta belle-mère. » Pour la première fois de sa vie, elle fut cordialement reçue par sa belle-mère et ses belles-sœurs ; depuis son départ, elles n'avaient pu allumer de lumière par aucun moyen.

« Peut-être ta lumière se conservera-t-elle? » dit la belle-mère à Vassilissa. Alors elles apportèrent le crâne dans la pièce où elles se tenaient, mais les yeux du crâne dardèrent de telles flammes que la belle-mère et ses filles en furent éblouies ; elles voulurent se cacher, mais partout où elle couraient, partout les regards les poursuivaient et les brûlaient, si bien que le lendemain elles étaient réduites en cendres. Vassilissa ne s'en trouva pas plus mal, et, en fin de compte, Baba Yaga contribua à faire triompher la vertu et à punir la méchanceté.

Son rôle n'est pas toujours aussi inoffensif.

Dans d'autres contes, nous dit-on, Baba Yaga habite des contrées lointaines, bien loin, bien loin, « par delà trois fois neuf pays, dans le trentième royaume sur l'autre bord d'une rivière », ou sur la lisière d'une sombre forêt, dans une cabane disposée d'une façon très originale. Elle est perchée sur « des pattes de coq ». La porte s'ouvre sur la forêt. Le visiteur, pour y entrer, n'a qu'à prononcer des paroles magiques :

« Cabane, cabane, ébranle-toi sur les pattes qui te soutiennent, tourne ton dos vers la forêt et ta porte vers moi ! »

Et c'est chose faite, la cabane pivote immédiatement du côté voulu, et Baba Yaga paraît. C'est au visiteur à prendre garde, car elle est ogresse et se nourrit volontiers de chair humaine. Malgré tout, il y a des voyageurs assez hardis pour oser s'aventurer sous son toit.

Baba Yaga a douze filles également belles et richement dotées. Niezguinek, l'Impérissable, et ses onze

frères se sont mis en tête de les épouser. Ils se rendent
chez Yaga qui les accueille fort bien ; leurs chevaux
conduits à l'écurie, elle les régale d'un bon souper, leur
sert du vin et de l'hydromel. Elle fait ensuite placer
dans la grande salle douze lits à la file pour ses hôtes
du côté droit et elle range les lits de ses filles du côté
gauche. Tous s'endorment d'un profond sommeil à
l'exception de Niezguinek. (Son cheval, doué de
raison et qui avait la parole, l'avait averti du danger).
Il se lève donc doucement et change de place les
vingt-quatre lits de manière que ses frères se trouvent à gauche et les filles de Yaga à droite (1). A
minuit, la vieille sorcière qui s'était retirée dans son
alcôve, s'écrie d'une voix rauque :

« Guzla jouez ! Glaive coupez ! »

On entend alors une musique délicieuse, tandis que
la vieille se met à sautiller assise dans son auge de
chêne. Au même instant, un glaive affilé descend de
lui-même et tranche une à une les têtes des douze
jeunes filles. Après quoi, il se met à danser dans la
salle en résonnant et en flamboyant.

Au premier chant du coq, la guzla cesse de jouer
et le glaive disparaît. Tout rentre dans le silence.
Niezguinek éveille alors ses frères, et ils se sauvent à
cheval au plus vite. La vieille Yaga se lève au bruit,
court à la salle, où elle ne trouve que les cadavres de
ses filles. A cette vue, elle grince des dents, aboie

(1) Le Petit Poucet de Perrault agit d'une façon analogue
pour soustraire ses frères à la cruauté de l'ogre.

comme une chienne, s'arrache une poignée de cheveux, puis, assise dans son auge comme dans un char, elle se met à la poursuite des fugitifs.

Mais Niezguinek n'est jamais pris au dépourvu ; son cheval-fée lui a fait cadeau de talismans pour se défendre de Baba Yaga. Elle était sur le point d'atteindre nos voyageurs, quand Niezguinek déroule l'écharpe magique. Aussitôt une large rivière les sépare de la sorcière ; ne pouvant traverser les eaux, elle s'arrête sur le bord en hurlant et se met à les boire. Le lit de la rivière à sec, elle le traverse dans son auge ; elle allait atteindre les jeunes gens quand Niezguinek agite un mouchoir magique et met un lac entre eux et la magicienne. Nouvelle fureur de Yaga qui boit une partie du lac, change le reste en brouillard et reprend sa course. Niezguinek agite alors une brosse magique et aussitôt s'élève une épaisse forêt. Yaga est bien embarrassée cette fois, elle s'accroche partout dans les branches et dans les épines ; elle a beau frapper de droite et de gauche avec ses béquilles de fer et faire voler les arbres en éclats, elle ne peut rejoindre les fugitifs ; alors, de colère, elle lance sur eux des regards flamboyants qui allument un vaste incendie et elle renonce à les poursuivre. Niezguinek et ses frères remercient Dieu de les avoir sauvés et continuent leur route.

D'après ce récit, on voit que Baba Yaga, malgré ses appétits féroces et ses instincts sauvages, ne fait pas tout le mal qu'elle souhaite. La plupart du temps, ses sortilèges et ses habiletés tournent contre elle-même ; elle en est la première victime et c'est justice ;

elle est foncièrement méchante, elle n'a rien d'humain;
elle n'a pas les hésitations vertueuses, cette tendresse
d'âme de la bonne ogresse de Perrault dans le conte
du Petit Poucet.

Aussi Baba Yaga n'a que des ennemis, jusque dans
sa demeure ; les animaux qui sont à son service, les
choses même à son usage, profitent volontiers des
occasions de tirer vengeance des mauvaits traitements
qu'ils subissent.

Une jeune fille est envoyée, comme Vassilissa par
sa marâtre, chez Baba Yaga, demander une aiguille
et du fil. La vieille mégère la retient et lui impose
une rude besogne. Par bonheur, avec des cadeaux la
jeune fille se fait des amis de la servante et du chat.
Elle en reçoit un essuie-main magique et un peigne
qui se changeront à son gré en rivière et en forêt
épaisse. Il ne lui reste plus qu'à s'enfuir ; elle jette des
petits pains aux chiens de la vieille qui voulaient la
mordre, elle verse de l'huile dans les gonds de la
porte qui refusaient de la laisser passer ; elle noue un
ruban autour d'un bouleau qui lui aurait crevé les
yeux avec ses branches et la voilà partie.

C'est alors que commence une petite scène qui
mérite d'autant mieux d'être notée, qu'elle a le caractère comique assez rare dans le conte slave.

Le chat va s'asseoir à la place de la jeune fille,
tourne son rouet et file tout ce qu'il trouve sous sa
patte.

Baba Yaga vient demander du dehors :

« Files-tu ma nièce, files-tu ma chère ?

— Je file chère tante, je file, répond le chat en rechignant. »

Baba Yaga se précipite dans la cabane et s'aperçoit que la jeune fille s'est sauvée. Elle se met à battre le chat qui n'a pas su lui arracher les yeux.

— Il y a longtemps que je vous sers, dit le chat; vous ne m'avez donné que des os à ronger, et elle, elle m'a donné du lard. »

Baba Yaga en colère s'apprête à battre les chiens, la porte, le bouleau, la servante.

« Depuis longtemps, répondent les chiens, nous vous servons; vous ne nous jetez que des croûtes brûlées, et elle nous a donné des petits pains à manger.

« Depuis longemps nous vous servons, disent les portes, vous n'avez même pas mis une goutte d'eau sur nos gonds, et elle y a versé de l'huile.

— Depuis longtemps je vous sers, dit le bouleau; vous n'avez pas même attaché mes branches avec un simple fil, et elle m'a entouré d'un ruban.

— Depuis longtemps je vous sers, reprend enfin la servante, vous ne m'avez jamais donné une guenille, et elle m'a donné un mouchoir. »

Baba Yaga se précipite dans son mortier sur les traces de la fugitive, mais comme toujours les talismans opèrent et rendent ses efforts impuissants.

L'imagination populaire a représenté encore Baba Yaga comme une sorte de vampire qui fait périr les jeunes filles en « suçant leur respiration », mais avant qu'elle ait accompli son œuvre criminelle, on la voit cruellement punie ; cette fois, elle est étranglée par les amis de la jeune fille, qui ont réussi à lui tendre un piège et à la surprendre.

De même que Baba Yaga, Kotchéi l'Immortel paraît dans un bon nombre de contes slaves. Il y revêt des formes diverses : serpent ou homme, serpent et homme à la fois, ou vieillard repoussant avec une tête énorme et des yeux verts, d'autant plus redoutable qu'avec des armes ordinaires on ne peut lui arracher la vie. C'est un dangereux ravisseur qui sait tous les secrets de la sorcellerie.

Dans le conte du prince Inespéré, il use d'un singulier moyen pour atteindre son but. Un roi est allé boire à une fontaine; sa soif apaisé, il se sent retenu par la barbe.

« Qui est là ? » s'écrie-t-il avec colère.

Et Kotchéi de répondre : « C'est moi, le roi souterrain, Kotchéi l'Immortel. Je ne te lâcherai pas avant que tu ne me fasses cadeau de ce que tu as laissé dans ta maison sans le savoir, et que tu n'espères pas trouver à ton retour. »

Le roi accéda à la demande de Kotchéi, sans y attacher grande importance; il ne pouvait d'ailleurs agir autrement. Aussi quel fut son chagrin quand en rentrant dans sa capitale, il aperçut la reine qui venait à sa rencontre en portant dans ses bras un fils qui était né pendant son absence. « Voilà l'objet, se dit-il, que j'ignorais avant mon départ et que je trouve sans l'avoir espéré. » Et il se mit à gémir sans vouloir avouer la cause de son chagrin.

Le prince avait grandi, quand un jour, égaré dans une forêt, il voit paraître un vieillard monstrueux aux yeux verts, qui le prie de rappeler au roi, son père, qu'il doit accomplir ses promesses d'autrefois.

Dans ce temps-là, les rois savaient tenir parole, même aux monstres. Le prince, fort courageux, informé de la signification des paroles du vieillard, quitta ses parents avec le ferme espoir de reprendre sa liberté à Kotchéi. Le roi lui donna une armure d'acier, un sabre et une cuirasse ; la reine suspendit à son cou une croix d'or pur. Quelques jours plus tard, le prince arrive sur le bord de la mer, et aperçoit sur le sable douze vêtements de jeunes filles. Ne voyant personne, il prend un de ces vêtements et se cache dans les roseaux, curieux de pénétrer le mystère. Une bande d'oies aborde bientôt le rivage ; onze d'entre elles s'habillent dans les vêtements laissés à terre, frappent du pied, deviennent de belles jeunes filles et disparaissent. La douzième s'approche à son tour du bord, regarde de tous côtés, et, apercevant le fils du roi, avec une voix humaine elle lui réclame ses vêtements. Il les lui donne ; elle se transforme aussitôt en une jeune fille d'une incomparable beauté et tend la main au prince en rougissant et en baissant les yeux.

« Je te remercie, noble prince, lui dit-elle, d'avoir exaucé ma prière. Je suis la fille cadette de Kotchéi, l'Immortel ; nous sommes douze sœurs. Mon père règne dans l'empire souterrain, et il t'attend depuis longtemps ; il en est fort en colère ; ne t'afflige pas cependant, et ne crains rien si tu veux faire ce que je te dirai. Dès que tu seras en présence du roi Kotchéi, tombe aussitôt à ses genoux, et sans t'inquiéter de ses cris et de ses menaces, avance hardiment vers lui. »

Le prince Inespéré, galant cavalier, avait produit une vive impression sur la jeune princesse, et on peut croire que déjà l'amour se mettait de la partie.

Inespéré descend à la suite de la princesse dans l'empire souterrain de Kotchéi. Arrivé dans la grande salle du palais, il aperçoit le monstre assis sur un trône d'or, couronné d'un diadème étincelant ; ses yeux brillent d'un éclat glauque, ses mains sont des pinces d'écrevisse ; il pousse d'épouvantables cris. Inespéré s'approche pourtant de son trône, en se traînant sur les genoux.

Kotchéi ne peut s'empêcher de rire et remet au lendemain l'accomplissement des prouesses qu'il exige d'Inespéré.

C'est la manière d'agir de tous ces monstres, de Kotchéi aussi bien que de Baba Yaga : imposer des épreuves presque impossibles à leurs victimes.

Le lendemain, Kotchéi appelle Inespéré auprès de lui :

« Voyons, Prince, ce que tu sais faire. La nuit prochaine, tu vas me bâtir un palais de marbre ; les fenêtres seront en cristal, le toit en or ; il y aura tout autour un parc magnifique, et dans le parc, des étangs et des fontaines. Si tu le bâtis, tu seras mon ami, sinon, je te ferai trancher la tête. »

Ce singulier discours était peu rassurant. Le prince retourna donc dans ses appartements en pensant à la mort qui l'attendait. Comment y échapper ? Il était plongé dans ses tristes réflexions, quand tout à coup une abeille frappa à la fenêtre, en disant : « Laisse-moi entrer. » La fenêtre était à peine ouverte, déjà le prince avait devant lui une ravissante princesse, la plus jeune fille de Kotchéi.

« Ne crains rien, lui dit-elle, demain matin, quand tu te lèveras, le palais sera terminé. »

Ainsi fut fait. Le lendemain, Inespéré, en sortant de sa chambre, vit devant lui le merveilleux palais.

Kotchéi ne pouvait en croire ses yeux, et, sans plus tarder, il propose au prince une nouvelle épreuve fort joliment imaginée.

« Eh bien, tu as gagné cette fois ! mais maintenant, voici un autre travail ; demain, je ferai venir mes douze filles devant toi ; tu devineras quelle est la plus jeune, sinon ta tête tombera sous la hache. »

« Comment ! je ne reconnaîtrais pas la plus jeune des douze filles ? se dit le prince une fois rentré dans son appartement, belle difficulté !..

— Si grande, que si je ne te viens pas en aide, tu ne réussiras point à me reconnaître, dit l'abeille qui venait d'entrer dans la chambre. Nous nous ressemblons si parfaitement, que notre père lui-même, ne nous reconnaît qu'à notre costume.

— Et que faire ? reprit le prince.

— Ecoute, la plus jeune de nous toutes aura sur le sourcil droit une bête à bon Dieu. Fais attention et au revoir. »

Le lendemain, Kotchéi appelle le prince Inespéré

devant ses filles habillées toutes de la même manière.
Le prince ne peut noter aucune différence entre elles ;
à deux fois, il les regarde sans voir le signe convenu ;
enfin, il aperçoit la bête à bon Dieu.

« Voici la plus jeune. » s'écrie-t-il.

Kotchéi est furieux, et se doute qu'il y a quelque
sortilège mis en jeu ; aussi, il veut soumettre Inespéré
à une nouvelle épreuve plus étrange encore que les
deux premières.

« J'allumerai un brin de paille, dit Kotchéi, et avant
qu'il soit brûlé, tu feras une paire de bottes, sinon tu
mourras. »

Le prince inquiet regagna son appartement ; il y
trouva l'abeille, son amie :

« Pourquoi donc as-tu l'air si soucieux, mon beau
prince?

— Comment n'aurais-je pas l'air soucieux, reprit
Inespéré, ton père veut que je lui fasse une paire de
bottes! Me prend-il pour un cordonnier ?

— Que comptes-tu faire ?

— Pas des bottes, à coup sûr ; mais je n'ai pas peur
de la mort, on ne meurt qu'une fois.

— Mon prince, tu ne mourras pas ; je vais tâcher de
te sauver ; ou nous fuirons ensemble, ou nous mour-
rons ensemble. »

A ces mots, elle se mit à cracher à terre, sortit de
la chambre, la ferma à clef et jeta la clef au loin. Puis
les deux jeunes gens prirent la fuite et quittèrent le
monde souterrain. Le cheval du prince était resté à
brouter sur le rivage de la mer où ils s'étaient d'abord

rencontrés. Inespéré sauta en selle, prit en croupe la princesse, fille de Kotchéi, et ils partirent le plus rapidement possible.

Kotchéi ne voyant pas venir le prince, comme c'était convenu, envoya des serviteurs à sa recherche. La porte des appartements était fermée, mais une voix répond de l'intérieur : « Un instant. » C'était le crachat magique qui imitait la voix du prince. Kotchéi attendait ; le prince ne venait pas. La voix répond encore aux messagers du roi : « Un instant. » « Est-ce qu'il se moque de moi ? » s'écrie Kotchéi furieux. Il donne l'ordre d'enfoncer la porte. Personne dans la chambre et le crachat éclate de rire ! Kotchéi envoie de suite des gens à la poursuite des fugitifs ; mais ils entendent les cavaliers qui approchent ; la princesse se change aussitôt en rivière, elle change le prince en pont et le cheval en corbeau ; les cavaliers envoyés ne découvrent pas de traces des fugitifs et retournent chez le roi. « Le pont et la rivière, leur dit-il, c'étaient eux ; comment n'y avez-vous pas pensé ? Repartez. » Et ils repartent. Ils n'ont pas plus de succès que la première fois ; les fugitifs se sont transformés en une sombre forêt où les sentiers s'entrelacent à plaisir. Les messagers reviennent de nouveau bredouille.

« Un cheval ! un cheval ! s'écrie encore le roi souterrain, je vais courir après eux, ils ne m'échapperont pas. »

Les fugitifs entendent le galop du cheval.

« Cette fois, dit la princesse, c'est Kotchéi lui-même. Mais la première église marque la limite de son empire et il ne peut la franchir. Donne-moi ta croix d'or. »

Le prince détache la croix de son cou ; elle est changée en une église, lui-même en prêtre et le cheval en clocher.

Kotchéi arrivait au moment même :

« N'as-tu pas vu, moine, des voyageurs à cheval ?

— Oui, le prince Inespéré et la fille du roi Kotchéi ont passé tout à l'heure. Ils sont entrés dans l'église, ont fait une prière ; ils ont demandé une messe pour ta santé et m'ont chargé de te saluer si tu venais ici. »

Kotchéi fut donc réduit à revenir bredouille à son palais.

L'histoire du prince Inespéré (1) renferme comme on voit, toutes les invraisemblances qu'un conteur populaire peut accumuler dans un récit ; il n'est pas possible de mêler plus naïvement le merveilleux païen et le merveilleux chrétien. Kotchéi a beau être une sorte de roi des enfers païens, sa fille aime et épouse un prince qui a tout l'air d'être bon chrétien.

Kotchéi est un personnage plus compliqué, dans la littérature populaire des Slaves, que le ferait supposer le seul conte du prince Inespéré. Il joue, en général, un rôle de Protée ; il est nommé Kotchéi l'Immortel et il finit toujours par succomber. Les efforts de sa magie sont impuissants contre la magie de ses adversaires. Comme la Baba Yaga, il est une personni-

(1) Dans le *Recueil des contes populaires slaves*, M. Louis LÉGER a donné une excellente traduction de ce conte d'après le texte original.

fication du Mal qui ne peut empêcher la victoire défi-
nive du Bien.

Ainsi la princesse Marie Morewna a réussi — on ne
sait comment, car le conte est muet sur ce point intéressant — à mettre Kotchéi en captivité. Elle part pour
la guerre et contrairement à l'usage, elle se met à la
tête des armées en laissant au prince Ivan, son époux,
le soin de diriger les affaires intérieures du royaume.
Les instructions qu'elle lui donne rappellent les recommandations de Barbe-Bleue à sa femme dans le
conte de Perrault.

« Tu peux aller partout, tu peux tout examiner,
dit-elle à Ivan ; seulement ne t'aventure pas à regarder dans le cabinet secret. »

Mais à peine Marie Morewna est-elle partie que
Ivan poussé par la curiosité va regarder dans le cabinet défendu.

Là, Kotchéi l'Immortel est lié avec douze chaînes.
Voyant le prince Ivan, il prend l'attitude d'un suppliant :

« Ayez pitié de moi et donnez-moi à boire. Depuis
dix ans, je suis au supplice, sans boire ni manger, ma
gorge est toute sèche ! »

Le prince lui donne un baquet d'eau ; Kotchéi
l'avale et en demande un second, puis un troisième.
Mais quand il a englouti le troisième, il recouvre sa
force première, secoue ses chaînes et les brise d'un
seul coup.

« Merci, prince Ivan, s'écrie Kotchéi l'Immortel iro-
niquement. Tes yeux verront plutôt tes oreilles qu'ils

ne verront Maria Morewna. » Et aussitôt il s'enfuit par la fenêtre sous la forme d'un tourbillon terrible; il surprend la belle princesse Morewna et l'emporte (1).

Le prince Ivan pleure toutes les larmes de son corps, et averti du malheur qui lui arrive, il se promet d'arracher Maria Morewna à son ravisseur.

Après de longues recherches il la retrouve. Kotchéi est à la chasse, le prince en profite pour s'enfuir avec son épouse ; mais Kotchéi le rattrape bientôt :

« Cette fois je te pardonne en récompense de ta bonté quand tu m'as donné de l'eau à boire ; je te pardonnerai encore une fois, mais à la troisième, prends garde, je te couperai en morceaux. »

Ces menaces n'effrayèrent pourtant pas le prince Ivan ; il revint à la charge, et toujours sans succès. Kotchéi se saisit de sa personne et comme il l'avait dit, coupa Ivan en petits morceaux, et mit ces morceaux dans un baril enduit de poix et lié avec des cercles de fer. Le baril fut jeté à la mer.

Le conte est fini ?... Non point. Il est entendu que Kotchéi ne restera pas vainqueur. Ivan ressuscite grâce au secours de ses beaux-frères et de plusieurs oiseaux merveilleux, se procure un coursier qui, dans une lutte avec Kotchéi, brise d'une ruade le crâne du monstre.

L'imagination des conteurs populaires s'est plu à trouver une mort plus curieuse encore pour Kotchéi.

(1) Dans une autre version du même conte (Xavier MARMIER, *Revue britannique*, sept. 1878), Kotchéi, sous le nom de Chalek, agit de même avec son bienfaiteur.

Dans un autre conte (1), le prince Ivan est acharné à la poursuite de Kotchéi qui a enlevé sa mère ; il réussit à pénétrer dans son palais, mais le monstre arrive, et la mère a tout juste le temps de cacher son fils.

« Hum ! hum ! s'écrie-t-il, un Russe n'a pas coutume d'entendre avec les oreilles d'un autre, ni de voir avec les yeux d'un autre ; pourtant un Russe est entré dans cette maison. Qui était avec vous ? N'était-ce pas votre fils ?

— Que contez-vous là ? Dieu vous bénisse. Vous avez traversé la Russie et vos narines ont conservé de l'air russe, c'est ce qui vous fait croire qu'il y en a ici, répond la mère du prince Ivan. »

Puis s'approchant de Kotchéi, elle lui parle en termes affectueux et lui pose insidieusement la question :

« Où est votre mort Kotchéi ?

— Ma mort est au milieu de l'océan, dans l'île de la Vie éternelle. Là s'élève un chêne, et sous le chêne est une cassette. Dans la cassette est un lièvre, dans le lièvre est un canard, dans le canard est un œuf et dans l'œuf est ma mort. »

Le prince Ivan a tout entendu ; aussi, après avoir reçu la bénédiction de sa mère, il part à la recherche de la mort de Kotchéi. Il marchait depuis longtemps quand la faim se fait sentir. Soudain un jeune loup

(1) En outre du conte traduit par RALSTON dans *Russian Folk Tales*, on lira avec intérêt sur le même thème : *l'Esprit des Steppes* dans les *Contes des Paysans et des Pâtres slaves*, traduits par A. CHODZKO, et *Le Cœur caché*, conte scandinave, traduit par X. MARMIER (*Revue britannique*, novembre 1878).

paraît ; le prince est sur le point de le tuer lorsque la mère louve s'élançant d'un trou :

« Ne fais pas de mal à mon petit, lui dit-elle, je te rendrai service. »

Le prince Ivan laisse aller le jeune loup.

Il continue sa route. Il aperçoit une corneille ; il a chargé son fusil, il va la tuer, lorsqu'elle s'adresse à lui :

« Ne me fais pas de mal, je te récompenserai. » Le prince Ivan épargne la corneille.

Il arrive sur le rivage de la mer. Un jeune brochet saute tout à coup hors de l'eau et tombe sur la grève. C'était une proie facile, il s'en saisit et se dit à moitié mort de faim : « J'ai enfin quelque chose à manger. »

Aussitôt un gros brochet se présente à lui :

« Ne fais pas de mal à mon petit, prince Ivan, je te récompenserai. »

Et le prince laisse la vie sauve au petit brochet.

Il lui fallait traverser la mer pour parvenir à l'île de la Vie éternelle.

Le gros brochet connaissant le désir du prince se met à nager à la surface de la mer et lui offre son dos pour la traverser.

De la sorte Ivan atteint l'île de la Vie éternelle et arrive au pied du chêne où il trouvera la mort de Kotchéi. Il déterre aussitôt la cassette et l'ouvre. Un lièvre en sort précipitamment et s'enfuit.

Comment rattraper le lièvre ? Le prince en était fort inquiet quand le loup qu'il avait épargné le saisit et le lui apporta. Tout joyeux le prince ouvre les entrailles du lièvre. Le canard en sort tout à coup et s'envole à tire-d'aile.

Le prince fait feu, mais pas un grain de plomb n'atteint l'oiseau ; par bonheur la corneille et ses petits se jettent sur lui, l'attrapent et l'apportent au prince. Très satisfait, il s'empare de l'œuf, mais arrivé au bord de la mer, il a la malencontreuse idée de le laver. L'œuf lui échappe et tombe au fond de l'eau. On juge de son désespoir ! Tout à coup un bouillonnement se produit dans la mer ; c'est le brochet qui apporte l'œuf et offre en même temps son dos au prince pour regagner l'autre rive.

Ivan retourne chez sa mère, mais elle est obligée de le cacher par crainte de Kotchéi. Celui-ci, en entrant dans son palais, s'écrie encore :

« Hum ! Hum ! il y a ici comme une odeur de Russie.

— Que dites-vous là, Kotchéi ? Il n'y a personne avec moi, » reprend la mère du prince Ivan.

« Je ne suis pas bien », dit Kotchéi. Le prince Ivan commence à secouer l'œuf et Kotchéi se courbe en deux. Alors le prince sort de sa cachette en élevant l'œuf : « O Kotchéi l'Immortel, je tiens votre mort. »

Le monstre se sentant perdu tombe à genoux.

« Ne me tue pas, prince Ivan ! soyons amis et le monde entier sera à nos pieds. »

Le prince n'est pas touché de ces supplications, il n'ajoute pas foi aux belles paroles de l'astucieux magicien ; il a raison, car c'est folie de faire alliance avec des méchants, lorsqu'on a le pouvoir de s'en débarrasser ; aussi il brise l'œuf, et Kotchéi sur-le-champ rend le dernier soupir.

Quel est le sens caché du mythe de Kotchéi ? N'est-ce pas une énigme indéchiffrable ? Toutefois, quelque solution qu'on lui donne, la fiction du *cœur caché* est curieuse au plus haut degré sous sa forme fantaisiste et ingénieuse.

*
* *

Baba Yaga et Kotchéi, s'ils occupent une large place dans le conte slave, ne sont pas les seuls êtres effrayants auxquels il ait donné asile. Il s'y trouve bon nombre de sorciers et de magiciens d'aspects assez divers. S'il n'est pas aisé de les déterminer, tous sont plus ou moins monstrueux. Ce sont des géants, des ogres ; c'est le dragon, le roi des serpents, le roi des eaux, l'ouragan à tête de géant et à corps de dragon, l'oiseau géant.....

Parmi eux, il en est qui ressemblent par bien des côtés à Baba Yaga ou à Kotchéi. Ainsi Likho la Borgne est présentée par le conteur populaire comme une personnification de l'esprit du mal. Elle éprouve les mêmes malheurs que le cyclope Polyphème. Un forgeron, par surprise, crève son œil unique avec un grand clou rougi au feu, et échappe à sa colère, comme Ulysse, en se glissant au milieu de ses moutons après avoir tourné à l'envers une pelisse fourrée de laine.

Nommons encore un fort vilain personnage, le Nain qui se venge cruellement des dédains de la princesse Toutebelle qui lui a préféré le prince Toutbon. Il n'est pourtant pas un séduisant cavalier, ce petit être dif-

forme, haut de sept pouces qui porte une barbe longue de sept pieds et une énorme bosse sur le dos ; il
est magicien, il est vrai, et a une force extraordinaire ;
mais sa force réside dans sa barbe, comme celle de
Samson dans ses cheveux, et ce sera l'affaire du prince
Toutbon de s'emparer du glaive tranchant nécessaire
pour la couper.

Enchantement, sorcellerie, magie, voilà d'ailleurs la
trame de la plupart des contes populaires slaves. A
côté des monstres malfaisants, il existe des êtres fan-
tastiques ou même des objets, doués de vertus merveilleuses, destinés à fournir aide et assistance aux
héros pour l'accomplissement de leurs courageuses
entreprises. En première ligne, il faut mettre le coursier héroïque ; il ne ressemble à aucun autre ; ses
yeux lancent des étincelles, le feu jaillit de ses na-
seaux, de sa bouche sortent des tourbillons de vapeur
et de ses oreilles des nuées de fumée ; il a la science
du magicien, il connaît tous les monstres, est toujours
disposé à les combattre, et ce qui est préférable encore, à indiquer les moyens efficaces pour les vaincre ; il est étrangement docile, ou, pour mieux dire il
mène son cavalier précisément où il doit aller et par
le chemin le plus court ; léger comme le vent, il
franchit les espaces avec une rapidité inouïe ; ni les
montagnes ni les précipices ne l'arrêtent, il vole
plus haut que les plus hauts arbres, plus bas que les
nuées, mais d'un bond — nous dit le conteur populaire toutes les fois qu'il en parle — il peut s'élever
jusque dans les nuages ; et pour le faire venir de suite,

il suffit aux héros de prononcer l'invocation magique :

> Cheval merveilleux pommelé à crinière d'or,
> Viens à moi au plus tôt
> En volant comme un oiseau,
> Non sur la terre, mais en l'air !..

Un autre moyen de locomotion incomparable, c'est
le tapis volant sur lequel il suffit de s'asseoir pour être
porté « au-dessus des forêts et au-dessous des nuages »
le plus agréablement du monde. On met pied à terre
à l'endroit où l'on souhaite de se rendre. Le tapis
volant obéit aussi à l'invocation magique :

> Tapis qui prends l'essor de toi-même,
> Toi char aérien,
> Transporte-moi là où je désire !

Pour échapper aux poursuites d'un ennemi, en outre
des mouchoirs où des brosses qui se changent en
rivière, en lac, en forêt dès qu'on les agite, les héros
des contes slaves ont le bonnet magique qui rend celui
qui le coiffe aussitôt invisible à tous les yeux ; pour
lutter avec les monstres, ils se servent d'armes
enchantées. C'est un privilège qu'ils ont reçu sans
doute en héritage des héros ou des dieux des épopées
indiennes, dont les armes offensives ou défensives
étaient des divinités métamorphosées (1). Les armes
enchantées accomplissent le plus souvent d'elles-
mêmes des exploits prodigieux. Qui pourrait empêcher

(1) V. le *Ramayana*, chant xxxᵉ.

les massacres du glaive qui coupe seul, sans qu'on le tienne ; arrêter la massue qui frappe « sans l'aide des bras » et si vigoureusement, qu'elle écrase et disperse des armées entières ou fait périr un dragon sous ses coups ; échapper à la verge fouetteuse, au chapeau à six cornes qui fait feu de lui-même et atteint à l'instant le but qu'on lui désigne ? Quoi de plus commode, de plus pratique que la musette dont on fait sortir, dès qu'on en a besoin, une armée aussi nombreuse qu'on la souhaite ?...

Si les héros dans leurs luttes contre les monstres sont mortellement frappés, ils ont parfois l'heureuse fortune de pouvoir rétablir leur santé avec l'eau magique : l'eau de la mort a pour propriété spéciale de guérir toutes les blessures, même les corps coupés en morceaux, et l'eau de la vie rajeunit, ranime les cadavres, rend la vue aux aveugles, fait repousser des membres tranchés dans la bataille.

A tous ces trucs de la magie, il faut ajouter l'usage des talismans qui permettent à l'homme de se procurer sans peine une nourriture abondante ou de l'or au gré de ses désirs. Il suffit de se passer au doigt la bague aurifère en prononçant des paroles d'invocation, aussitôt une grêle de pièces d'or commence à tomber. On dit au mouton enchanté : « Mouton, secoue-toi », et des pièces d'or se détachent de sa laine. On étend la serviette magique sur une table en lui disant : « Serviette sers-moi, » soudain la table se couvre des vins les plus délicats et de mets exquis. On frappe trois coups de poing sur la table nourricière en disant :

« Cuisine impériale ! » on a devantsoi un festin royal,
avec une multitude de plats, des carafes remplies
d'hydromel, des verres pleins des vins les plus fins,
un service magnifique en or et en argent.

Nous ne saurions dresser une liste complète de
ces talismans ; mais en nommant encore le peloton
conducteur, le flacon qui rafraîchit, le bonnet qui
réchauffe, la pomme d'or qui rajeunit, le sac aux
châteaux, le brin d'herbe qui ouvre les rochers, la
montreenchantée qu'il suffit de frotter pour posséder
la chose à laquelle on pense, nous avons signalé les
principaux procédés magiques mis en œuvre dans les
contes populaires slaves. On retrouve ces mêmes
procédés dans les contes de fées qui ont amusé notre
enfance. Ainsi nous n'avons point grossi le trésor des
fictions merveilleuses que nous ont léguées les
conteurs orientaux.

CHAPITRE III

L'INFLUENCE DU CHRISTIANISME
SUR LE CONTE POPULAIRE

BON nombre de contes slaves ont un caractère particulier : ce sont les contes d'un peuple chrétien. Bien que des superstitions grossières soient les sujets des récits, il y est presque toujours question de Dieu, du diable, de la prière, du signe de croix. Nous sommes alors dans un monde où sont mises en jeu les inventions du merveilleux chrétien sous sa forme populaire, mais où Baba Yaga, Kotchéi, le Nain magicien, se trouveraient tout à fait dépaysés.

Les sorciers et sorcières ne sont plus ici des êtres surnaturels, mais des habitants du village qui passent pour être liés par des pactes avec les esprits infernaux et tenir des démons toute leur puissance. La croyance aux sorciers ou sorcières de cette espèce subsiste encore dans nos campagnes; le moujik russe, plus superstitieux que le paysan français, prête aussi volontiers aux sorciers des pouvoirs très étendus et s'imagine qu'ils sont fort nombreux. D'après une légende rapportée par Afanasief, dans un seul bourg du gouvernement de Tchernigof, on aurait pu compter autrefois plus de mille sorcières, si bien que Dieu aurait envoyé saint André détruire ce bourg si mal habité.

La sorcière, qui inspire une grande terreur aux populations russes, ne paraît pas être cependant, dans le conte populaire, un être invincible; l'homme courageux ou vraiment religieux peut réussir à se défendre de ses sortilèges. Le plus souvent, c'est un soldat qui sera le héros du conte, sans doute parce que le soldat, selon le paysan russe, est brave tout naturellement.

Dans le conte de la Jeune Sorcière, on raconte qu'un cosaque entrant pendant la nuit dans un village va demander l'hospitalité dans une chaumière.

« Entrez, lui dit-on, si vous ne craignez pas la mort. »

« Singulière réponse », pensait le cosaque, en conduisant son cheval à l'écurie.

Il pénètre dans la chaumière : hommes, femmes, enfants sanglottent en récitant des prières. Le cosaque ne peut cacher son étonnement.

« Nous nous lamentons, comme vous voyez, réplique le maître de la maison, parce que la mort vient chaque nuit dans notre village. Quand elle visite une chaumière, il ne reste plus, le lendemain, qu'à mettre dans des cercueils tous ceux qui l'habitaient et les porter au cimetière. Cette nuit, ce sera notre tour.

— Cessez de craindre, maître, dit le cosaque, sans la volonté de Dieu, un cochon même ne peut pas s'engraisser. »

Les habitants de la maison s'endorment un peu rassurés, tandis que le cosaque reste sur ses gardes sans fermer l'œil.

A minuit sonnant s'ouvre une fenêtre, à laquelle paraît une sorcière toute vêtue de blanc. Elle passe la main dans l'intérieur de la chaumière et s'apprête à asperger tout le monde avec un goupillon ; le cosaque fait aussitôt le moulinet avec son sabre et lui coupe le bras. La sorcière hurle, crie, jappe comme un chien et s'enfuit. Le cosaque ramasse le bras coupé, le cache sous son vêtement, lave les taches de sang, se couche et s'endort.

Le lendemain matin grande fut la joie de tous dans la maison de trouver chacun bien vivant et bien portant.

« Si vous voulez, dit le cosaque, je vous montrerai la mort. Parcourons le village à sa recherche. »

Les gardes et les gendarmes l'accompagnent de maison en maison ; ils ne trouvent rien d'abord ; ils arrivent enfin à la maison du fossoyeur.

« Toute votre famille est-elle présente ? demande le cosaque ?

— Non, une de mes filles est malade ; elle est couchée sur le poêle. »

Le cosaque regarde de ce côté et voit que l'un des bras de la jeune fille a été coupé ; il raconte alors ce qui s'est passé et tire de dessous son manteau le bras

coupé. La sorcière fut jetée à l'eau et le cosaque récompensé par la commune.

La Veillée de minuit est plus terrible encore. Un
autre soldat en est le héros. En arrivant dans sa ville
natale, il avait aperçu une jeune fille d'une remarquable beauté, et comme il passait auprès d'elle, il lui
avait dit en plaisantant : « Eh ! belle demoiselle, on
ne vous a pas encore imposé le harnais.

— Soldat, Dieu seul peut savoir qui me le mettra,
répliqua-t-elle. C'est peut-être moi qui vous l'impo-
serai, si ce n'est vous. »

Le soldat raconta la rencontre à son vieux grand-
père : « Eh ! mon fils, qu'as-tu fait ? Elle est la fille d'un
marchand, une véritable sorcière ; elle a envoyé plus
d'un beau jeune homme dans le monde des ténèbres. »

Et le grand-père lui annonçait sa mort pour le lendemain s'il ne voulait pas suivre ses conseils. « Mu-
nis-toi d'une bride, lui dit-il, prends un fort gourdin
de tremble et reste tranquillement chez toi. Ne fais
pas un pas dehors. Pendant la nuit la sorcière s'intro-
duira dans ta chambre et elle dira : « Reste tranquille
mon coursier. » Immédiatement tu seras changé en
cheval, elle sautera sur ton dos et te fera galoper jusqu'à ce qu'elle t'ait fait périr de fatigue à moins pourtant que tu aies réussi à crier avant qu'elle ne parle :
« Brr, reste tranquille, rosse. » Dans ce cas elle sera
changée en jument. Alors, bride-la et saute sur son
dos ; elle courra par monts et par vaux ; mais tiens-toi
bien, frappe-la sur la tête avec ton bâton de tremble
jusqu'à ce que tu l'aies mise à mort. »

Tout se passa comme l'avait expliqué le vieillard. C'était la jeune fille qui mourait le lendemain. Le marchand vint alors demander au soldat de venir chez lui lire les psaumes auprès du cadavre. Il s'y rendit. A chacune des veillées, à minuit sonnant, un grand vent s'élevait, le cercueil commençait à s'agiter, le couvercle se soulevait, la sorcière sautait au dehors allant de côté et d'autre, tandis que des essaims innombrables de mauvais esprits emplissaient la chambre; mais le soldat échappait à leurs maléfices en faisant le signe de la croix et en lisant jusqu'au jour des prières dans son psautier.

Voici un exemple de l'emploi du signe de la croix dans le conte populaire; mais il en est beaucoup d'autres : le pêcheur qui possède la bague aurifère ne manque pas de faire le signe de la croix en se mettant à table ou avant de se servir de son talisman; le paysan qui a été préservé des coups des brigands va s'agenouiller devant une croix, dans un champ, pour rendre grâces à Dieu; le prince Ivan se signe toutes les fois qu'il attaque le monstre Norka.

Entre les mains des croyants, la croix accomplit des prodiges. Il y en a un exemple remarquable dans le conte de La Croix en gage.

Un marchand russe, complètement ruiné, emprunte à un marchand tartare 5o mille roubles contre la remise d'une croix, le seul objet qui lui reste. Au bout de deux années, ses affaires sont en pleine prospérité. Un jour qu'il naviguait sur le Danube, il songe à s'acquitter de sa dette. Il prend simplement un baril, y introduit 5o mille roubles avec une note pour le Tartare et jette le baril à l'eau en disant : « Puisque j'ai donné la croix comme gage au Tartare, l'argent lui parviendra certainement. »

Le baril tomba au fond du fleuve; on supposa que l'argent était perdu. Qu'arriva-t-il ?

Le Tartare avait chez lui une cuisinière russe. Un jour qu'elle puisait de l'eau à la rivière, elle vit flotter un baril. Afin de le saisir, elle fit quelques pas dans l'eau, mais sans succès ; quand elle s'approchait du tonneau, il s'éloignait; quand elle reculait, il flottait vers le rivage. De retour à la maison, elle raconta à son maître ce qui lui était arrivé. D'abord il fut incrédule. Il se décida enfin à se rendre à la rivière. Le tonneau était à peu de distance du bord.

Le Tartare entre dans l'eau, mais à peine a-t-il fait quelques pas que le tonneau de lui-même flotte à sa rencontre. Il le saisit, l'apporte chez lui et l'ouvre. Le tonneau contenait beaucoup d'argent et un billet avec ces mots : « Cher ami, je te rends les 5o mille roubles que je t'ai empruntés en te donnant en gage la croix qui sauva le monde. »

Au bout de cinq années, le marchand russe, possesseur d'une belle fortune, se rendit chez le Tartare pour lui rendre l'argent emprunté, car il craignait que le baril se fût perdu. Le Tartare lui raconta alors comment il avait trouvé le baril dans la rivière et, émerveillé du prodige dont il avait été témoin, reçut le baptême avec toute sa famille. Le marchand russe fit célébrer un service afin de remercier Dieu.

Cette jolie légende est tout à fait chrétienne, et avec elle nous sommes loin des contes de fées et des monstres; elle témoigne du profond respect que le paysan russe a pour la croix, l'emblème de Jésus-Christ, sauveur des hommes par ses souffrances et par sa mort.

CHAPITRE IV

L_E paysan russe aime à entendre conter les terribles méfaits des sorcières; il est naturel que les récits de diableries ne l'intéressent pas moins. Ils représentent le diable comme un dangereux ennemi qui prend les moyens les plus habiles pour tromper l'homme. Tantôt c'est un petit vieillard qui s'offre pour rendre un service, ou c'est un jeune seigneur, très élégamment vêtu, qui pénètre dans les villages, fait le galant auprès des jeunes filles, danse avec elles et ensuite les étrangle adroitement. Il a le pouvoir d'entraîner pour toujours avec lui dans le monde souterrain ceux qui succombent à ses tentations.

Un de ses principaux moyens de séduction, c'est de faire des offres d'argent.

« Viens me faire visite, dit-il un jour à Petruska, tandis que le brave jeune homme se rendait tranquillement à la messe pour prier Dieu. Sois certain que je te récompenserai; je te donnerai de l'or, de l'argent et toutes sortes de belles choses.

— Soit, dit Petruska, j'irai te voir. »

Le lendemain, Petruska se rend au palais du diable, mais, en y entrant, il rencontre par bonheur une jeune fille de son village, enlevée jadis par les esprits infernaux, qui lui fait des révélations étranges et les recommandations les plus utiles : « Le diable, dit-elle, va commencer par vous offrir de l'or et de l'argent; refusez d'en prendre, mais demandez la malheureuse rosse dont les mauvais esprits se servent pour aller chercher du bois et de l'eau; cette rosse, c'est votre père. Un jour qu'il sortait ivre-mort du cabaret, et voulait rentrer chez lui, il est tombé dans la rivière. Les démons s'en sont emparés et ils en ont fait un cheval de peine. »

Sur ces entrefaites arriva un fort aimable démon qui invita Petruska à se régaler de toutes sortes de mets et de boissons. Lorsque vint le moment où Petruska voulut retourner à son logis, le diable lui offrit de l'argent avec un beau cheval. Petruska, sans se laisser tenter, réclama la vilaine bête qui portait l'eau et le bois. Le diable eut beau faire des objections, Petruska insista et emmena le vieux cheval par la bride. A la porte du palais, la belle fille qui lui avait parlé déjà lui expliqua ce qu'il avait à faire.

« Bon jeune homme, quand vous approcherez de votre village, tracez trois cercles autour du cheval, prenez la croix que vous portez, et pendez-la à son cou. »

Petruska suivit le conseil de point en point : le cheval disparut aussitôt et, à sa place, il reconnut son père. Il y eut grande joie à la chaumière. Le vieillard profita de la leçon et cessa de se livrer à la boisson comme par le passé.

La bizarrerie du conte ne lui enlève pas son caractère tout à la fois religieux et moral : Ne vous laissez pas prendre aux propositions avantageuses du démon, aux cadeaux qu'il semble vous présenter ; ce sont des pièges qu'il vous tend.

A plus forte raison, dans des mouvements de vivacité ou de colère, gardez-vous bien de prendre le diable à témoin, de le mêler à vos affaires, de conclure avec lui des marchés ; vous seriez sa dupe. C'est là le sujet de plusieurs contes populaires, et un des principaux épisodes de l'histoire du brigand Madey.

Un paysan voit sa charette embourbée ; ne réussissant pas à la tirer de l'ornière, il s'écrie :

« Le diable lui-même n'y pourrait rien.

— Si, si, » reprend un petit nain boiteux qui paraît tout à coup. Mais il entend faire payer sa peine, ne serait-ce que d'une bagatelle.

Et comme s'il avait été à l'école de Kotchéi, il demande au paysan une chose qu'il a laissée à la maison sans le savoir et qu'il ne s'attend pas à y trouver.

« Tu me la céderas par écrit ; je dresserai l'acte et tu le signeras. »

Séance tenante le petit nain tire de son habit un parchemin marqué au timbre de Satan, prend en main une longue plume, pique le quatrième doigt de la main gauche du paysan, écrit quelques lignes avec son sang et les lui fait signer. Puis il met le parchemin dans sa poche ; en un tour de main, il retire la charrette de la fondrière et disparaît.

Le pauvre paysan regrettait d'avoir invoqué le diable au lieu d'avoir appelé Dieu à son aide ; mais quel fut son désespoir quand, à son retour chez lui, il trouva un fils nouveau-né que, sans s'en douter, il avait voué au démon. Il le fait baptiser et élever plus tard à l'école d'un couvent voisin. L'enfant y donne de si beaux exemples de piété qu'on le destine à la prêtrise. Un jour vint où le père, en sanglotant, crut devoir tout raconter à son fils et lui exprimer la crainte qu'il ne pût se consacrer au service de Dieu.

Bienvenu — c'était le nom de ce fils — ne fut pas très ému ; il avait une foi inaltérable dans la protection du Seigneur. Et comme dans ce temps-là, paraît-il, un voyage en enfer ne présentait pas d'insurmontables difficultés, Bienvenu dit à son père : « Eh bien, ayez confiance en Dieu ; avant l'époque à laquelle je dois être ordonné prêtre, j'irai en enfer retirer le titre de vente de mon âme et je le remettrai entre vos mains. » Le moment venu, il part après avoir reçu la bénédiction de ses parents, muni d'un goupillon, d'un vase d'eau bénite, d'un morceau de craie bénit aussi (1), et, après quelques jours de marche dans la direction de l'Occident, il arrive au terme de son voyage.

(1) D'après les livres saints indous le morceau de craie sert à tracer des cercles magiques qui ont la vertu d'écarter les démons.

Avec son goupillon il frappe trois coups à une porte qui s'ouvre d'elle-même avec bruit. Il entre et s'avance. Devant lui, lié avec douze chaînes et brûlant dans des flammes éternelles, Lucifer, monarque de ce sombre royaume, se tient debout. Douze démons sont occupés à limer les douze chaînes. Au bout d'une année, ils touchent au terme de leur travail; le prince des ténèbres va recouvrer sa liberté, quand au premier alleluia solennel qui annonce chaque année la résurrection du Seigneur, les chaînes se ressoudent d'elles-mêmes et les démons reprennent en grinçant leur interminable travail.

Du point central où siège Lucifer trois allées conduisent à trois portes au-dessus desquelles il est écrit : Punition de ceux qui ont fait couler les sueurs du pauvre, les larmes de l'opprimé, le sang innocent.

Bienvenu regarde, trace avec sa craie bénite un cercle au milieu duquel il se place, puis faisant le signe de la croix, il asperge d'eau bénite Lucifer et tous les démons. Les esprits infernaux, sous cette aspersion, frissonnent comme un fer rouge pétille sous l'eau froide. Ils se dressent en sifflant comme des serpents, et cherchent à se jeter sur Bienvenu ; mais ne pouvant franchir le cercle bénit, ils se dispersent en hurlant.

Bienvenu agite sans cesse son goupillon ; il parvient à atteindre Lucifer qui lui demande d'une voix terrible : « Que viens-tu faire parmi nous ? »

— Rends-moi le contrat de vente de mon âme. »

Le prince des démons saisit une trompe de cuivre

que soutiennent quatre démons et appelle les gardiens de la première des trois portes. Une troupe de diables en sort; ils viennent s'incliner devant leur chef, mais quand il leur donne l'ordre de rendre le titre en question, ils répondent qu'ils ne l'ont pas.

Bienvenu recommence à agiter son goupillon. Alors Lucifer, avec une trompe d'argent, appelle les gardiens de la seconde porte, qui déclarent à leur tour qu'ils n'ont pas le contrat.

Bienvenu redouble ses aspersions. Les diables poussent des cris horribles qui ébranlent les enfers. Lucifer sonne dans sa troisième trompe en or et appelle une nuée de ses sujets qui gardent la troisième porte.

« Rendez le contrat de vente de l'âme de Bienvenu, » leur crie-t-il.

Ils affirment qu'il ne l'ont pas.

Bienvenu saisit encore son goupillon, Lucifer sonne de ses trois trompes à la fois. Voilà que des profondeurs mêmes des enfers sort un diable boiteux, chauve et louche qui vient s'incliner devant Lucifer.

« Rends à Bienvenu le titre de vente de son âme, » s'écrie le sombre monarque.

Le nouveau venu commence par tousser, agiter en cadence sa queue rousse avec un air peu disposé à obéir.

« Rends-le tout de suite ! » s'écrie Lucifer avec fureur.

Le diable fait une horrible grimaee, comme si on lui serrait la gorge; puis il tire de sa boîte le parchemin en question, le déroule et le rend à Bienvenu.

Cette description des enfers, que l'on pourrait rapprocher de celle du *Paradis perdu* de Milton ou de l'*Enfer* du Dante, est bien faite pour frapper les imaginations. Elle est complétée d'ailleurs par la description des supplices horribles réservés aux criminels. Bienvenu profite de son voyage aux enfers pour y examiner un instrument de torture qui tantôt s'allonge tantôt se raccourcit, et n'est pas sans quelque ressemblance avec le lit de Procuste. Il est garni de rasoirs, de ciseaux, de vrilles, de crocs, de tenailles, mis en mouvement pour déchirer, couper, torturer le patient. Au-dessous s'élèvent des flammes, par-dessus tombe sans cesse une pluie de feu et de soufre. Ces raffinements de cruauté étaient préparés pour un brigand fameux encore vivant, du nom de Madey. Bienvenu, en sortant de l'enfer, le rencontre sur sa route et lui raconte ce qu'il a vu. Le brigand lui demande alors de l'absoudre et de recevoir sa confession. Mais Madey doit se soumettre auparavant à une longue pénitence et racheter ses crimes par des actes de charité. Bienvenu devenu évêque, revenant dans le même lieu, retrouve Madey uniquement occupé d'exécuter ses pénitences.

La fin du récit est fort poétique. La massue avec laquelle Madey a commis ses crimes, plantée en terre et arrosée par le vieillard repentant, est devenue un pommier couvert de fruits parfumés. Bienvenu entend la confession du criminel; à chaque péché dont il s'accuse, une pomme se détache de l'arbre et la terre en est toute jonchée. Après que la dernière pomme est tombée de l'arbre et que les paroles d'absolution ont été prononcées par l'évêque sur la tête du pécheur repentant, son enveloppe mortelle se résout en poussière, et son âme purifiée, s'échappant de sa prison terrestre, s'élance vers le ciel sous la forme d'une colombe blanche.

Dans l'histoire du brigand Madey, on voit que le diable, malgré toutes ses artifices et ses ruses, ne peut rien contre l'homme véritablement honnête et pieux; les pratiques religieuses sont les meilleures armes pour le vaincre.

Le conte populaire essaye souvent de prouver davantage; c'est pour le conteur un plaisir bien naturel d'imaginer des fictions dans lesquelles l'homme, avec son bon sens et son intelligence, réussit à déjouer toutes les finesses du malin esprit.

Le conte de la Méchante Femme, composé à la manière de nos anciens fabliaux se termine fort gaiement, mais de la manière la plus désagréable pour le diable.

Une femme possédait au plus haut degré l'esprit de contradiction; elle rendait la vie insupportable à son mari. Celui-ci eut un jour l'idée de se débarrasser de cette mégère. Il avait aperçu un précipice dans le bois au milieu d'un buisson de groseilles; aussi, en rentrant chez lui, il recommande à sa femme de ne pas aller au bois les cueillir; elle s'empresse d'y courir, comme il le pensait; elle tombe dans le précipice.

Au bout de quelques jours, le paysan se rend au buisson et descend une longue corde dans le précipice. Un petit démon en profite pour en sortir. Notre homme allait le repousser dans l'abîme.

« O paysan, lui dit le lutin d'un ton suppliant, ne me rejette pas dans le précipice, une mauvaise femme y est tombée ; elle nous pince, elle nous mord, il n'y a plus moyen d'y tenir. Laisse-moi sur la terre, je te récompenserai. »

Le lutin, laissé libre dans la sainte Russie, dit au paysan :

« Viens avec moi à la ville de Vologda ; j'entrerai dans le corps des habitants et tu les guériras. »

Les femmes et les filles des marchands possédées par ce diablotin tombaient en effet malades et devenaient folles. Le paysan se présentait alors dans les maisons où elles se trouvaient, et il n'y avait pas plus tôt mis les pieds qu'elles étaient guéries. Ce n'était partout qu'un concert de bénédictions en sa faveur. On s'imaginait qu'il était un grand docteur ; tous lui donnaient de l'argent et le bourraient de gâteaux.

Le paysan amassa de la sorte une somme considérable.

« Tu es riche à présent, dit enfin le démon au paysan, tu dois être content. Je vais m'emparer maintenant de la fille d'un boyard, mais je te défends de la guérir ; souviens-toi de ce que je te dis, sinon je te dévorerai. »

Le paysan fut appelé auprès de la fille du boyard comme un grand médecin. Arrivé chez le boyard, il

lui recommanda de produire un grand rassemblement
et de faire stationner dans la rue voisine des voitures
avec des cochers qui feraient claquer leurs fouets et
crieraient de toutes leurs forces :

« La mauvaise femme arrive ! la mauvaise femme
arrive ! »

Lorsqu'il pénétra dans la chambre de la malade le
démon se précipita à sa rencontre :

« Que fais-tu ici, Russe ? Pourquoi es-tu venu ? Je
vais te manger.

— Que voulez-vous dire ? reprit le paysan ; je ne
suis pas venu ici pour vous chasser. C'est par pitié
pour vous que je venais vous prévenir que la mauvaise
femme arrive. »

Le démon affolé en entendant ces mots se précipite
aussitôt à la croisée, regarde de tous ses yeux et entend tout le monde crier à pleins poumons :

« La mauvaise femme ! la mauvaise femme !

— Paysan, demande le démon, où puis-je me cacher ?

— Redescends dans le précipice, puisqu'elle n'y est
plus. »

Le démon retourna au précipice et retrouva aussi
la mauvaise femme. Le boyard récompensa largement le paysan du service rendu en lui donnant sa
fille en mariage avec la moitié de son bien.

Dans d'autres contes, le diable paraît un des êtres
les plus répugnants qu'on puisse imaginer ; non seulement il s'attaque aux âmes des hommes, mais il
s'attaque à leurs corps ; l'élégant cavalier, que nous

avons vu allant danser dans les bals, se glisse de nuit, en cachette, dans les églises, fouille les tombes fraîches et dévore les cadavres (1).

Cette croyance aux vampires, généralement adoptée par le paysan slave, donne matière à d'effroyables récits. Malheur au voyageur assez imprudent pour approcher d'un cimetière pendant la nuit ! Les cadavres de sorciers sortent des tombes en grinçant des dents, vêtus de leur linceul ; effleurant la terre de leurs pieds, ils se précipitent sur les vivants pour sucer leur sang, les dévorer, les faire mourir. Le chant du coq, à la première heure du jour, les met en fuite ; rien n'est plus difficile cependant que de s'opposer à leurs crimes... Il est nécessaire pour les exterminer d'user de procédés particuliers. Au cimetière, on arrache du tombeau le cadavre du vampire et on le place sur un bûcher embrasé. Il en sort des serpents, des vers, toutes sortes de reptiles, puis des corneilles, des pies, des chouettes qui essayent de s'envoler. Un grand nombre de personnes forment cercle autour du bûcher armées de bâtons, de pioches, de tisonniers, avec lesquels elles frappent ces animaux monstrueux et les précipitent dans les flammes. Pas un seul ne doit échapper à leurs coups, sinon le sorcier se glisserait dans le corps de ces animaux et se sauverait en même temps.

(1) Les démons de l'enfer indien, dans le *Ramayana*, sont de même très friands de chair humaine.

CHAPITRE V

LE MERVEILLEUX ET L'IDÉAL DANS LE CONTE SLAVE
CARACTÈRE DES HÉROS

DANS le conte populaire slave, comme on l'a vu, le mal dont souffrent les hommes est personnifié. Des divinités malfaisantes ou des monstres effrayants en sont les représentants. Le conteur slave n'est cependant pas pessimiste, et en maintes occasions il contente sa soif d'idéal en donnant aux personnages qu'il met en scène la plus grande somme de perfection ou de bonheur possible. En quoi consiste cette perfection ou ce bonheur? L'imagination de l'homme est ainsi faite, qu'elle aime à se représenter les objets qu'elle convoite ou qu'elle ne possède pas. Le conteur populaire, qui n'est pas riche, fait vivre volontiers ses héros au milieu de richesses extraordinaires ; il voit autour de lui des hommes soumis sans cesse à un travail pénible, et il fait paraître des héros qui accomplissent des prodiges sans effort, pour lesquels désirer c'est avoir, vouloir c'est réussir.

Un pauvre pêcheur n'a qu'à réciter une invocation à la bague aurifère, aussitôt une bourrasque fait tomber à ses pieds des masses de grêlons d'or ; en quelques instants la cour du château du Roi est couverte d'une couche de pièces d'or si épaisse, qu'après en avoir chargé vingt-quatre voitures pour le paiement d'une rançon aux ennemis, il en reste encore assez pour emplir une bonne moitié du trésor royal et distribuer de fortes gratifications à tous les officiers et domestiques de la cour. Il suffit à Jeannik de frotter sa montre enchantée pour avoir de suite à sa libre disposition un carosse à six chevaux orné d'or et d'argent, une maison à quatre étages garnie d'argent et de damas, des tables merveilleuses toutes servies au goût du plus exigeant. L'heureux possesseur du tapis volant se sert du talisman pour aller faire une excursion au val des diamants, où le sol est jonché de diamants de la plus belle eau et de pierres fines telles que personne n'en a jamais vu.

Les divinités et les monstres des contes merveilleux vivent dans l'opulence. Les trois sœurs du monstre Norka habitent des palais d'or, d'argent et de cuivre ; les géants ont amassé dans leur château d'incalculables richesses ; une première salle est remplie de monnaie de cuivre jusqu'à une hauteur de cinq coudées ; une seconde salle est pleine de monnaie d'argent et la troisième pleine d'or qui brille comme le soleil.

Et cela n'est rien en comparaison de ce qu'on voit

dans le monde souterrain ; le conteur populaire, pour
en peindre mieux les splendeurs, décrit un paysage
tout à fait étrange et fantaisiste, qui n'aurait à coup
sûr aucun agrément, aucune grâce, aucune beauté ;
mais les reflets de l'or et de l'argent le fascinent. A
droite coule un fleuve d'or liquide, à gauche resplendissent les crêtes en or massif de montagnes élevées ;
plus loin s'étend une forêt, dont les arbres sont encore
d'or massif, suivie d'une autre forêt dont les arbres
sont d'argent.

Cependant ne soyons pas trop surpris de ces exagérations. Le roman contemporain à la mode, fait très
souvent vivre les personnages, prétendus réels, qu'il
met en scène, au milieu d'un luxe extrême, exception-
nel ; il les choisit de préférence dans une société raffinée et élégante. On n'a pas oublié le merveilleux trésor
dont il est question dans *le Comte de Monte-Christo*,
d'Alexandre Dumas père, et on sait que les princes et
les princesses font très fréquemment figure dans ses
romans. Il est donc tout simple aussi que le conteur
populaire, quoiqu'il ne fréquente point les palais royaux, exalte les mérites des jeunes princes et des
jeunes princesses, les multiplie dans ses récits en leur
témoignant une vive sympathie.

Le prince à la main d'or a des qualités qui tiennent
du prodige. Avec des yeux qui ressemblent à ceux du
faucon, des sourcils en poil de martre zibeline, son
air est si majestueux qu'il excite l'admiration générale. Sa croissance, alors qu'il était enfant, a été
extraordinaire. Dès le troisième jour de sa naissance,

comme s'il eût voulu suivre l'exemple d'Hercule, il a quitté ses langes et est sorti de son berceau si vigoureux déjà, qu'il a couru se jeter au cou de ses parents. Il est le plus beau des enfants de tout le pays d'alentour. Au bout d'un mois il manie l'épée, à deux mois il monte à cheval, à trois mois il a une belle moustache d'or, il prend un casque et une cuirasse ; armé de pied en cap il va se présenter au roi, son père, et à la reine, et leur fait part de sa résolution de courir les aventures jusqu'aux extrémités de la terre. Il veut retrouver ses frères dont on n'a plus de nouvelles. On lui objecte en vain sa jeunesse et les dangers d'une pareille expédition : « Les adversités ne m'épouvantent pas, répond crânement le jeune héros de trois mois, j'ai confiance en Dieu. D'ailleurs pourquoi différerais-je le moment d'affronter les dangers? Ce qui est réglé par le destin arrivera. »

Les portraits des jeunes princesses sont plus séduisants encore, s'il est possible. Elles sont toutes charmantes dans leurs magnifiques vêtements, leurs robes étincelantes d'or, d'argent, de pierres précieuses, de riches bijoux. Ainsi la princesse aux cheveux d'or est une beauté éblouissante, accomplie, qui surpasse tout ce qu'on avait jamais vu. Son front a l'éclat de la lune en son plein, ses lèvres la fraîcheur de la rose, son teint la blancheur du lis et son haleine la douce odeur du jasmin; sa voix et son regard ont quelque chose d'enchanteur, si bien qu'en sa présence on ne peut s'empêcher de l'écouter et de la regarder.

Il est naturel que des princesses aussi merveilleusement douées fassent naître d'héroïques amours. Les prétendants qui briguent l'honneur de demander leur main n'ont rien de commun avec les oisifs de salon, les amateurs d'amour qui paraissent si souvent dans les romans contemporains ; ce sont des hommes singulièrement actifs, hardis, entreprenants, généreux ; leur passion est excitée par les difficultés à vaincre pour arriver jusqu'à celles qui en sont l'objet ; ils doivent mériter le bonheur qui les attend, consacré par un mariage célébré avec la plus grande pompe et de splendides festins où l'on boit à grandes gorgées le vin et l'hydromel.

Il suffit à un jeune prince d'entendre parler d'une adorable princesse tombée sous la domination d'un enchanteur pour que son ardeur s'éveille. Il jure d'arracher la jeune fille à cette horrible servitude ; rien ne l'arrête plus, il affronte tous les dangers, il se soumet à toutes les épreuves — comme dans nombre de récits de nos vieilles chansons de geste —, il déjoue les inventions de la magie qui le détournent de son but ; c'est alors que son courage, aux prises avec les plus grands périls, trouve presque toujours des secours imprévus, des amis complaisants et dociles qui rendent possible ce qui ne l'aurait pas été avec les seules forces humaines.

La plupart des contes slaves contiennent de grandes leçons que l'on pourrait résumer dans le proverbe : Aide-toi, le ciel t'aidera.

Dans cet ordre d'idées, un des plus jolis contes qu'il soit possible de citer est celui qui a pour titre :

Long, Large et Clairvoyant (1).

(Conte bohème).

Il y avait une fois un roi, et il était vieux, et il n'avait qu'un seul fils. Une fois il appela ce fils auprès de lui et lui dit :

« Mon cher fils, tu sais bien que je suis déjà vieux et que le soleil ne luira plus longtemps sur ma tête ; avant de mourir, je voudrais bien voir ma future belle-fille, ta femme. Marie-toi, mon fils. »

Le prince répondit :

« Je voudrais bien, mon père, faire ta volonté, mais je ne connais pas de fiancée. »

Le vieux roi tira de sa poche une clef d'or et la donna à son fils :

« Va-t-en là-haut, tout au haut de la tour ; regarde autour de toi et tu me diras quelle est celle que tu choisis? »

Le fils du roi, immédiatement, monta au haut de la tour. Il n'y était jamais allé, et il ne savait pas ce qu'elle pouvait renfermer.

Quand il fut arrivé tout au haut de la tour, il vit dans le plafond de la dernière salle une porte de fer

(1) Parmi les différentes versions de ce conte, la version donnée par M. Louis Léger, professeur au Collège de France dans son excellent *Recueil des contes populaires slaves* (Paris, E. Leroux, 1882), nous a paru de beaucoup la meilleure et la mieux traduite. Nous devons à la bienveillance de M. Léger le droit de la reproduire dans son entier.

en forme de trappe; il l'ouvrit avec la clef d'or, la
souleva et pénétra dans une grande salle ronde dont
le plafond était bleu comme le ciel dans les nuits
claires et illuminé d'étoiles dorées; le plancher était
couvert d'un tapis de soie verte, et autour du mur il
y avait douze fenêtres hautes avec des châssis d'or;
sur le cristal de chacune de ces fenêtres était peinte
une jeune fille; elles étaient toutes plus belles l'une
que l'autre, et je m'étonne que le jeune prince à force
de les admirer n'ait pas laissé ses yeux sur elles. Tandis qu'il les regardait ainsi, ces vierges se mirent à
remuer comme si elles étaient vivantes, elles le regardaient, elles souriaient; on eût dit qu'elles allaient
parler.

Tout à coup le prince remarqua que l'une des
fenêtres était cachée par un rideau blanc; il l'écarta
et vit une jeune fille en robe blanche, ceinte d'une
ceinture d'argent, avec une couronne de perles sur la
tête : c'était la plus belle de toutes; mais elle était
triste et pâle comme si elle sortait du tombeau. Le
prince resta longtemps devant cette image comme devant une apparition; son cœur, en la contemplant,
fut saisi de tristesse, et il s'écria :

« C'est celle-ci que je veux, et non une autre! »

Comme il disait ces mots, la jeune fille baissa la
tête, rougit comme une rose, et aussitôt toutes les
autres images disparurent.

Quand il descendit et dit à son père ce qu'il avait
vu et quelle fiancée il avait choisie, le vieux roi fut
saisi de tristesse et lui dit :

« Tu as mal fait, mon fils, d'avoir découvert ce qui était caché ; tu t'es jeté dans un grand danger. Cette jeune fille est en la puissance d'un méchant enchanteur, dans un château de fer ; de tous ceux qui ont essayé de la délivrer, aucun jusqu'ici n'est revenu. Mais ce qui est fait est fait. La parole donnée est une loi. Va, tente la fortune et reviens sain et sauf. »

Le prince se sépara de son père, monta à cheval, et partit à la recherche de sa fiancée. Et il traversa un grand bois allant toujours devant lui, si bien qu'il se perdit. Tandis qu'il errait dans les fourrés, au milieu des ravins et des mares, il entendit tout à coup une voix qui criait :

« Holà ! Hé ! Attendez ! »

Le prince regarda, et vit un homme très grand qui courait après lui :

« Attendez-moi, criait-il, prenez-moi à votre service ; vous n'aurez point à le regretter.

— Qui es tu, dit le fils du roi, que sais-tu faire ?

— Je m'appelle *Long ;* et je sais m'allonger à volonté. Voyez-vous ce nid, là haut, sur ce sapin ? Je puis vous l'attraper sans monter à l'arbre. »

Et Long se mit à s'allonger, à s'allonger ; il fut bientôt aussi grand que l'arbre ; il prit le nid, et en un clin d'œil il se raccourcit et le donna au prince.

« Tu connais bien ton métier, dit celui-ci, mais à quoi me servent des nids d'oiseau, si tu ne peux me faire sortir de ce bois ?

— C'est bien facile, dit Long. »

Et il se mit à s'allonger jusqu'à ce qu'il fût trois fois plus haut que l'arbre le plus haut de la forêt. Il regarda autour de lui et dit :

« C'est de ce côté qu'il nous sera le plus facile de sortir. »

Puis, il se raccourcit, prit le cheval du prince par la bride, et marcha devant lui. Ils furent bientôt hors du bois. Devant eux s'étendait une large plaine terminée par de hauts rochers gris comme les murs d'une grande ville. Ces rochers étaient couverts d'arbres.

« Seigneur, dit Long, voici venir mon camarade, vous devriez bien aussi le prendre à votre service, il vous serait bien utile.

— Crie après lui et appelle-le, pour que je voie ce qu'il est.

— Il est encore un peu loin, répliqua Long ; il n'entendrait guère ma voix, et il se passerait un long temps avant qu'il n'arrive ici, car il a beaucoup à porter. J'irai plutôt le chercher. »

Et Long s'allongea tellement que sa tête se perdait dans les nuages ; il fit deux ou trois pas, prit son camarade sur ses épaules et l'apporta devant le prince. C'était un gros joufflu ; il avait le ventre rond comme un muid.

« Qui es-tu, demanda le prince, et que sais-tu faire ?

— Seigneur, je m'appelle *Large*, et je puis m'élargir à volonté.

— Montre un peu.

— Seigneur, sauvez-vous vite, bien vite dans le bois ! » cria Large.

Et il commença à s'enfler.

Le prince ne comprenait pas pourquoi il lui disait de se sauver ; mais quand il vit Long se sauver dans le bois, il fit comme lui, et piqua des deux. Il n'était que temps, car Large l'aurait renversé avec son cheval, tant son ventre s'était brusquement élargi de tous côtés ; il remplissait tout l'espace aux alentours ; on eût dit une montagne.

Large cessa de s'enfler, respira bruyamment d'un souffle qui fit trembler les bois, et redevint ce qu'il était auparavant.

« Tu m'as chassé, dit le prince ; mais je ne trouverai pas tous les jours un gaillard tel que toi. Viens avec moi. »

Ils continuèrent de marcher. Quand ils arrivèrent près des rochers, ils rencontrèrent un homme qui avait les yeux couverts d'un bandeau.

«Seigneur, dit Long, c'est notre troisième camarade ; vous feriez bien de le prendre à votre service, il ne mangerait certes pas votre argent pour rien.

— Qui es-tu ? demanda le prince ; pourquoi as-tu les yeux bandés ? Tu ne vois pas ton chemin.

— Bien au contraire, seigneur ; c'est précisément parce que je vois trop, que je suis obligé de me bander les yeux ; je vois aussi bien que s'ils n'étaient pas bandés ; quand j'ôte mon bandeau, ma vue pénètre au travers de tout ; tout ce que je regarde prend feu, et ce qui ne peut brûler éclate en mille pièces. Je m'appelle *Clairvoyant*. »

Et il se retourna vers le rocher, ôta son bandeau,

et fixa sur le rocher ses yeux ardents. Le rocher se mit à craquer, à éclater en morceaux; en quelques instants, il n'en resta qu'un monceau de sable. Dans ce sable quelque chose brillait comme du feu. Clairvoyant alla le ramasser, et rapporta au prince un morceau d'or pur.

« Tu es un gaillard impayable, dit le prince; bien fou qui ne te prendrait à son service. Puisque tu as de si bons yeux, dis-moi un peu si j'ai encore loin d'ici au château de fer, et ce qui s'y passe en ce moment.

— Si vous y alliez seul, dit Clairvoyant, vous n'y arriveriez pas d'ici à un an; mais avec nous, vous y arriverez aujourd'hui même; maintenant on y prépare à souper.

— Une princesse habite ce château. La vois-tu?

— Un enchanteur la garde dans une haute tour sous des grilles de fer. »

Le prince dit :

« Aidez-moi à la délivrer. »

Et ils le conduisirent parmi ces roches grises, par la brèche qu'avaient faite les yeux de Clairvoyant, et par les rochers, les hautes montagnes et les bois profonds; et toutes les fois que quelque obstacle se présentait sur la route, les trois camarades l'écartaient. Au moment du coucher du soleil, le prince vit le château de fer, et après son coucher il franchit le pont de fer qui mène à la porte; dès que le soleil fut couché, le pont de fer se releva de lui-même, les portes se fermèrent tout à coup. Le prince et ses compagnons furent pris dans le château de fer.

Le prince mit son cheval à l'écurie où tout était préparé pour lui, et ils marchèrent au château. Dans la cour, dans l'écurie, dans les salles du château, ils virent bien des gens richement habillés, seigneurs et serviteurs; mais pas un d'entre eux ne bougeait, tous étaient pétrifiés. Ils traversèrent quelques pièces et arrivèrent à la salle à manger. Elle était brillamment éclairée; il y avait une table au milieu; elle était couverte de mets et de boissons, et le couvert était mis pour quatre personnes. Ils attendirent, pensant que quelqu'un allait venir; puis voyant que personne n'arrivait, ils s'assirent, mangèrent et burent à volonté.

Après avoir bien mangé, ils regardèrent où ils pourraient dormir; mais tout à coup la porte s'ouvrit, et l'enchanteur entra dans la salle. C'était un vieillard bossu, à long habit noir, la tête chauve, une barbe grise descendant jusqu'à ses genoux; il avait, en guise de ceinture, trois cercles de fer. Il conduisait par la main une dame admirablement belle et vêtue de blanc. Elle avait sur elle une ceinture d'argent; une couronne de perles sur la tête; mais elle était pâle et triste comme si elle sortait du tombeau.

Le prince la reconnut aussitôt et alla au-devant d'elle; mais le magicien ne lui laissa pas le temps de parler et il lui dit:

« Je sais pourquoi tu es venu. Soit; prends-là si, pendant trois nuits, tu peux arriver à l'empêcher de s'échapper. Si elle t'échappe, tu seras pétrifié avec tes serviteurs comme tous ceux qui sont venus avant toi. »

Puis il montra à la princesse un siège, l'invita à s'asseoir, et partit.

Le prince ne pouvait détacher ses yeux de la princesse, tant elle était belle! Il se mit à lui parler, lui demanda toutes sortes de choses; mais elle ne répondait pas, elle ne souriait pas, elle ne regardait personne ; on eût dit qu'elle était de marbre. Il s'assit auprès d'elle et résolut de ne pas dormir de la nuit, pour qu'elle ne pût lui échapper. Pour plus de sûreté, Long s'allongea comme une courroie, et s'étendit le long du mur tout autour de la salle ; Large se mit devant la porte et s'enfla de telle sorte, que même une souris n'aurait pas pu passer ; Clairvoyant s'appuya pour veiller à la colonne du milieu. Mais, en un clin d'œil, tous se mirent à dormir et ils dormirent toute la nuit.

Le matin, quand vint le jour, le prince se réveilla le premier. La princesse était partie. Il réveilla ses serviteurs. Que faire?...

« Ne vous inquiétez pas, seigneur, dit Clairvoyant ; je la vois déjà. A cent lieues d'ici, il y a un bois ; au milieu du bois, un vieux chêne ; sur le haut de ce chêne, un gland. Ce gland, c'est elle! Que Long me prenne sur ses épaules, et nous l'obtiendrons. »

Long le prit aussitôt, s'allongea, et se mit en marche ; à chaque pas il faisait dix lieues, et Clairvoyant lui indiquait le chemin.

En moins de temps qu'il n'en faut pour faire le tour d'une chaumière, ils furent arrivés, et, au retour, Long donna le gland au prince :

« Seigneur, laissez-le tomber à terre. »

Le prince le laissa tomber, et à l'instant la princesse apparut à ses côtés. Et quand le soleil commença à se lever derrière les montagnes, la porte s'ouvrit bruyamment. L'enchanteur entra dans la chambre, et se mit à rire étrangement ; mais, quand il vit la princesse, il s'assombrit et se mit à grogner... Crac ! un de ses cercles de fer éclata et sauta par terre. Il prit la jeune fille par la main et l'emmena.

Tout le jour suivant, le prince ne fit que courir dans le chateau et regarder toutes les merveilles qu'il renfermait. Partout il semblait que la vie se fût brusquement arrêtée. Dans une salle, il vit un prince qui tenait dans ses deux mains une masse d'armes et la brandissait d'un air menaçant, mais le coup n'avait pas porté, il avait été pétrifié. Dans une autre pièce, il y avait un chevalier pétrifié dans l'attitude de quelqu'un qui fuit ; il s'était heurté le pied contre le seuil de la porte, mais il n'était pas tombé. Sous une cheminée se trouvait un serviteur qui tenait d'une main un morceau de rôti et de l'autre portait une bouchée à sa bouche ; la bouchée était restée en chemin. Il en vit bien d'autres encore dans l'attitude qu'ils avaient quand l'enchanteur leur dit :

« Soyez pétrifiés ! »

Dans le château, autour du château, tout était triste et morne ; il y avait des arbres, mais sans feuilles, il y avait des prairies, mais sans herbe ; il y avait une rivière, mais elle ne coulait pas ; pas un oiseau chanteur, pas une fleur, pas un poisson dans l'eau.

Le matin, à midi et le soir, le prince, avec ses compagnons, trouva dans le château un bon souper; les mets s'apportaient eux-mêmes, les vins se versaient eux-mêmes.

Après le souper, les portes s'ouvrirent encore, et l'enchanteur ramena la princesse pour que le prince la surveillât.

Tous se promirent bien de faire tous leurs efforts pour ne pas s'endormir; mais cela ne servit à rien, ils s'endormirent. Quand le prince se réveilla le matin, et vit que la princesse avait encore disparu, il réveilla Clairvoyant.

« Lève-toi Clairvoyant; sais-tu où est la princesse? »

Clairvoyant s'essuya les yeux, regarda et dit :

« Je la vois. A deux cents lieues d'ici, il y a une montagne; dans cette montagne, un rocher; dans ce rocher, une pierre précieuse. Cette pierre précieuse, c'est elle. Que Long me porte là, nous la trouverons bien. »

Long le prit aussitôt sur ses épaules, s'allongea et se mit en marche. A chaque pas, il faisait vingt lieues. Clairvoyant fixa sur la montagne ses yeux ardents; la montagne éclata et sauta en mille morceaux; parmi eux scintillait la pierre précieuse. Ils la prirent et l'apportèrent au prince; il la laissa tomber à terre, et la princesse se dressa devant lui. Quand l'enchanteur vint et qu'il la vit, ses yeux étincelaient de rage... Crac! encore un cercle éclata et tomba. Il emmena la princesse en grognant.

Ce jour-là tout se passa comme la veille. Après le souper, l'enchanteur ramena la princesse, regarda le prince dans le blanc des yeux en disant :

« Nous verrons bien qui de nous deux l'emportera ! »

Ils se donnèrent, ce jour-là, le plus grand mal pour échapper au sommeil ; ils ne voulurent pas même s'asseoir ; mais marcher toute la nuit. Tout cela fut en vain. Ils s'assoupirent l'un après l'autre, et la princesse leur échappa.

Le lendemain matin, ce fut encore le prince qui s'éveilla le premier. Ne voyant pas la princesse, il éveilla Clairvoyant.

« Lève-toi, Clairvoyant, regarde où est la princesse ? »

Clairvoyant regarde longtemps dehors.

Oh ! seigneur ! elle est loin ! bien loin ! A trois cents lieues d'ici, il y a une mer noire ; au milieu de cette mer, au fond, gît un coquillage ; dans ce coquillage est un anneau d'or ; cet anneau d'or, c'est elle. Ne vous inquiétez pas, nous l'aurons. Mais aujourd'hui, Long doit prendre Large avec lui ; nous en aurons aussi besoin. »

Long prit sur une épaule Clairvoyant, sur l'autre Large, s'allongea et se mit en marche. A chaque pas, il faisait trente lieues. Quand ils furent arrivés auprès de la mer noire, Clairvoyant lui montra à quel endroit il devait chercher cette coquille.

Long étendit sa main autant que possible, mais il ne put cependant arriver au fond.

« Attendez, camarades, attendez un instant ; je vais vous aider, dit Large. »

Et il s'enfla autant que son ventre le permettait puis il se coucha sur le bord et but.

Au bout d'un instant, l'eau baissa tellement, que Long atteignit sans peine le fond, et retira l'anneau. Puis il prit ses camarades sur ses épaules, et ils se mirent en marche pour retourner au château. Mais en route, il lui était difficile de courir parce que Large avait dans son ventre la moitié de la mer. Long le jeta par terre dans une large vallée ; Large fit, en tombant, un bruit pareil à celui d'un sac qui tombe du haut d'une tour. En un instant, la vallée fut remplie d'eau et changée en un grand lac. Large lui-même eut grand'peine à en sortir.

Cependant le prince était bien inquiet dans le château. L'aurore commençait à paraître, et ses serviteurs ne revenaient pas ; plus la lueur augmentait, plus son inquiétude augmentait aussi ; une sueur mortelle coulait sur son front.

Bientôt le soleil apparut, comme un filet rouge à l'orient ; la porte s'ouvrit brusquement, et l'enchanteur se montra sur le seuil. Il regarda tout autour de la chambre, et voyant que la princesse n'y était pas, il se mit à rire d'un vilain rire. Mais tout à coup, crac ! une fenêtre éclata en morceaux, un anneau d'or tomba sur le plancher. La princesse était là. Clairvoyant voyant ce qui se passait dans le château, et en quel danger le prince était, l'avait dit à Long. Long avait fait un pas, et avait jeté l'anneau par la fenêtre.

L'enchanteur rugissait de rage à faire trembler le château... Tout à coup crac!... le troisième cercle de fer se brisa et tomba par terre, et l'enchanteur devint un corbeau et s'envola par la fenêtre brisée.

Aussitôt la belle dame se mit à parler, et remercia le prince de l'avoir délivrée, non sans rougir comme une rose.

Dans le château et autour du château, tout redevint vivant : celui qui brandissait la masse d'armes la jeta en l'air; celui qui s'était heurté contre le seuil tomba par terre, mais il se releva aussitôt; celui qui était auprès de la cheminée porta le morceau à sa bouche et continua de manger. Chacun acheva ce qu'il avait commencé.

Les chevaux hennissent dans les écuries, les arbres verdissent autour du château, les prairies fleurissent, l'alouette vole dans l'air, les poissons frétillent dans l'eau. Tout est vie! tout est joie!

Beaucoup de seigneurs entrèrent dans la chambre où était le prince, et tous le remercièrent de leur délivrance.

Il leur dit :

« Vous n'avez point à me remercier; si je n'avais pas eu mes fidèles serviteurs, Long, Large et Clairvoyant, je serais devenu ce que vous avez été. »

Aussitôt après, il se mit en route pour aller retrouver son père, le vieux roi, avec sa fiancée et ses serviteurs.

Le roi pleura de joie du bonheur de son fils; il pensait qu'il ne reviendrait plus. Peu de temps après, la noce eut lieu avec une grande pompe ; elle dura trois semaines. Tous les seigneurs que le prince avait délivrés y furent invités. Après la noce, Long, Large et Clairvoyant annoncèrent au jeune prince qu'ils retournaient dans le monde chercher du travail. Le jeune roi fit tous ses efforts pour les retenir auprès de lui :

« Je vous donnerai tout ce que vous voudrez, tant que vous vivrez et vous n'aurez rien à faire. »

Mais cette existence paresseuse ne leur plut pas ; ils prirent congé de lui et s'en allèrent, et depuis ce temps-là, ils errent par le monde.

CHAPITRE VI

LES ENIGMES

ES qualités de l'esprit, dans beaucoup de contes, sont mises presque au même rang que les qualités de l'âme et de la volonté. L'intelligence est le complément nécessaire du courage et de l'habileté. La jeune princesse, avant d'agréer pour son fiancé le héros qui a donné par ses exploits la mesure de sa valeur et des gages éclatants de son amour, l'éprouve comme le Sphinx éprouva Œdipe. Elle a juré de n'accorder sa main qu'à celui qui devinera ses énigmes et elle doit tenir son serment.

Voici quelques-unes de ces énigmes :

— Sans jambes elle marche ; sans bras elle frappe ; sans vie, elle se meut continuellement.

L'horloge.

— Sans être ni un oiseau, ni un reptile, ni un insecte, ni un animal quelconque, il veille à la sécurité de toute une maison.

Le verrou.

— Quel est le piéton qui marche tout cuirassé? Il assaisonne des mets ; il porte deux dards à ses flancs ; il traverse les eaux à la nage sans implorer l'aide d'un batelier.

L'écrevisse.

— Elle court, elle s'avance, s'accrochant aux rebords, n'ayant qu'une oreille, qu'un pardessus en acier poli et une petite queue de lin.

L'aiguille.

— Ça marche sans pieds, ça gesticule sans mains, ça se meut sans corps.

L'ombre.

— Il est pourvu de plumes, de duvet et n'est point un oiseau. Il a quatre pieds, il a corps et chaleur, et n'est point un animal.

Un lit.

— Je fais sur un pied le tour de la table, mais si on me blesse le mal est sans remède.

Un verre à vin.

— J'existais avant qu'Adam fût créé ; j'ai toujours alterné les deux couleurs de mon vêtement. Des milliers d'années se sont écoulées et je ne suis changé ni de forme, ni de couleur.

Le temps, qui comprend le jour et la nuit.

Certaine princesse, la princesse Anna, a une idée fort étrange ; elle a pris l'engagement d'accepter pour époux celui qui lui posera une énigme qu'elle ne pourra résoudre ; par contre, elle fait mettre à mort sans pitié ceux dont elle devine les énigmes.

Plusieurs prétendants ont subi déjà le terrible châtiment. Le prince Ivan arrive avec cette nouvelle devinette :

« En venant ici, nous avons vu un bien gisant sur la route, nous avons ramassé ce bien avec bonheur et nous l'avons placé dans notre propre bien. »

La princesse eut beau prendre son livre de magie et le feuilleter soigneusement ; elle ne trouva pas la solution ; elle se décida donc à épouser le prince Ivan. Le prince et son compagnon en venant chez la princesse avaient trouvé sur la route une bourse pleine d'argent ; ils l'avaient ramassée et en avaient versé le contenu dans leur propre bourse. Le mot cherché était donc : bourse d'argent.

CHAPITRE VII

LES ANIMAUX

Les animaux jouent des rôles fort importants dans les contes slaves. Le loup, le renard, le serpent, l'aigle, la corneille, le hibou, le lièvre, le corbeau, et d'autres encore y sont d'intéressants personnages. Ils ont de singulières habiletés, ils possèdent des connaissances spéciales qu'ils mettent volontiers à la disposition de l'homme quand il est en péril ou quand il entre en lutte avec les monstres et les magiciens. Cependant l'homme reste toujours leur maître, ils sont ses amis, et même ses serviteurs les plus empressés, les plus dociles, à la condition qu'il leur témoigne de la pitié. Aussi bien, dans le conte slave, l'animal est un être essentiellement sympathique ; il enseigne par son exemple qu'il faut, autant qu'il est possible, répondre à un bienfait par un bienfait. Il devient ainsi comme une sorte de personnification de la reconnaissance.

A l'appui de cette opinion on ne saurait citer un plus joli conte que celui des animaux amis et ennemis (1).

Dans une contrée lointaine vivait un jeune gentilhomme ayant pour tout bien un vieux château, un beau cheval, un chien fidèle et un bon fusil. Il vivait du produit de ses chasses. Un jour, il rencontre un superbe renard, et il va faire feu. « Ne me tuez pas, s'écrie le renard; prenez-moi avec vous, je vous servirai fidèlement. » Le gentilhomme écoute cette prière et amène avec lui son nouveau serviteur; à quelques jours de là, il s'attache de la même façon un ours, un loup, une taupe, une souris, un lièvre et même un oiseau géant, le kumrekushu, dont « la force est telle qu'il peut enlever un cheval avec son cavalier ».

Le renard réunit bientôt tous ces animaux en conseil et leur dit : « Vous savez avec quelle affectueuse attention notre maître s'occupe de nous. Vous savez comme il est bon, cependant il est bien seul. Nous devrions lui trouver une femme. » Ils chargent Kumrekushu de se saisir habilement de la fille du roi et de l'apporter au gentilhomme. Il remplit au mieux sa mission. Mais le roi, grâce aux sorcelleries d'une vieille bohémienne, se fait ramener sa fille sur un tapis volant et pour la mettre à l'abri d'une nouvelle aventure, il la fait soigneusement garder dans une tour.

(1) *Contes populaires des pays slaves*, traduits par Xavier Marmier. (*Revue britannique*, septembre 1878.)

Pendant ce temps le jeune gentilhomme gémit, se lamente. Aussi le renard, la forte tête de la bande, convoque encore une fois ses amis, afin de ressaisir la princesse. Lui, renard, prendra la forme d'un chat et ira jouer dans le jardin sous les fenêtres de la tour. La princesse y descendra; Kumrekushu profitera de l'occasion pour la prendre délicatement et la rapporter au château du gentilhomme.

Tout se réalise à souhait. Mais le roi, voyant qu'il a été joué par l'astuce d'un chat, déclare la guerre aux animaux en jurant de les exterminer tous.

Cela n'effraye pas maître Renard, qui est de la même race que le rusé Goupil de nos vieux fabliaux. « Oh! oh! il faut nous défendre, [dit-il à ses compagnons, rassemblons nos auxiliaires. » L'ours réunit cent de ses parents, le loup cinq cents, le lièvre huit cents, la souris trois mille, la taupe huit mille, le kumrekushu deux ou trois cents. Le renard est le général en chef de ces armées et il expose son plan de campagne : « A la première halte, pendant la nuit, les ours et les loups tueront les chevaux des ennemis; la seconde nuit, les souris détruiront les ceintures et les courroies des soldats, les lièvres rongeront les cordes avec lesquelles on traîne les canons. Si cela ne suffit pas pour arrêter les troupes royales, la troisième nuit les taupes creuseront le sol sous la route qu'elles doivent suivre et un grand fossé autour du camp, et le lendemain les kumrekushus lanceront des pierres sur les soldats. »

Ces moyens d'attaque produisirent l'effet qu'on en attendait; les oiseaux géants lancèrent tant de pierres sur l'armée ennemie qu'elle fut complètement détruite et le roi tué. Sa fille put alors prendre possession de son palais et de sa capitale avec le jeune gentilhomme, son cher époux, accompagné des animaux fidèles le cheval, le chien, le renard, l'ours, le loup, la souris, le lièvre, la taupe et le kumrekushu.

Il est tel et tel conte où à chaque instant les animaux interviennent et aident le héros à atteindre son but. Ainsi, dans la Vierge aux cheveux d'or, Georges, le domestique du roi, a gravement désobéi à son maître ; il aura cependant droit à son pardon à la condition de lui amener la princesse Dieva Zlato Vlaska. Georges se met en route ; il sauve de l'incendie une fourmilière ; un peu plus loin, dans une forêt, il donne à manger à de petits corbeaux qui meurent de faim ; il rejette à la mer un gros poisson aux écailles d'or que deux pêcheurs viennent de prendre dans leurs filets.

Tous ces animaux le remercient de la même manière : « Toutes les fois que tu auras besoin de mon aide, appelle-moi, et je ne manquerai pas de te prouver ma reconnaissance. » Et ils tiennent parole.

Georges doit s'acquitter de plusieurs tâches avant que le père de la Vierge aux cheveux d'or accorde sa main au prince qu'on lui propose. La jeune fille a perdu les perles fines de son collier dans les herbes hautes de la prairie ; les fourmis viennent au secours de Georges et lui remettent une à une toutes les perles ; la jeune fille a laissé tomber une bague d'or dans la mer, le poisson la trouve et l'apporte à Georges ; le roi demande de l'eau de vie et de l'eau de mort, les corbeaux arrivent en en tenant chacun un flacon dans leur bec. Une mouche enfin, délivrée des morsures d'une grosse araignée par Georges, lui indique quelle est la princesse aux cheveux d'or au milieu de ses douze sœurs qui lui ressemblent en tout parfaitement.

Les tâches imposées aux prétendants sont toutes du même genre. Chercher au fond de la mer une perle précieuse est une de celles dont il est le plus souvent question, avec quelques variantes. Ainsi, le roi des écrevisses, dont on a épargné la vie, se charge d'aller chercher au fond de la mer la clef de diamant qui permet de pénétrer dans le vaisseau d'argent qui porte la princesse Merveille. Une princesse mélange de la graine de pavots et des cendres, et demande que le triage se fasse en quelques heures ; des fourmis accomplissent ce travail. Un renard roux, mourant de faim, avec lequel un prince a partagé par pitié son déjeuner, lui donne les conseils nécessaires pour s'emparer de l'oiseau de feu ou pour découvrir la vigne merveilleuse qui produit un tonneau de vin par heure. Le chien et le chat, qui ont eu la vie sauve grâce à Jeannik, lui rapportent la montre enchantée qui lui a été volée. Le cygne délivré des poursuites de l'aigle par la flèche de Slugobyl, lui accorde en récompense le pouvoir d'évoquer, quand il lui plaît, le puissant chevalier Invisible. Le serpent lui-même est capable de reconnaissance ; il donne au berger qui l'a tiré des flammes la singulière faculté de comprendre le langage des animaux.

Dans le conte populaire slave, l'animal est donc un être privilégié, qui joue un rôle intelligent ; parfois même il a des perceptions d'une finesse extraordinaire, il a le don de prophétie, le plus merveilleux de tous, et que l'homme ne possède point.

Un marchand — d'après un conte russe qui a pour sujet le Langage des oiseaux — avait en cage un rossignol. Il était désireux de comprendre son chant. Son fils, tout jeune enfant, lui dit qu'il le comprenait, mais qu'il avait peur de s'expliquer. Enfin sur les instances de ses parents, il reprit : « Le rossignol annonce qu'il viendra un temps où vous me servirez ; mon père me versera de l'eau et ma mère me présentera l'essuie-main. »

Ces paroles irritèrent si fort le marchand et la marchande qu'ils résolurent de se débarrasser de leur fils ; ils le mirent tout endormi dans un petit canot et l'abandonnèrent aux hasards des flots.

Le rossignol, échappé de sa cage, alla se poser sur l'épaule de l'enfant, qui fut bientôt recueilli par un pilote.

Dès le lendemain il allait trouver le pilote :

« Le rossignol me prédit une tempête qui brisera les mâts et déchirera les voiles. Il faut retourner au port. »

Le pilote ne voulut pas tenir compte de cet avertissement. La tempête eut lieu. De nouveau l'enfant vint dire au pilote :

« Mon rossignol chante que nous allons rencontrer douze vaisseaux de corsaires qui nous feront prisonniers. »

Cette fois le pilote le crut et eut le temps d'aborder à une île d'où il vit passer les douze vaisseaux.

L'enfant grandit et finit par épouser la fille du roi, et, pour confirmer la prophétie du rossignol dans un de ses voyages, son père lui versa de l'eau et sa mère lui présenta un essuie-main.

Comprendre le langage des oiseaux c'est donc un avantage, un don des plus souhaitables et qu'on ne saurait trop cher payer. Aussi, quand le roi des serpents, très puissant magicien, demande au berger qui à sauvé son fils quelle récompense il désire, celui-ci lui demande de comprendre le langage des animaux. Le berger s'en trouva fort bien ; il apprit de deux corbeaux qui causaient sur un arbre voisin la présence d'un trésor caché dans son champ et devint le plus riche de son pays. Mais il ne devait confier à personne qu'il comprenait le langage des animaux.

Or, se promenant un jour avec sa femme, il entendit une amusante réflexion de son cheval et se mit à rire. Sa femme le remarqua et lui demanda avec insistance pourquoi il avait ri. Le berger déclara enfin que, s'il le disait, il mourrait à l'instant. Cette réponse n'eut d'autre effet que d'aiguiser la curiosité de sa femme. N'ayant plus de repos, arrivé chez lui, il ordonna qu'on lui creusât une tombe et couché dedans il dit à sa femme : « Tu me forces à dire pourquoi j'ai ri ; écoute et je vais mourir. »

Comme il prononçait ces mots, il aperçoit auprès de lui son vieux chien fidèle. Il prie sa femme de lui donner un morceau de pain, mais le vieux chien ne

veut pas même le regarder et verse des larmes. A la
vue du pain un coq accourt et se met à le becqueter.

« Ne dirait-on pas , s'écrie le chien, que tu crèves
de faim ? Et voilà notre maître qui va mourir.

— Puisque c'est un imbécile, reprend le coq, qu'il
meure ! A qui la faute ? J'ai cent femmes. Quand je
trouve un grain de mil je les appelle toutes et j'avale
le grain. S'il y en a une qui se fâche, je la rosse de la
belle façon. Celui-ci n'en a qu'une et ne peut la ma-
ter ! »

Le maître, en entendant les propos du coq, saute
hors de la fosse, saisit un bâton et rosse si bien sa
femme que depuis ce temps-là elle ne songea plus à
lui demander pourquoi il avait ri.

Comme on a pu le remarquer, les animaux du conte
populaire slave sont de la même famille que ceux qui
peuplent les fables de nos auteurs, de la Fontaine
et de Florian ; mais les conteurs slaves, ou pour mieux
dire les conteurs indiens, en faisant une place à l'animal
dans la littérature de tous les temps et de toutes les
nations, ne s'en sont pas servi seulement comme
de porte-paroles qui puissent donner des leçons à
l'homme ; ils ont tenu, en outre, à enseigner le respect
de la vie de l'animal.

Il y a, de leur part, une intention nettement marquée ; si on en recherche l'origine, elle s'explique le
mieux du monde. La religion chez les Indiens prescrit
positivement de rendre un culte aux animaux.
Quelques-uns d'entre eux doivent être considérés
comme des êtres surnaturels, qui ont pris, durant

leur vie terrestre, des apparences matérielles et grossières. Les apologues moraux où ils paraissent sont donc pour les Indiens bouddhistes des sortes d'épisodes de leur histoire sacrée. « Gautama, dans le cours de cinq cent cinquante jatakas ou incarnations, dit M. Tylor (1), prend la forme d'une grenouille, d'un poisson, d'un corbeau, d'un singe et de divers autres animaux ; or les légendes de ces transformations étaient si loin d'être considérées comme des mythes que l'on conserve dans les temples bouddhistes le poil, la plume et les os des animaux dont le grand prophète a habité le corps. Au nombre des incidents survenus à Bouddha dans le cours de ses incarnations animales, il devient acteur dans la fable populaire du Renard et de la Cygogne, et c'est lui qui, alors qu'il est écureuil, donne un exemple d'amour maternel en essayant de dessécher le lit de l'Océan avec sa queue pour sauver ses petits dont le nid était emporté par les vagues, jusqu'à ce qu'enfin son courage et sa persévérance soient récompensés par un miracle. »

(1) *La Civilisation primitive*, par E. TYLOR, t. I, p. 479. Paris, 1876.

CHAPITRE VIII

ON connaît la parabole que le prophète Nathan, envoyé par le Seigneur, alla raconter à David après la mort d'Urie, et la terrible apostrophe qui la termine : « *Tu es ille vir*. — Mais c'est vous qui êtes cet homme. » Un prédicateur prêchant, dans la chapelle de Versailles devant Louis XIV, eut, dit-on, l'audace de lui appliquer les paroles du prophète. Les courtisans furent profondément choqués ; Louis XIV, sans trahir aucune émotion, accusa seulement par ces mots la blessure faite à son amour-propre : « J'aime bien à prendre la part d'un sermon, mais je n'aime pas qu'on me la fasse. »

La plupart des hommes sont ainsi ; ils n'aiment pas qu'on leur dise la vérité entière en face et sans détours. Pour corriger son prochain, il n'est pas bon de lui présenter le miroir où il est contraint de voir les traits grimaçants de son visage ; il vaut mieux faire passer sous ses yeux les fantômes d'une lanterne magique qui lui découvrent ses défauts dans ceux d'autrui. Les chaînes de l'amour-propre ou du respect humain, si difficiles à rompre, ne sont plus alors tendues à la traverse des résolutions vertueuses prêtes à se glisser dans l'âme.

Comme a si bien dit La Fontaine :

> Lynx envers nos pareils et taupes envers nous-mêmes.
> Nous nous pardonnons tout et rien aux autres hommes;
> On se voit d'un autre œil qu'on ne voit son prochain.
> Le fabricateur souverain
> Nous créa besaciers tous de même manière,
> Tant ceux du temps passé que du temps d'aujourd'hui;
> Il fit pour nos défauts la poche de derrière,
> Et celle de devant pour les défauts d'autrui.

Le mérite précisément de l'allégorie et du conte populaire slave, qui n'en est pas essentiellement différent, c'est de tirer parti à merveille de cette disposition de notre nature ; il puise dans la poche de derrière sans que nous y prenions garde, tandis qu'il semble prendre à pleines mains dans celle de devant. Et ce n'est pas assez dire. La teinte de morale qui s'ajoute aux couleurs brillantes du récit lui donne une saveur particulière et qui plaît. L'imagination n'est pas seule mise en branle, le cœur et la raison y trouvent leur compte. Les aventures de héros imaginaires, malgré les ornements et l'ingéniosité de la narration, en dehors même des mythes qui y sont exprimés, avec peu de clarté le plus souvent, ne piqueraient pas autant l'attention, si elles ne contenaient pas une instruction d'un caractère utile et pratique.

Le conte populaire slave est intéressant par les enseignements moraux dont il est le vêtement, si on ne cherche pas seulement la morale dans la conclusion mise sous une forme plus ou moins sentencieuse, mais encore dans l'ensemble des idées générales que suggère sa lecture. L'influence du christianisme s'est fait sentir sur les récits d'origine indienne et y a introduit des vérités morales et religieuses d'une portée plus haute que celles qui, en général, trouvent place dans un conte populaire.

On a vu déjà par de nombreux exemples comment le conte slave, lorsqu'il a une provenance bouddhique, met en scène des animaux afin de montrer l'excellence de sentiments simples et peu variés qui se résument presque toujours dans des sentiments de pitié pour les opprimés suivis d'actes de reconnaissance pour les services rendus. Il reste à voir comment ce même conte développe sa morale d'une manière plus explicite quand les acteurs du drame sont des hommes.

Les idées de justice et de charité y sont répétées sans cesse comme si le conteur slave par cette répétition avait tenu à prouver l'importance qu'elles doivent avoir. Et la charité n'a plus alors la forme imparfaite ou incomplète de la pitié pour un être inférieur, mais elle consiste dans le désir généreux qu'a l'homme de rendre service à ses semblables et de compatir à leurs douleurs.

L'aumône est un des moyens qu'elle emploie; la nécessité en est proclamée à maintes reprises. C'est le titre même d'un charmant conte polonais que voici :

Un pauvre vieillard traverse un village en mendiant et va frapper à la porte de la Blaskova; celle-ci le repousse avec dureté et lui refuse même un morceau de pain. Le vieillard entre chez sa voisine, la Janova et, dit le conte (1), « elle était bonne et compatissante ; dès qu'elle vit le vieux, elle enleva à ses enfants deux tartines de beurre qu'elle venait de faire pour eux en lui disant : « Que Dieu te procure quelque chose de meilleur; c'est tout ce que j'ai dans ma chaumière.

— Que Dieu te le rende, femme compatissante, qu'il te le rende dix fois ! Puisses-tu avoir de quoi vêtir tes enfants nus, puisses-tu être heureuse, et ce que tu commences à faire aujourd'hui, puisses-tu ne pas le finir d'ici ce soir. »

La petite scène est complète ; le contraste est fortement rendu entre les deux femmes : celle qui est pauvre est tout justement celle qui donne ; sa générosité est rendue plus méritoire par l'effort qu'elle lui a coûté, car ce n'est pas rien pour une mère d'arracher à ses enfants des tartines de beurre !

Quand le vieillard sortit de chez la Janova, il était midi passé; ses enfants, dit le conte, n'avaient pas dîné, et elle n'avait rien à souper. Malgré tout, elle avait été charitable. Pour tout bien dans sa maison,

(1) On trouve ce conte dans le *Recueil de contes populaires slaves*, de M. Louis Léger, professeur au Collège de France.

elle ne possédait que vingt aunes de toile qu'elle gardait afin de se vêtir pendant l'hiver elle et ses enfants.

Voici le drame de la misère qui commence. Les enfants demandent à manger en pleurant. Que faire? La mère se met à pleurer, mais sans un mot de plainte, elle n'a pas de regret d'avoir trop bien agi. Tout à coup une idée lui vient... elle n'a pas à sa disposition le mont-de-piété, mais, comme dernière ressource, il y a le Juif... Si elle allait lui vendre quelques aunes de toile pour se procurer de quoi acheter du pain et du sel?

La Janova se met donc à mesurer sa toile; les enfants se calment en la regardant; elle mesure, elle mesure, prodige incroyable! elle mesure encore au coucher du soleil. Son premier soin, dans sa joie, c'est de remercier Dieu. Est-ce qu'elle oublie ses enfants? Oh! que non. Pressée de leur donner à manger; elle court chez la Blaskova, sa voisine, avec quelques mètres de toile qui lui sont fort mal payés; mais il fallait agir au plus vite. Le lendemain, il y a foire à la ville et elle y vend sa toile si bien qu'elle en revient avec toutes sortes d'objets et un sac plein d'argent. Ses richesses ne seront pas dissipées en bombances; elle en fait le meilleur usage du monde, elle achète deux vaches, un bout de champ, une prairie, et, si elle a des domestiques, le conteur ne manque pas de nous dire qu' « elle travaille en louant Dieu ».

Le récit de ce qui arrive à la Janova renferme la même idée que celle exprimée par M. Coppée dans les beaux vers d'*Un évangile* :

.... En vérité,
Quand un pauvre a pitié d'un plus pauvre, mon Père
Veille sur sa demeure et veut qu'elle prospère.

Le conte paraît fini; mais non. La morale n'en serait pas assez frappante au gré du narrateur. La vertu a été récompensée, encore faut-il que la m échanceté soit punie. La Blaskova reparaît, elle est jalouse de la Janova, elle est curieuse de savoir comment elle s'est enrichie. La Janova n'a de secrets pour personne, et elle raconte à sa voisine ce qui s'est passé.

« Ma commère, dit-elle, dès que le bon Dieu m'enverra le vieillard, je le prierai de passer chez vous, je vous le promets. »

A quelques jours de là, le vieillard revient au village. La Janova ne sait comment le remercier; elle lui recommande enfin de ne pas oublier sa voisine.

La Blaskova aperçoit le vieillard de sa fenêtre; aussitôt elle fait à ses enfants dès tartines de beurre, et dès qu'il arrive, elle se précipite pour les tirer de leurs mains et les lui donner.

Le vieillard lui adresse le même souhait qu'à la Janova :

« Que Dieu te le rende, dit-il; puisses-tu continuer ce que tu vas faire jusqu'au coucher du soleil. »

Or la Blaskova se préparait à prendre une aune dans un coin pour mesurer sa toile lorsque ses enfants lui demandent à boire; elle-même ressent une soif ardente, prend une cruche et court à la fontaine, et elle passe la fin de sa journée à chercher de l'eau qui ne lui sert à rien (1).

Le conte pèche par le dénoûment, mais il met bien en lumière le mérite de l'aumône désintéressée.

Parfois même le conte slave renferme des leçons qui rappellent des textes de l'Ancien ou du Nouveau Testament. Un verset de l'Evangile de saint Luc (2) annonce que Dieu punira le riche avare et glorieux de ses biens : « C'est ce qui arrive à celui qui amasse des trésors pour lui-même et n'est pas riche devant Dieu. » L'heureux berger du conte slave, grâce à un talisman, gagne toujours au jeu de dés et se constitue de la sorte une grande fortune ; mais, quand il est mort, saint Pierre ferme devant lui les portes du Paradis. Le conte du Ménétrier en enfer est l'histoire d'un vieux moujik qui a économisé assez d'argent par son avarice pour remplir en cachette deux marmites. Il meurt sans avoir confié son secret à personne et va droit en enfer, parce qu'il n'a jamais rien donné aux pauvres. Par bonheur, il reçoit en enfer la visite d'un ami encore vivant auquel il fait ses recommandations pour ses enfants, c'est-à-dire de déterrer les deux marmites et de tout distribuer aux pauvres. Le Seigneur, apprenant cette générosité posthume, ordonne de délivrer le moujik de l'enfer.

(1) Une autre version de ce conte est donnée sous le titre *les Trois fées*, p. 242 dans *Mélusine*, recueil publié par MM. H. Gaidoz et E. Rolland. (Paris, 1878).

(2) Ch. xii, v. 21.

La pensée religieuse — on ne saurait trop le répéter — donne au conte slave une physionomie particulière ; il a fréquemment de singulières ressemblances avec les pieuses légendes, au point de se confondre avec elles.

Si la nécessité de l'aumône y est enseignée avec insistance, c'est que le Slave chrétien voit dans le pauvre un représentant, une image de Dieu. Dieu, à en croire le conteur, prend volontiers la forme du pauvre pour demander la charité et éprouver tel ou tel. Cependant il faut se garder de rien exagérer en interprétant uniquement au point de vue chrétien ces métamorphoses de la Divinité. Ne faut-il pas y voir parfois un ressouvenir des religions hindoues, puisque dans le *Ramayana* on dit que Brahma est venu en personne visiter sur la terre un être humain ?

Dans beaucoup de contes, la morale n'est pas aussi élevée ; et si elle n'est jamais pessimiste et mauvaise, elle est pratique. Le bon sens slave s'affirme en mettant en lumière d'excellentes vérités.

Prenons un exemple. L'or, la passion de l'or est un des plus puissants leviers de l'activité des hommes.

Virgile l'a dit dans l'*Enéide :*

> *. . . . . . . Quid non mortalia pectora cogis,*
> *Auri sacra fames !..*

La Fontaine l'a redit sous une autre forme :

> La clef des coffres-forts et des cœurs c'est la même.

et tous les moralistes ont répété cette pensée.

L'amour immodéré du gain existe à un point extrême dans la société contemporaine. « De l'or, de l'or, » c'est le cri de presque tous les hommes. Le pauvre Slave, qui arrache à grand'peine à la terre sa subsistance, ne convoite pas moins ardemment l'or que le grand spéculateur d'aujourd'hui, et c'est son droit. Les héros de ses contes ont les mains pleines d'or et on y trouve des maximes comme celle-ci :

Chacun sait que l'argent rend tout aussi doux que l'huile.

Eh bien, le bon sens populaire des Slaves condamne ceux qui ne convoitent que l'or, qui désirent avant tout la possession de l'or. Voyons ce qui arrive à la fiancée de Kovlad, le souverain du règne minéral. Sa mère était une brave femme qui passait ses nuits d'insomnie à dire son rosaire, mais elle, jolie fille et orgueilleuse, a rêvé qu'un riche seigneur va la demander en mariage et lui donner une bague de fiançailles admirable « ornée de pierreries qui rayonnent comme les étoiles du ciel ». Des prétendants se présentent et demandent sa main. C'est d'abord un riche fermier qui la prie de venir partager avec lui « le pain rustique », elle le repousse ; elle repousse de même un jeune gentilhomme, qui l'invite à partager avec lui « le pain seigneurial » ; on voit enfin paraître des chars d'or, d'argent, de cuivre et il en descend un jeune seigneur dont les vêtements d'or resplendissent au soleil. Voilà bien le fiancé attendu, accepté d'avance. La mère est inquiète pourtant, et, sans se laisser éblouir, questionne son futur gendre :

« Puisque ma fille consent à partager votre pain, dites-moi, de quelle farine est-il fait?

— Il y a chez nous, répond-il, du pain de cuivre, du pain d'argent et du pain d'or. Ma femme sera libre de choisir. »

Cependant la jeune fille, tout entière à sa joie, quitte sa mère sans même lui dire adieu et part avec Kovlad, son époux, qui l'emmène dans son empire souterrain. Aussitôt arrivés, ils se mettent à table ; on leur sert des mets, frits et cuits, de cuivre, d'argent et d'or. Les convives s'en régalent : la jeune mariée ne peut manger et prie son époux de lui faire servir un morceau de pain. On lui apporte des miches de pain de cuivre, d'argent et d'or ; elle ne peut y porter la dent. « Nous n'avons pas d'autres pains que ceux-là, » dit Kovlad. Et comme elle pleurait amèrement, il reprit : « Tu as beau verser des larmes et te plaindre, tu savais bien quel pain tu aurais à rompre ici. Ta volonté a été faite. »

Le conteur ajoute : « La jeune mariée dut désormais demeurer sous terre chez son mari Kovlad, le dieu des métaux, dans leur château d'or, parce qu'elle n'avait cherché que de l'or et qu'elle n'avait jamais voulu rien de mieux. »

Nous ne savons pas si la fiancée de Kovlad a pu vivre. Comment vivre sans pain ? La conclusion de ce récit n'est-elle pas que l'or, qui sert à tout, ne suffit à rien ? Il existe des biens dont la valeur est supérieure à celle de l'or pour conserver la vie de l'homme.

Elargissez quelque peu cette thèse, vous pourrez

soutenir que l'or ne suffit pas pour assurer le bonheur et qu'il n'en est pas toujours et nécessairement la cause. Il y a beaucoup d'objets qu'il faut lui préférer. Et c'est ce que nous enseigne un autre conte slave.

Un pauvre orphelin vient de recevoir d'un marchand un sac d'or; au lieu de le conserver pour subvenir à ses besoins, il le dépense dans l'achat d'une cargaison d'encens qu'il sème sur une grande plage et qu'il brûle en l'honneur de Dieu. Tout à coup un vieillard lui apparaît et lui pose cette question : « Que désires-tu ? des richesses ou une bonne épouse ? » Et comme il ne sait quelle réponse faire, le vieillard l'envoie demander conseil à des paysans qui, tout à côté, étaient occupés à labourer leurs champs. « Que me conseillez-vous de choisir, leur dit-il, des richesses ou une bonne épouse ? — Choisissez la bonne épouse. » Et alors sans hésiter l'orphelin répond au vieillard qu'il préfère la bonne épouse.

En classant les maximes et les exemples que l'on pourrait aisément trouver dans les contes populaires slaves, on composerait un petit code de morale tout rempli de bons préceptes d'honnêteté : Ne volez pas l'orphelin, cela porte malheur — et de préceptes d'éducation personnelle : On subit tôt ou tard la peine de sa vanité — L'homme doit mettre une mesure à ses désirs, et s'il possède quelque bien il doit s'en contenter, au risque de lasser la fortune — Si l'on veut réussir dans le monde, il est bon de ne pas trahir ses secrets au premier venu et de ne pas avoir la langue trop longue — Les malheureux doivent s'entr'aider — La jeune fille qui veut se marier, si belle soit-elle, ne doit pas évincer sans réflexion les prétendants acceptables qui se présentent...

On va dire que la morale du conte slave est irréprochable. Ce serait exagérer. Il n'y a pas de règle sans exception. Le conte populaire slave ne critique guère la fourberie, la ruse, qui n'est que l'abus de l'habileté. L'esprit, la finesse, dans l'opinion des hommes, auront toujours droit à des privilèges. Si un tour est bien joué, on est tenté de ne pas apprécier trop sévèrement les moyens mis en œuvre. Nous ne sommes guère choqués de voir le Petit Poucet de Perrault voler les bottes de l'Ogre et s'en servir pour tromper la bonne ogresse et lui voler son trésor. Notre Petit Poucet n'est que le descendant, l'héritier des fourberies du Poucet hindou et russe. Ce Poucet antique (1) est fort entreprenant; c'est un petit scélérat. Il voit passer des voleurs sur la route et leur demande où ils vont : « Chez le pope. — Pourquoi faire ? — Voler des taureaux. — Prenez-moi avec vous, » dit le petit bout d'homme enchanté et il part.

(1) D'après le conte slave, voici comment est né Poucet :
Une vieille femme, en hachant des choux, se coupe le petit doigt. Elle détache le morceau coupé et le jette derrière le poêle. Tout à coup, elle entend une voix humaine: « Mère, mère, ôte-moi de là. » Fort surprise, elle fait le signe de la croix : « Qui donc es-tu? — C'est moi, ton fils, je suis né de ton petit doigt. » La vieille le prit et le regarda. C'était un petit, tout petit enfant qu'elle nomma le Petit Poucet. Cf. *Recueil de contes populaires*, par Louis LÉGER, p. 29.
Le Petit Poucet est appelé Jean Bout d'homme dans un conte du pays messin, MÉLUSINE, p. 42, 1878.

Grâce à sa petite taille, il passe sous la porte de l'étable du pope et l'ouvre aux voleurs.

C'est encore la fourberie qui triomphe dans le conte une Drachme de langue. La trame du récit est la même que celle du *Marchand de Venise* de Shakespeare. Omer, pauvre musicien, est amoureux de la belle Meïra ; mais il ne l'épousera que s'il possède quelque bien ; il fait un emprunt à un juif avec cette clause étrange que si, au bout de sept ans, la somme n'est pas remboursée, Isakar, le juif, lui coupera devant le tribunal une drachme de langue. Le jour de l'échéance arrivé, Omer n'ayant pas d'argent pour s'acquitter de sa dette, Isakar exige avec une impitoyable rigueur l'exécution de la terrible clause. Mais, heureusement pour Omer, sa femme Meïra est une rusée commère : elle obtient du cadi la permission de prendre sa place au tribunal et donne l'ordre à Isakar de se payer avec la drachme de langue, mais s'il lui coupe plus ou moins il sera livré au bourreau. Le juif effrayé renonce à exécuter la convention. La supercherie de Meïra a donc pour dernier effet de couvrir de confusion un prêteur, de lui donner tort grâce à un artifice de procédure, quand, en réalité, il a raison.

Le juif, il est vrai, n'est pas un personnage sympathique, et par suite on excusera plus facilement la fourberie de Meïra. Cependant le conte n'est pas moral. Quelle est l'idée générale qui s'en dégage ? Soyez imprévoyant de l'avenir, imprudent, dépensier, prodigue ; peu importe, si vous trouvez sur votre route des amis complaisants, habiles, qui vous indiqueront le moyen de ne pas payer vos dettes. Omer, c'est le politique financier, le tripoteur d'affaires que l'on rencontre aujourd'hui partout, qui, grâce à de belles promesses, accapare l'argent d'autrui et le dépense sans songer à le restituer jamais. Vous êtes créancier, vous croyez le saisir, être sur le point de lui faire rendre gorge : il achète la complaisance des tribunaux ou des influences politiques, comme Meïra a gagné celle du cadi avec des présents ; au dernier moment il échappe à une justice boiteuse, grâce à quelque truc de procédure indiqué par un avocat retors. L'histoire d'Omer, dans ses grandes lignes, s'est reproduite à toutes les époques ; mais c'est l'excuse du conteur russe, en rendant l'image d'une réalité, de l'avoir entourée de circonstances assez étranges pour qu'elle paraisse exceptionnelle.

On s'attend sans doute à ce que le travail manuel, nécessaire à la majorité des hommes, soit ennobli dans des contes conservés par la mémoire de gens du peuple. Or, il en est tout autrement dans le conte slave. C'est même une de ses originalités d'y voir la paresse favorisée, récompensée par les puissances surnaturelles. Il y a un modèle de récit qui reparaît sous diverses formes ; on y raconte qu'un vieillard a trois fils : les deux aînés sont intelligents, entreprenants, ils vont courir le monde à la conquête de la fortune ; le plus jeune est, dit-on, un sot, un imbécile, et c'est lui dont les affaires prospèrent à tel point qu'il finit par épouser une princesse ou une fille de roi.

Dans le conte qui a pour titre la Paresse, le plus

jeune des trois fils est « bête et paresseux ». Ses frères
pour sa part d'héritage lui promettent, selon son unique
désir, un bonnet, une ceinture et des bottes rouges.
Il est si paresseux qu'il reste des journées entières
couché sur le poêle ; il n'a aucune qualité qui lui mérite de la sympathie, il est par-dessus tout inactif,
complètement absorbé dans le plaisir de ne rien faire
et de manger de l'oignon cru, de la purée de pommes
de terre avec du kvas (espèce de cidre).

Un jour, ses belles-sœurs le prient d'aller chercher
de l'eau. Il ne s'y décide que sur leur promesse de
lui donner à manger ce qu'il aime. Il se rend à la
rivière ; c'est en hiver et il gèle à pierre fendre.
Avec sa hache il fait un trou. Un gros brochet paraît ;
le sot le saisit aussitôt par les ouïes.

« Laisse-moi libre, dit le brochet ; en revanche je te
promets d'accomplir tous tes désirs ; tu auras tout ce
que tu voudras pourvu que tu prononces ces paroles :

> A ma prière,
> Et sur l'ordre du brochet,
> Que telle chose se fasse. »

A l'instant le sot fait l'expérience et lâche le brochet ;
il commande à ses seaux d'eau de revenir à la maison,
à sa hache de fendre du bois, à son traîneau de marcher seul. Pendant tout ce temps le paresseux est
couché sur le poêle (1), mange et boit à sa fantaisie ; il

(1) Dans la plupart des villages du Nord, les paysans qui
habitent des chaumières dorment en hiver tout habillés sur le
poêle, et même y reçoivent les visites de leurs amis.

est parfaitement satisfait. N'est-ce pas là une image du bonheur tel que pouvait se le représenter le moujik ou le serf, courbé sur son travail pour gagner le pain quotidien ?

Le sot devient bientôt célèbre dans tout le pays ; le roi désire le voir et lui envoie un messager. Il prononce les paroles magiques afin que le poêle le porte devant le monarque. Au même instant le poêle tout chauffé se met en mouvement, et amène le sot devant le palais royal. Le roi arrive tout étonné de ce spectacle, suivi de sa cour. Le sot se sert de nouveau des paroles magiques pour se faire aimer de la fille du roi et il réussit à l'épouser. On voit qu'il ne manque rien à sa félicité et il n'a rien fait pour en être digne !

On ne trouverait peut-être pas dans toute notre littérature un seul récit populaire où la paresse honteuse, méprisable, soit exaltée à ce point. Dans la littérature slave, au contraire, le type du paresseux est un type connu que l'on retrouve dans des œuvres mêmes qui ne sont pas populaires. Un des personnages d'un des meilleurs romans de Gontcharof a des traits de ressemblance avec le sot du conte. C'est Oblomof. Apathique et dégoûté de tout, évitant toute fatigue, toute agitation, il reste chez lui vêtu d'une robe de chambre qu'il affectionne, parce « qu'elle a à ses yeux beaucoup de mérites ; elle est molle, s'assouplissant facilement ; on ne la sent pas sur soi ; comme une esclave docile, elle obéit aux moindres mouvements du corps. » Oblomof passe son temps couché, non parce qu'il est malade, mais parce que

« c'est son état normal ». Encore est-il vrai de dire que la paresse d'Oblomof est moindre que celle du sot du conte populaire qui ne fait guère travailler que son estomac; car son intelligence n'est pas absolument inerte. Oblomof, de condition aisée, peut vivre d'ailleurs sans travailler, et sa paresse ne lui porte pas bonheur comme au héros du conte.

Comment le conteur slave, qui a généralement des intentions morales, a-t-il pu se plaire à montrer ainsi la paresse triomphante? Voici l'explication de cette étrangeté qui constitue une véritable anomalie si on veut bien se rappeler la vigueur, l'activité des héros slaves qui osent se mesurer avec les monstres. Remontons à l'origine des contes slaves. « Il n'y a, dit M. Alexandre Chodzko (1), que les Indiens qui aient érigé l'inaction à la hauteur d'une vertu théologale. Pour eux, en effet, le plus pénible de tous les labeurs est le travail d'intelligence. Ils disent : « La conduite recommandée par Véda à ceux qui cherchent à vivre selon les lois divines est double : l'une est l'action, l'autre l'inaction. L'action fait vivre l'homme, l'inaction lui assure l'immortalité. » (*Bagh-Purana*. Liv. IV. Ch. ii. Trad. Burnouf.)

L'apathie c'est le bonheur parfait, parce qu'elle a pour fin l'intuition directe de la vérité, de l'Etre suprême. Les Slaves ont hérité tout naturellement des traditions hindoues, sans s'inquiéter sans doute de leur signification philosophique et religieuse.

(1) *Contes des paysans et des pâtres slaves* traduits par Alex. CHODZKO, p. 332. Paris, 1864.

D'ailleurs, si on jette un regard sur le monde, il n'est guère permis de s'étonner que les conteurs slaves aient été, par occasion, des apologistes de la paresse. Est-il donc bien choquant pour la majorité des hommes de voir le paresseux heureux et jouissant d'une insolente prospérité? En dehors du christianisme, dont le divin fondateur, Jésus-Christ, l'Homme-Dieu, a ennobli le travail en sa personne et par son exemple, le travail manuel a toujours été considéré avec dédain sinon avec mépris. Pendant toute l'antiquité grecque et romaine, chez des peuples où la civilisation était très avancée par bien des côtés, le mercenaire qui gagnait sa vie à la sueur de son front, l'esclave qui se servait de ses mains n'avaient droit à aucun égard; travailler c'était se dégrader. Aussi bien comme la mythologie antique est éloquente pour confirmer cette opinion! Jupiter le maître des Dieux, respecté de tous, le représentant de la toute-puissance, ne fait jamais aucun effort, puisque d'un froncement de son sourcil il remue le monde :

......totum nutu tremefecit Olympum.

Jupiter, à vrai dire, n'était qu'un grand paresseux. Vulcain tout au contraire est un laborieux forgeron, un artiste incomparable, adroit de ses mains, qui ne sait fabriquer que des chefs-d'œuvre. Eh bien, il ne jouit que d'une considération des plus médiocres; on le représente comme un être difforme, sale, ridicule, grotesque, il est un objet de risée pour tous les autres

dieux ses semblables. Vulcain, dans l'Olympe, n'occupe qu'un rang secondaire, il fait pourtant ce
qu'il peut pour relever la dignité de son métier de
forgeron, puisqu'il façonne des épées, des cuirasses,
des armes qui seront des instruments de gloire pour
les héros sur les champs de bataille. Malgré cela, à
Vulcain le patron des travailleurs, on préférait
Mercure, le patron des voleurs.

Aujourd'hui le préjugé continue à exercer son empire. L'homme riche, noble ou bourgeois, qui n'uti-
lise ni sa force physique dans un travail manuel,
ni son intelligence, qui gaspille sa vie dans les plaisirs, d'une façon nuisible pour lui-même ou parfaitement inutile pour ses semblables, excite l'envie et
jouit encore d'une certaine considération. C'est à
peine si on lui reproche sa coupable apathie, et il
s'étonne si, par hasard, quelqu'un ose l'accuser de
ne pas remplir son rôle social. Aussi ce ne serait point
peut-être un paradoxe de prétendre que fort souvent les
hommes dans les emplois, jouissent d'une considération précisément en raison inverse de la peine qu'ils
y prennent et des efforts qu'ils y dépensent.

Dire que la paresse est déshonorante aux yeux du
monde, ce serait bien mal connaître l'opinion ; encore
une fois, gardons-nous de critiquer le pauvre paysan
slave qui en a fait l'éloge et se l'est représentée comme
une sorte d'état idéal et souhaitable.

CHAPITRE IX

LES CARACTÈRES DES PERSONNAGES
LE ROI ET LE CLERGÉ

E conte populaire slave ne contient pas toute la scène du monde avec l'infinie variété des personnages qui s'y agitent, mais çà et là on peut recueillir des traits épars qui suffisent pour esquisser la physionomie des principaux d'entre eux.

Le roi doit passer le premier, surtout en pays autocratique. D'ailleurs l'orgueil, le goût du despotisme se manifestent chez lui en toute occasion. Il n'entend pas qu'on discute ses ordres : si un prétendant vient demander la main de sa fille et ne sort pas vainqueur des épreuves auxquelles il est soumis, il ne lui reste plus qu'à mourir. Ainsi les idées d'opposition dans le sens démocratique se font jour dans le conte.

Le roi donne une assez piètre idée de sa puissance souveraine ; combien de fois est-il représenté vaincu par ses ennemis, assiégé dans sa capitale et sauvé grâce au secours que lui apporte inopinément un de ses plus humbles sujets! Ses sujets lui doivent tout si on en juge par sa conduite à leur égard : avec eux il s'inquiète peu de la justice, il est envieux de ce qu'ils possèdent et use de procédés de la plus insigne mauvaise foi pour s'en rendre maître. Il ne se fait aucun scrupule de mettre la main sur la nappe nourricière, la massue qui frappe seule, le sac aux châteaux, la musette dont il sort des troupes toutes armées, ou autres talismans qui sont la richesse d'un pêcheur ou d'un paysan. De quelle façon témoigne-t-il sa reconnaissance des services rendus? Un domestique lui amène à grand'peine la charmante princesse Zlato Vlaska qu'il désire épouser et, malgré cela, il le fait décapiter pour avoir surpris le secret du langage des animaux. Un pêcheur sauve son royaume en payant la rançon aux ennemis, grâce à la bague aurifère; le roi le fait jeter traîtreusement du haut d'un donjon au fond d'un gouffre. Le malheureux n'échappe à la mort que par miracle; il oublie cependant la violence dont il a été l'objet, et au moyen de la massue qui frappe toute seule, il chasse de nouveau du royaume les ennemis qui étaient revenus en vainqueurs. Malgré ces éclatants services, le roi, comme pour combler la mesure de la scélératesse, songe à se débarrasser du pêcheur et il l'abandonne par surprise au fond d'une vallée remplie de serpents après s'être emparé de son autre talisman, le tapis volant.

Dans ces récits, il est vrai, l'homme du peuple a non seulement le beau rôle, mais finit toujours par prendre sa revanche des fourberies du roi. Le domestique décapité est ramené à la vie par la belle Zlato Vlaska et l'épouse; le pêcheur redevient possesseur de ses talismans, et le roi, obligé de lui donner sa fille en mariage, s'humilie devant lui et implore le pardon de sa coupable ingratitude.

Une autre fois, la punition du roi sera de voir sa fille éprise d'un fou ou d'un imbécile, alors qu'il lui sera impossible d'empêcher le mariage. Si le fils d'un paysan, Jeannot, avec le secours de ses talismans, parvient à monter sur le trône, le conteur ne manque pas de nous apprendre que « Jeannot régna longtemps sous le nom de Jean Ier et fut très regretté de son peuple. Mais ses successeurs n'imitèrent pas son exemple; l'un d'eux même eut la sottise d'avoir honte des humbles origines de la dynastie. Il relégua la table, le sac, la musette dans un caveau noir et humide. Vous demandez ce que devint ce grand empire. Il déclina de plus en plus. Un beau matin, le prince ingrat courut au caveau qui gardait les talismans. Hélas! la table s'était pourrie, de la musette il ne restait que les courroies et du sac quelques chiffons que les rats étaient en train de grignoter! Ainsi finissent les plus belles choses du monde. »

Les rois sont donc assez malmenés dans le conte slave, et les leçons à l'adresse de la royauté trahissent les tendances égalitaires de leurs auteurs. Le roi a beau tenir en ses mains le pouvoir suprême, l'homme du peuple avec ses mérites personnels ou le secours de ses talismans est digne de s'élever jusqu'à lui, d'épouser des princesses de race royale et d'arriver ainsi jusqu'au trône. (1).

Par contre, jeunes princes et princesses n'ont que des qualités, et le conteur ne sait en tracer que des portraits flatteurs. C'est sans doute parce qu'ils n'ont pas éprouvé encore le vertige de l'autorité despotique et que, par l'usage du pouvoir, ils n'ont pas eu des occasions de faire des mécontents.

A côté du pouvoir royal, il en est un autre moins redoutable sans doute, le pouvoir religieux, dont les ministres ne savent point cependant, comme ils devraient, imposer le respect autour d'eux. Aussi bien le conte russe n'épargne guère les popes, il les montre cupides et menteurs ; et ce sont là de vilains défauts pour des gens d'Eglise. Bien que le Russe soit foncièrement religieux, il en parle comme d'exploiteurs du peuple, de fonctionnaires fort gênants, mais dont il n'est pas possible de se passer. Ils ressemblent à ces prédicateurs critiqués par La Bruyère qui n'ont pas le caractère évangélique et reçoivent le salaire d'un sermon « comme d'une pièce d'étoffe »; ils sont « mercenaires » pour employer un mot de Bourdaloue, et considèrent leur ministère, comme une profession, un métier plus ou moins lucratif. En s'acquittant de ses fonctions sacerdotales le pope ne perd jamais de vue la rétribution qu'il en tire; et dès

(1) Notons dans le conte slave un mode singulier de succession au trône : La fille du roi en se mariant apporte en dot à son époux la moitié du royaume et a le droit, après la mort de son père, au gouvernement du royaume entier.

lors que cette rétribution vient à manquer, il est tout
disposé à négliger ses devoirs ou même à s'exempter
de ses charges.

Les enterrements sont une des occasions les meilleures pour se faire bien payer. C'est le sujet du conte
le Trésor.

Un vieillard très pauvre ayant perdu sa femme au
milieu de l'hiver ne trouvait personne pour l'aider à
l'enterrer. Il prend donc une pioche et une bêche et
va au cimetière creuser lui-même la tombe. Sa bêche
frappe un vase de métal rempli de ducats. « Gloire à
toi, Seigneur, s'écrie-t-il à cette vue; je pourrai ense-
velir ma vieille femme et accomplir les cérémonies
des funérailles. »

Son argent lui donne tout de suite des amis complaisants pour creuser la fosse et fabriquer le cercueil. Il
charge sa bru d'acheter des provisions pour le repas
funèbre, et il court chez le pope un ducat à la
main.

« Je t'ai pourtant bien dit, vieux butor, de ne pas te
présenter chez moi sans argent et déjà te voici revenu...

— Ne te fâche pas, révérend père, reprend avec
respect le vieillard. Voilà de l'or pour toi si tu consens
à enterrer ma vieille femme, et jamais je n'oublierai
ta bonté. »

Le pope reçoit l'argent et se met à cajoler le vieillard. Le ton de sa voix se radoucit comme par enchantement : « C'est bien, mon vieil ami, tout cela sera
fait selon ton désir. »

Après un profond salut le vieillard tourne les talons. Le pope et sa femme se regardent stupéfaits. Les funérailles ont lieu; le pope fait bombance au repas funèbre; il y mange comme quatre et va questionner son hôte :

« Fais-moi ta confession... Avoue-le moi, mon ami, tu as étranglé, tu as pillé quelqu'un. »

Le vieillard raconte sans détour comment il a trouvé le trésor. Le pope revient chez lui pris d'une cupidité folle, ne songeant plus qu'au moyen d'enlever l'or à ce rustre de moujik; il a manqué de charité à l'égard du pauvre et le voici qui imagine un stratagème de voleur.

Il se fait coudre par sa femme une peau de chèvre autour du corps et, sous ce déguisement honteux, il va frapper à la porte du vieillard :

« Qui est là? dit le vieillard.

— Le diable.

— C'est un saint lieu ici, reprend le pauvre homme en se signant et en murmurant des prières.

— Ecoute, vieillard, tu ne m'échapperas pas, même en priant et en te signant. Donne-moi plutôt ton vase d'or, sinon je te le ferai payer cher. »

Le vieillard regarde par la fenêtre. Il aperçoit les cornes et la barbe de la chèvre et ne doute plus qu'il voit le diable. Alors très philosophiquement il se dit à lui-même :

« Débarrassons-nous de lui et de l'or. J'ai bien vécu jusqu'ici sans or, je vivrai encore de même. »

Il met le vase d'or à sa porte. Le pope s'en saisit,

rentre chez lui au plus vite et recommande à sa femme de le bien cacher.

Le pope doit-il jouir impunément de son larcin ? La justice suprême se charge de la punition. Le pope l'apprend à ses dépens. Il lui est impossible d'enlever la peau de chèvre qui est une nouvelle tunique de Nessus ; sa femme, avec un couteau bien affilé, essaie vainement de la découdre ou de la fendre : le sang jaillit. Le pope a beau restituer l'or au vieillard, la peau de chèvre reste attachée à son corps.

Le conte populaire russe daube ainsi sur les popes, sans y manquer, toutes les fois qu'il en met en scène. Est-ce à dire que le pope soit méprisé par le peuple ? Non assurément. Ne se moque-t-on pas fréquemment des curés et des moines dans les fabliaux de nos ancêtres, qui datent d'une époque où le christianisme était tout autrement respecté que de notre temps ? Il est vrai que le pope prête à la critique ; il est marié — le mariage du prêtre est permis, comme on sait, par le schisme grec — et par cela même il est parfois besoigneux et ne donne pas toujours le bon exemple. Si le conteur exagère la satire, il y a un fond de vérité dans ses récits.

CHAPITRE X

LA FAMILLE

LE conte populaire slave honore les sentiments familiaux ; on y trouve des exemples
du respect que les enfants doivent à leurs
parents, des marques d'affection des parents pour
leurs enfants ; à côté de frères jaloux les uns des autres, on en voit d'autres qui sont bons et généreux, on
voit de mauvaises sœurs à côté de sœurs dévouées ;
comme dans nos vieux fabliaux, il y a de nombreuses
satires contre les femmes curieuses, bavardes, contre-
disantes, ambitieuses... et comme dans le vaudeville
et dans la comédie moderne, des moqueries et des
châtiments pour les belles-mères acariâtres.

Cependant le conte slave s'attaque de préférence
aux marâtres qui maltraitent les enfants du mari, tandis qu'elles sont, à l'égard des leurs, d'une faiblesse
manifeste ou d'une partialité révoltante.

Ce type de marâtre ne nous est pas d'ailleurs inconnu. La veuve du conte des *Fées* de Perrault a le même caractère que la marâtre du conte slave le *Pleur des Perles* (1). Les deux récits ont une ressemblance qui dénote une commune origine; il n'est donc pas sans intérêt de les rapprocher ici l'un de l'autre. On voit quels genres d'esprit différents animent le conteur slave et notre illustre conteur français, qu'il n'est pas permis d'oublier dès qu'il s'agit de contes merveilleux.

La veuve du conte slave a trois enfants : un beau-fils fort joli garçon, une belle-fille merveille de beauté et sa fille à elle qui n'est pas trop mal, mais qui est colère, vaniteuse, bavarde, indocile. Celle-ci a les louanges et les caresses de sa mère, fort dure en revanche pour les orphelins. « C'est une chose assez commune, dit le conteur, que d'aimer mieux ses propres enfants que ceux d'autrui; mais la justice demande que l'amour et la haine soient réglés par la modération, tandis que la méchante belle-mère aimait trop sa fille et détestait trop les enfants de son mari. »

Perrault, qui est très visiblement un auteur du xviie siècle dans sa manière de penser et d'écrire, essaye de simplifier. La veuve dont il parle est désagréable et orgueilleuse; sa fille aînée a même visage et même humeur qu'elle, tandis que la cadette est la plus jolie personne qu'on puisse voir, le vrai portrait de son père pour la douceur et l'honnêteté. Si l'aî-

(1) *Contes des Paysans et des Pâtres slaves* traduits par Alexandre Chodzko.

née est l'objet d'une préférence injuste, cette préférence s'explique par un motif d'ingénieuse psychologie, mais qui aurait paru subtil au conteur populaire : « Comme on aime naturellement son semblable, cette mère était folle de sa fille aînée et en même temps avait une aversion effroyable pour la cadette. Elle la faisait manger à la cuisine et travailler sans cesse. »

Le conte slave s'attarde un peu dans les détails. Il y a moins d'art et de mesure dans sa composition que dans le conte des Fées ; il n'est pas moins intéressant.

Reprenons le récit : « Un dimanche matin, la belle-fille, en se rendant à la messe, passa par le jardin afin de faire des bouquets pour orner l'autel. Elle avait à peine cueilli quelques roses qu'en levant les yeux, elle aperçut, assis sur un banc dans le berceau de verdure, trois beaux jeunes hommes vêtus d'habits d'une blancheur éblouissante, tout rayonnants de lumière ; auprès d'eux se tenait un petit vieillard tout blanc qui demandait l'aumône.

« L'orpheline, le premier moment de frayeur passé, tira de sa poche son dernier sou et le lui donna. Le pauvre la remercia, serra le sou dans son sac, puis élevant ses mains au-dessus de la tête de la jeune fille et s'adressant aux trois jeunes hommes :

« Voyez cette jeune orpheline ; elle est pieuse, patiente dans le malheur et si compatissante envers les pauvres qu'elle partage avec eux le peu qu'elle possède. Que lui souhaitez-vous ? »

Le premier dit : « Que ses larmes, quand elle pleurera, se changent en perles.

— Que son sourire, dit le second, fasse éclore des roses aux parfums les plus doux.

— Et que dans l'eau que touchera sa main naissent des poissons dorés.

— Qu'il soit fait comme vous l'avez dit, » ajouta le petit vieillard.

Et au même instant tous disparurent. Les inconnus n'étaient autres que Dieu et ses anges. L'orpheline, pénétrée de respect, se prosterna aussitôt comme une fidèle servante du Seigneur, pour lui rendre grâces, puis se leva joyeuse et courut à la maison. Elle y entrait, lorsque sa belle-mère l'arrêta et la frappa au visage : « Où donc as-tu été courir ? »

La pauvrette se mit à pleurer, mais, au lieu de larmes, des perles tombèrent de ses yeux, et les autres merveilles annoncées se réalisèrent.

La belle-mère aurait voulu que sa fille possédât les mêmes dons ; aussi, le dimanche suivant, elle l'envoie au jardin faire des bouquets pour l'autel. Les trois jeunes hommes reparaissent avec le vieillard qui demande l'aumône ; la jeune fille court vers lui, tire de sa poche une pièce d'or, mais elle la regarde en tous sens et la donne visiblement à contre-cœur.

Le vieillard la met dans son sac et s'adressant aux trois jeunes hommes : « Voyez-vous cette jeune fille, l'enfant gâtée de sa mère, elle est colère et méchante, elle a le cœur sec pour les pauvres. On sait pourquoi, la première fois de sa vie, elle a été si généreuse aujourd'hui. Dites quels dons vous désirez que je lui fasse. »

Le premier dit : « Que ses larmes se changent en lézards.

— Et que son sourire fasse naître de hideux crapauds, dit le second.

— Et qu'au contact de sa main l'eau se remplisse de serpents, ajouta le troisième.

— Qu'il soit fait selon vos paroles, » s'écria le vieillard.

Tous disparurent. La jeune fille effrayée courut rendre compte à sa mère de ce qui était arrivé. Ses larmes se changèrent en lézards ; l'eau où elle mettait sa main se remplissait de serpents ; elle ne pouvait sourire sans voir sortir des crapauds de sa bouche.

La belle-mère furieuse, désespérée, n'en conçut que plus de tendresse pour sa fille et une véritable haine pour les deux enfants de son mari.

Elle chassa de sa maison son beau-fils. Celui-ci, sans qu'il sut comment, se trouva en possession d'un charmant portrait entouré de perles, de roses et de poissons dorés. Il entra peu après au service du roi, qui par hasard aperçut le portrait et devint amoureux de celle qu'il représentait. La marâtre reçut donc l'ordre d'amener sa belle-fille à la chapelle du château où le roi l'épouserait ; mais auparavant elle alla trouver une magicienne qui lui indiqua un moyen de sorcellerie pour donner à sa fille la beauté de l'orpheline et de métamorphoser celle-ci en une petite cane. La fille de la marâtre épousa le roi ; cependant, après une série d'aventures aussi merveilleuses qu'extraordinaires, la supercherie fut découverte ; la marâtre fut brûlée

comme sorcière, sa fille chassée du palais, et l'orpheline
épousa le roi.

Le récit de Perrault est plus net, plus bref, plus
concis et il donne un aussi grand relief à la leçon morale. Le merveilleux y est atténué ; les circonstances
principales y sont seules conservées, mais légèrement
modifiées.

Il fallait, dit Perrault, que la fille cadette de la
veuve « allât deux fois le jour puiser de l'eau à une
grande demi-lieue du logis et qu'elle en rapportât plein
une grande cruche. Un jour qu'elle était à cette fontaine, il vint à elle une pauvre femme qui la pria de lui
donner à boire. « Oui-dà, ma bonne mère, » dit cette
belle-fille, et rinçant sa cruche elle puisa de l'eau au
plus bel endroit de la fontaine et la lui présenta, soutenant toujours la cruche afin qu'elle bût plus aisément.

« La bonne femme ayant bu lui dit : « Vous êtes
si belle, si bonne et si honnête que je ne puis m'empêcher de vous faire un don (car c'était une fée qui
avait pris la forme d'une pauvre femme de village
pour voir jusqu'où irait l'honnêteté de cette jeune
fille). Je vous donne pour don, poursuivit la fée, qu'à
chaque parole que vous direz, il vous sortira de la
bouche ou une fleur ou une pierre précieuse. »

Revenue au logis, aux premières paroles qu'elle
prononce, des pierres et des diamants tombent de sa
bouche. La veuve, fort étonnée du prodige, se fait
tout raconter et elle ordonne à Fanchon, sa fille pré-
férée, d'aller à la fontaine. Fanchon s'y rend en gron-
dant. Aussitôt arrivée, elle voit sortir du bois une dame

magnifiquement vêtue qui demande à boire. L'or-gueilleuse fille ne sait répondre que d'un ton hautain : « Est-ce que je suis ici venue pour vous donner à boire ? Justement j'ai apporté un flacon d'argent tout exprès pour donner à boire à Madame ; j'en suis d'avis, buvez à même si vous voulez. » — « Vous n'êtes guère honnête, reprit la fée sans se mettre en colère. Eh bien, puisque vous êtes si peu obligeante, je vous donne pour don qu'à chaque parole que vous direz, il vous sortira de la bouche un serpent ou un crapaud. »

D'abord que sa mère l'aperçut elle lui cria : « Eh bien, ma fille ? — Eh bien, ma mère, lui répondit la brutale en jetant deux vipères et deux crapauds. » — « Oh ! ciel, s'écrie la mère, que vois-je là ? C'est sa sœur qui en est la cause, elle me le payera. »

Et aussitôt elle courut pour la battre. La pauvre enfant s'enfuit et se sauva dans la forêt voisine. Le fils du roi, qui revenait de la chasse, la voyant si belle, en devint amoureux et l'épousa.

Voilà comment la vertu est récompensée et le vice est puni.

Il n'y a aucune complication dans ce récit, et cependant il est dramatique : chaque phrase, presque chaque mot, va droit au but et rend vivants les person-nages.

Si maintenant on embrasse d'un seul regard les deux contes, on est frappé du caractère distinct de chacun d'eux. L'un a la naïveté d'un conte popu-laire qui abuse du merveilleux, mais sa moralité est plus haute, et pour tout dire d'un mot, plus chrétienne que la moralité de l'autre, tout excellente qu'elle soit. Dans le conte français, un travers est puni par la fée avec une sévérité quelque peu exagérée ; dans le conte slave, c'est une vertu chrétienne, l'aumône qui est récompensée. Et non pas l'aumône banale, mais celle qui est accompagnée d'un sentiment généreux et suppose l'esprit de charité, de sympathie pour le pauvre.

Les personnages ne se ressemblent point. Ici Dieu et ses anges sont mis en scène, et là c'est une fée. Le conte slave commence comme une légende du merveilleux chrétien et se termine dans les inventions du merveilleux oriental et païen. Le conte de Perrault n'est qu'une leçon composée avec les données du merveilleux féerique ; il est l'œuvre d'une civilisation avancée, il appartient à une littérature classique, riche en chefs-d'œuvre, qui n'a pas été religieuse à une époque religieuse, mais qui a cherché avant tout à être l'expression brillante des idées les plus générales.

Au xviie siècle, il n'eût pas paru convenable de montrer Dieu et ses anges venant sur la terre punir la fille orgueilleuse de la marâtre en la condamnant à vomir sans cesse des lézards, des crapauds et des serpents. La fée, au contraire, être fantaisiste, n'éveille pas dans l'esprit d'idée très nette, ni d'image précise, et elle est tout juste assez réelle et assez humaine pour mettre d'accord par ses actes notre imagination et notre raison.

Quoi qu'il en soit, les contes slaves ont des qualités d'originalité, de naïveté qui leur sont propres ; ils sont les prototypes de nos plus jolis contes populaires et de nos contes de fées. Il est d'ailleurs bien certain que la vraisemblance, plus ou moins exactement observée dans les récits, n'est point la mesure de l'intérêt, et Fontenelle a fort bien dit : « Quoique nous soyons incomparablement plus éclairés que ceux dont l'esprit grossier inventa de bonne foi les fables, nous reprenons très aisément le même tour d'esprit qui rendit les fables si agréables pour eux ; ils s'en repaissaient parce qu'ils y croyaient, et nous, nous en repaissons avec autant de plaisir sans y croire. »

LES RUSSES

JUGÉS PAR JOSEPH DE MAISTRE

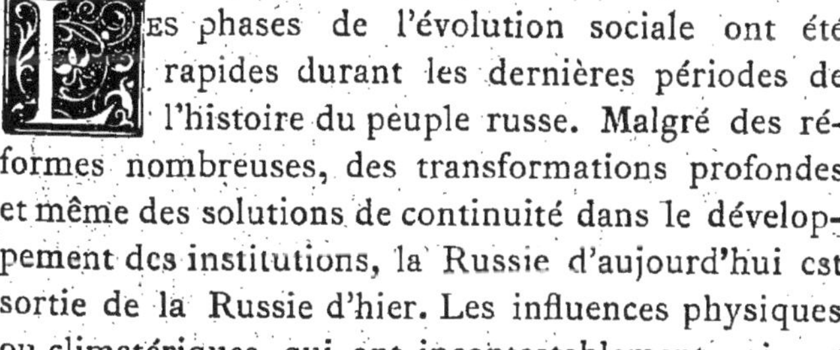

> Jamais on n'a écrit sur la Russie avec amour. (L. 248. T. V.) (1)
> La Russie est un grand spectacle que je ne contemplerai jamais sans amour ni sans terreur. (L. 456. T. V.)

Les phases de l'évolution sociale ont été rapides durant les dernières périodes de l'histoire du peuple russe. Malgré des réformes nombreuses, des transformations profondes et même des solutions de continuité dans le développement des institutions, la Russie d'aujourd'hui est sortie de la Russie d'hier. Les influences physiques ou climatériques, qui ont incontestablement agi sur

(1) Tous les renvois indiqués dans cette étude se rapportent à l'excellente édition des œuvres complètes de Joseph de Maistre publiées par M. E. Vitte, Lyon, 1887. Les chiffres arabes indiquent l'ordre du classement des Lettres, et les chiffres romains la tomaison des volumes de la *Correspondance*.

le caractère et la civilisation russes, sont restées les
mêmes ; les influences héréditaires qui viennent de la
race se sont perpétuées et n'ont cessé de produire
leurs effets ; le génie russe a pu se modifier depuis
un siècle sans que les traits qui constituent l'indivi-
dualité nationale aient été gravement altérés. Aussi
bien, il n'est pas sans intérêt de noter les opinions
exprimées sur la Russie par un observateur sagace,
un penseur dont l'esprit était merveilleusement doué
pour la généralisation et la synthèse. J'ai essayé de
rapprocher les remarques les plus significatives qui
sont éparses dans la volumineuse correspondance de
Joseph de Maistre, récemment publiée, où il montre
non seulement ses qualités d'éminent écrivain, mais
une franchise d'accent, une bonhomie de ton et d'expression tout à fait séduisantes. Sans prétendre que
des textes, empruntés à des lettres écrites souvent au
courant de la plume, soient des jugements inatta-
quables et sans appel sur tous les points, ils n'en sont
pas moins d'un grand poids.

Joseph de Maistre n'a pas été un de ces voyageurs
comme il y en a tant aujourd'hui, qui traversent un
pays en chemin de fer, y séjournent quelques semaines
et en rapportent assez d'impressions pour remplir un
volume. Il a passé une partie notable de sa vie, quatorze années (1803-1817), à Saint-Pétersbourg, en
qualité de ministre plénipotentiaire auprès de l'empereur de Russie. La nature de son emploi et plus
encore les sympathies personnelles qu'il avait acquises
par son esprit et ses qualités aimables à la cour et

dans la haute société russe lui permettaient de regarder beaucoup de choses et de les bien voir. S'il est
vrai que le caractère national paraît plus à nu dans les
grandes crises sociales ou politiques, Joseph de Maistre
se trouvait à Saint-Pétersbourg au meilleur moment,
puisque l'Empire russe était alors aux prises avec les
aigles de Napoléon. Au reste, l'écrivain est d'une indis-
cutable sincérité et ne cherche jamais à formuler des
critiques de parti pris. « Après un si long séjour dans
ce pays, écrit-il au comte de Vallaise (1) en 1815, les
bontés que j'ai éprouvées m'ont en quelque sorte
naturalisé de manière que je prends un intérêt extrême
à tout ce qui concerne la Russie. Les étrangers lui
ont fait bien du mal ; lui ont vendu des poisons, l'ont
calomniée, séduite ou insultée. Je voudrais bien faire
tout le contraire selon mon pouvoir, et je suis persuadé qu'on pourrait lui dire de bonnes choses par
écrit avec respect et amour. »

« Je sens fort bien, dira-t-il (2) ailleurs, que j'ai
moins de raisons que mille autres de me plaindre de
ma situation. Secoué à l'excès par l'infernale Révolution, j'ai trouvé ici la tranquillité la plus honorable et
les bontés les plus flatteuses. Cependant, il y a deux
choses dont le souvenir s'efface difficilement ou ne
s'efface point du tout : le soleil et les amis. »

« Quoiqu'il ne soit pas absolument impossible
de trouver quelques abus en Russie et certaines

(1) Lettre 426. T. V. de la *Correspondance*.
(2) L. 130. T. I.

choses pénibles, cependant je m'étais attaché à ce pays » (1).

« Je suis devenu Russe ici » (2), déclare-t-il enfin. Et il serait aisé de multiplier ces témoignages de gratitude si on avait sujet de mettre en doute les sentiments bienveillants de Joseph de Maistre pour les Russes.

(1) L. 493. T. V.
(2) L. 172. T. I.

CHAPITRE PREMIER

—

ES ambassadeurs sont dans l'obligation, pour tenir leur rang à Saint-Pétersbourg, d'y faire de grandes dépenses. Aussi l'ambassadeur d'Autriche « ne veut pas se charger de cette représentation à moins de 25.000 ducats ; et, en effet, il n'y a pas moyen d'être ambassadeur ici à moins. Le prince Kourakin en a 40.000 à Paris ; M. de Caulaincourt a 700.000 francs ici sans compter un hôtel superbe que lui fournit l'empereur. L'envoyé de Bavière, qui est Français (le chevalier de Bray), n'a pas voulu venir à moins de 50.000 florins d'Allemagne par an, outre une somme immense pour son voyage et son établissement ; celui de Hollande a 10.000 ducats par an » (1). Joseph de Maistre, fort mal payé par son maître le roi de Sardaigne, ne peut songer à imiter, même de loin, un pareil luxe. Pour

(1) L. 303. T. III.

l'appartement qu'il occupe sur le canal Catherine, il paye un loyer de 1.500 roubles, et « il n'y a pas eu moyen de trouver à moins ». Il raconte à sa sœur Mme de Constantin comment il a organisé sa maison. « J'ai, dit-il(1), un noble laquais qui prend des leçons de français de je ne sais quel polisson, qui n'en sait guère plus que lui, à un rouble la leçon ; il est vrai qu'il ne s'en permet qu'une par semaine. Je lui donne moi 18 roubles par mois, autant à son digne collègue, 40 au valet de chambre, avec une foule de présents, sans quoi on me le vole et j'aurai un fripon. Que dis-tu de ce ménage, mon enfant ? Et crois-tu peut-être que j'aie le droit de prier un de ces gentilshommes de balayer ma chambre ou d'emporter ce qui peut s'y trouver de trop ? Point du tout, ma très chère. Je ne les garderais pas deux jours si je me donnais de telles libertés. C'est le mougik (le paysan) qui est chargé de cette besogne et qui dort la nuit à la porte, étendu à terre comme un chien ; le mien *qui ne se refuse rien* dort sur une table ; avec cela, un cocher, un postillon et quatre chevaux. On ne peut se présenter avec deux. Note bien que tout ce train est celui d'un pauvre homme ; il n'est supportable que parce qu'on connaît ma posision et celle de celui qui m'envoie, autrement il faudrait partir. Le ministre, pour vivre en ministre, doit dépenser de 35 à 40.000 roubles. Avec 25, il faut qu'il vive très sagement et ne s'avise pas de donner ce qu'on appelle des fêtes. »

(1) L. 52. T. I.

Une autre fois, Joseph de Maistre fait part de ses embarras au chevalier de Maistre (1). Il est obligé de faire des prodiges d'économie pour tenir sa place à peu près convenablement dans le monde et à la cour : « Ce que je puis te dire en général, c'est qu'il n'y a peut-être rien de plus extraordinaire que ma situation et *ma situation*, la figure que je fais et la *figure que je fais*. Voici le second hiver que je passe sans pelisse ; c'est précisément comme de n'avoir point de chemise à Cagliari ; au sortir de la cour ou de chez le chancelier de l'empire, au milieu de toute la pompe asiatique, un fort vilain laquais me jette sur les épaules un manteau de boutique. Le service d'un seul laquais étant réputé impossible ici, à raison du climat et de la fatigue, pour en avoir un second, j'ai pris un voleur qui allait tomber dans les mains de la justice ; je lui ai proposé de devenir honnête homme à l'ombre de mon privilège de ministre ; depuis quelques mois cela va. Le traiteur qui me nourrissait ou qui m'empoisonnait ayant changé d'habitation, je ne puis l'atteindre ; j'ai pris le parti de partager la soupe de mon valet de chambre. Le défaut de domestique dans ce pays et dans ma position est un des plus singuliers supplices qu'il soit possible d'imaginer et dont tu ne peux te former l'idée à la place où tu es »…. « un étranger qui a trois enfants ici n'en peut élever aucun (j'entends relativement aux arts agréables) à moins qu'il ne soit ambassadeur d'Angleterre ou quelque

(1) L. 3í3. T. III.

chose de semblable. L'éducation d'une jeune demoiselle coûte dix mille francs ; c'est une chose dont vous n'avez pas l'idée. On manque ainsi de maîtres, parce qu'on ne peut en jouir » (1).

Tout se vend fort cher à Saint-Pétersbourg. « Une paire de souliers du bon faiseur coûte 8 roubles (le rouble vaut trois livres 10 sous de France, environ) ; moins élégants, on les a pour cinq ; une aune de drap de France 24 roubles, un perruquier le plus commun 12 roubles, un maître de dessin, de danse, etc..., 5 roubles par *leçon* ; les meilleurs jusqu'à 8 et 10 » (2).

Joseph de Maistre, à un certain moment, déclare avoir dépensé en moins de sept semaines, 2.000 roubles, « avec l'impossibilité de pouvoir en assigner cinq de dépenses de fantaisie ». Une bouteille de vin de Champagne ou de Bordeaux coûtait alors jusqu'à 8 roubles ; aussi chez lui il ne buvait que « d'assez mauvaise bière, et à la fin du repas un petit verre de Porto comme nous buvons les liqueurs » (3).

Les denrées et les marchandises de première nécessité sont hors de prix sans pourtant que le luxe veuille rabattre la moindre de ses exigences. Ainsi « huit marchands du peuple, dont quelques-uns, suivant les apparences, étaient serfs, ont dépensé 450 roubles dans une seule séance à la taverne et ils ont bu entre autres dix-neuf bouteilles de vin de Champagne à 10 roubles la bouteille. » Ces folles dépenses sont

(1) L. 178. T. II.
(2) L. 52. T. I.
(3) L. 280. T. III.

citées en exemple par notre auteur qui ajoute dans sa lettre au roi Victor-Emmanuel (1) : « Si Votre Majesté songe que ce délire n'est qu'une miniature de celui des grands, elle jugera ce que c'est que ce peuple qui ne calcule rien, qui ne prévoit rien et dont les moindres fantaisies sont des accès passionnés qui veulent se satisfaire à tout prix. »

« Rien ne coûte pourvu qu'on jouisse » (2) ; ce serait là, d'après les récits de Joseph de Maistre, la devise de beaucoup des Russes de la haute société qu'il avait sous les yeux. Les jeunes officiers de la Garde impériale sont de ce nombre : « Au milieu de la détresse universelle (1809) le luxe va son train : vin, chevaux, équipages, bals, feu d'artifices, etc., etc... Un traiteur français est allé s'établir au village de Novoïderevonie où campent les Chevaliers-Gardes. Il a loué trois maisons et il donne à manger à ces Messieurs pour trois roubles par tête *sans le vin. C'est pour rien !* Il a sur sa table un beau volume in-folio intitulé *Crédit de campagne.* Il y a des bas officiers qui ont 8.000 roubles de pension et des officiers qui n'ont rien, tous dépensent également. Il y a peu de jours qu'un cornette, qui touche mon fils dans le régiment, donna un dîner de 400 roubles sans en avoir un dans sa poche. *Dépenser* c'est l'unique affaire, *payer* n'est rien, personne n'y pense » (3).

Il est vrai qu'il y avait de très honorables excep-

(1) L. 3oi. T. III.
(2) L. 56. T. I.
(3) L. 284. T. III.

tions. Rodolphe de Maistre, élevé par son père dans de sévères principes, prit du service auprès de l'empereur. Mais il avait beau être un jeune homme rangé, sa solde ne pouvait lui suffire.

« Mon fils, dit Joseph de Maistre, me coûte 4.000 roubles, quelquefois moins, quelquefois plus ; ainsi il faut compter sur 4.000 jusqu'à un certain avancement. Il vit cependant ici d'une manière qui surprend tout le monde, et vous n'en serez pas surpris vous-même lorsque vous saurez que l'établissement d'un chevalier-garde est ici de 8.000 roubles par an, outre le carrosse à quatre chevaux. On n'a pas l'idée d'un luxe aussi extravagant. Mon fils ayant la permission de loger avec moi (en général les officiers logent aux casernes), nous courons souvent le monde dans la même voiture. Pour les moments où il est obligé de m'abandonner, il a un traîneau à deux chevaux. »

Les fêtes offertes à l'empereur ou données à la cour sont des occasions de dépenses considérables. Joseph de Maistre, si habitué qu'il soit d'assister à ces spectacles, en est pourtant ébloui, et il ne manque pas dans ses lettres de décrire la profusion qui y règne. Il dit ce qu'elles ont coûté, le luxe qu'on y a déployé. Ces fêtes ont pour compléments nécessaires des bals, comédies, ballets, soupers, feux d'artifice.

Les négociants de Saint-Pétersbourg à l'inauguration de la nouvelle Bourse ont donné un magnifique dîner de 300 couverts à l'empereur et à sa famille. « Le repas a coûté 46.000 roubles, savoir : 18.000 remis au sieur Riquetti, cuisinier de S. M. I., pour ce qu'on appelle le dîner proprement dit; 1.800 pour le dessert et 10.000 pour les vins. Les fonds excédaient 60.000 roubles, mais il faut compter la musique, les décorations, le service, etc... Rien ne manquait à la splendeur de ce repas, et il y avait surtout une telle profusion de fruits qu'elle a paru sans exemple. On a remarqué aussi un sterlet de 500 roubles... » (1), Cela dépassait de beaucoup les prix de Paris à la même époque, car « à Paris le fameux Robert, sur l'ordre de S. M. I., lui prépara du soir au matin un repas de 60 couverts pour 6.000 francs en se chargeant de tous les préparatifs, ce qui surprit fort l'empereur. » (2)

La garde veut célébrer l'arrivée de l'empereur. « Il y aura danse, souper de 400 couverts au moins, comédie, ballet. Le dernier officier est taxé à cent roubles et la fête en coûtera soixante mille. » (3)

Les soirées avec bal et souper données à la cour sont estimées à 50.000 francs. « Rien de plus beau, dit Joseph de Maistre, que le service et l'illumination; tous les fruits et toutes les fleurs se trouvent sur les tables, car l'été du soleil n'a que trois ou quatre mois ; mais l'été des poêles ne finit pas » (4). Alors que l'hiver exerce toutes ses rigueurs, que l'on traverse en traîneau la Néva, que la terre est cachée sous une couche épaisse de neige et de glace, « toutes les tables

(1) L. 480. T. V. Le sterlet est un petit esturgeon.
(2) Idem.
(3) L. 271. T. III.
(4) L. 276. T. III.

étaient environnées, j'ai presque dit ombragées, par des orangers en pleine verdure; il y avait des asperges, des poires, des raisins et des amandes à foison; il serait difficile de violer la nature avec plus de luxe et d'élégance » (1). Il est bien vrai que pour obtenir ces fruits « on couvre la campagne d'or; car il faut vaincre le climat et la qualité du terrain » (2).

L'ambassadeur de France Caulaincourt donne en 1809 un grand repas de 400 couverts. « Il y avait sur la table de la Cour sept poires magnifiques venues d'une terre de Moscou, qui avaient coûté 700 roubles. On a beaucoup parlé de ces poires dont l'histoire est plaisante.

« Il y en avait dix dans une serre de l'empereur, à Moscou. Le grand maréchal, toujours empressé de faire sa cour, les offrit à l'ambassadeur de France pour sa fête. Pendant qu'il faisait cette offre, un drôle les volait à Moscou; il a été pris et fait soldat, mais les poires étaient vendues et portées à Saint-Péters-bourg. Trois étaient pourries; les sept autres ont été achetées à cent roubles la pièce » (3).

Dans ces grands repas, souvent la table est servie « à la russe, c'est-à-dire qu'on n'expose que le dessert; les plats chauds et toutes les viandes sont dans une autre pièce et on les apporte l'un après l'autre aux con-vives. » Dans les grandes occasions, comme au mariage de la grande-duchesse Marie avec le prince de

(1) L. 499. T. V.
(2) L. 56. T. I.
(3) L. 277. T. III.

Saxe-Weimar, il y a mascarade après le dîner. « La mascarade est quelque chose de particulier à ce pays ; ce mot signifie qu'on a un domino sur le corps, car, du reste, personne n'est masqué. Ces jours-là tous les battants sont ouverts, entre qui veut. Il y a bien des billets d'entrée, mais on les distribue en nombre immense et sans distinction de personnes ; c'est un pêle-mêle charmant, quoique un peu étouffant en été. Il y a malgré la foule beaucoup d'ordre et de respect.... L'illumination du parc et du palais est ce que j'ai vu de plus beau dans ce genre. Ayant pris par curiosité quelques renseignements auprès des personnes chargées de cette décoration, j'ai su qu'il y avait 10.000 flambeaux de cire, 300.000 lampions, 40 verstes de chemin illuminées (1) et 900 personnes chargées de l'*allumage* (si vous voulez passer le mot). La beauté des eaux ajoutait encore à celle de l'illumination, qui a été au delà de 40.000 roubles. Le parc, qui est très grand, est coupé de mille allées qui étaient toutes illuminées de la manière la plus riche et la plus pittoresque » (2).

Parmi les cérémonies qui ne sont plus, comme les fêtes de la cour, réservées à des privilégiés, il faut citer comme une des plus curieuses la bénédiction des eaux de la Néva au mois de janvier de chaque année. « On bâtit sur la Néva une espèce de pavillon ou, si tu veux, dit Joseph de Maistre à son frère le

(1) Environ cinq lieues.
(2) L. 57. T. I.

chevalier, un temple en rotonde antique fermé par un circuit de colonnes et ouvert de toutes parts. Dans cette enceinte, on fait un trou à la glace qui met à découvert les eaux de la Néva et l'on remplit un baquet qu'on bénit et dont l'eau sert ensuite à baptiser les enfants nouveau-nés qu'on y présente, et à bénir les drapeaux de tous les corps de troupes qui sont à Pétersbourg.

« La cérémonie faite, on verse l'eau du baquet dans le puits, et voilà comment toute la Néva se trouve bénite par communication. Jadis on apportait une grande importance à faire baptiser les enfants avec cette eau : on les plongeait immédiatement, suivant le rite grec, dans l'eau de la Néva ; et quelques voyageurs ont raconté sérieusement que lorsque l'archevêque laissait échapper de ses mains, pétrifiées par le froid, quelqu'un de ces enfants, il disait froidement : *Davai drougoi* (Donnez-m'en un autre). C'est un conte fondé, comme il arrive toujours, sur quelques cas particuliers généralisés par la malice. Au surplus le Gange voit souvent des choses tout aussi extravagantes.

« Le matin de l'Epiphanie, le clergé, avec ses plus beaux habits de cérémonie, part du Palais d'hiver en procession pour se rendre sur la Néva, et toute la cour suit à pied. Maintenant les princesses seules et les petits princes se trouvent à cette procession, l'empereur et le grand-duc Constantin, son frère, étant à cheval à la tête des troupes. La cérémonie dure plus d'une heure, et je n'ai pas encore vu, depuis six ans, que les princesses s'en soient dispensées. A leur retour, elles viennent se placer sur un grand balcon ou, pour mieux dire, sur une petite terrasse attenante à l'une des grandes salles du palais. C'est là où nous leur faisons notre cour pendant que les troupes défilent devant elles. Cette seconde procession n'a pas duré moins de deux heures mortelles ; et je ne doute pas, en considérant ce temps et l'immense espace que les troupes occupaient, et ayant pris d'ailleurs l'avis des hommes les plus instruits, que nous n'ayons vu défiler trente mille hommes. Toutes ces troupes (d'une beauté incomparable) ont fait, pendant la procession, trois salves divisées par corps et ont tiré d'une manière détestable. Nos milices auraient été punies pour une pareille lourdise. Ici, il ne m'a guère paru qu'on y ait fait la moindre attention. J'ai déjà observé ce phénomène d'autres fois. Un tiers des fusils peut-être a gardé le silence. Les yeux français et autrichiens ont bien aperçu cette circonstance, qui a été attribuée aux défauts des armes ; mais j'en doute beaucoup. Outre l'envie de garder la poudre, il y a une autre cause qui te paraîtra bien étrange, mais dont je ne suis pas moins parfaitement assuré : c'est la peur des recrues qui craignent de tirer ! » (1) Mais ces fautes de détails étaient exceptionnelles, paraît-il, car Joseph de Maistre, en assistant à une autre parade, a remarqué « la beauté des troupes, la précision et l'exactitude des mouvements qui ne peuvent être

(1) L. 250. T. III.

comparées à rien dans ce monde ; c'est une mécanique qui a l'air de se mouvoir par des rouages. La cavalerie surtout est prodigieuse : il semble que le cheval ait acquis le raisonnement et que l'homme l'ait perdu ; ou plutôt c'est un centaure mu par une volonté unique. C'était un spectacle admirable de voir ces *carrés* denses s'avancer dans cette grande place, se briser tout à coup, s'allonger, raser des angles droits, tourner avec une rapidité graduellement accélérée, sur un pivot attentif, sans jamais altérer la rectitude mathématique des lignes. C'est une roue, c'est l'évantail d'une dame qui se déploie sur l'axe commun des baguettes » (1).

Ces parades, où l'on voyait une petite armée exécuter d'habiles manœuvres, étaient renouvelées toutes les fois qu'il s'agissait de célébrer un événement de quelque importance. Joseph de Maistre en admirait la belle ordonnance, mais n'oubliait pas de marquer les inconvénients qui en pouvaient parfois résulter, témoin cette petite note malicieuse : « L'empereur a fait manquer la messe, le jour de Pâques, à 40.000 chrétiens, russes ou catholiques, pour une parade. C'est un commentaire sur la Convention chrétienne de Paris. » (2)

(1) L. 504. T. VI.
(2) L. 460. T. V.

CHAPITRE II

L'EMPEREUR. — LE GOUVERNEMENT

DANS un empire autocratique, comme est celui de Russie, c'est vers le souverain, dont tout dépend, qu'il faut tourner les regards de prime abord. Joseph de Maistre, durant sa longue mission à la cour de Saint-Pétersbourg, a fréquemment approché l'empereur Alexandre Ier, et il s'est plu à en tracer des portraits flatteurs. A beaucoup de louanges il n'a mêlé que peu de réserves. « Son cœur, dit-il en parlant d'Alexandre, est ce qu'on peut imaginer de plus naturellement droit et honnête ; malheureusement ses sujets aiment bien mieux le critiquer que l'instruire. Des hommes comme nous le porteraient aux nues ; ici on s'amuse à le jeter à terre... Pour moi, je ne puis vous dire combien je lui suis attaché, indépendamment de tout motif de reconnaissance personnelle... L'empereur est extrêmement humain et bon ; il n'aime choquer, n'attrister personne ; il est capable de pardonner des injures personnelles dont il a la preuve en main, il n'aime pas le faste, peut-être même ne l'aime-t-il pas assez ; il est cependant ami des dépenses utiles, bienfaisant, magnifique même dans l'occasion, singulièrement ami de la probité qui marche sur la ligne droite sans intrigues, et plein de grandes maximes de justice universelle ; mais lorsqu'on en vient à l'application de ces maximes et qu'il s'agit d'opérer, il n'est pas heureux. Il y a une malédiction générale sur toutes les affaires, au point que je ne saurais vous dire ce qui va bien. On l'accuse d'être défiant, et en effet il l'est à l'excès, mais ceux qui font cette accusation devraient penser que le prince, qui est méfiant au milieu d'hommes qui méritent sa confiance, a certainement grand tort ; mais que, dans le cas contraire, il a bien raison. Or les gens qui se plaignent devraient mettre la main sur la conscience et se demander s'ils méritent la confiance de l'empereur..... » « Quand je pense, dit encore Joseph de Maistre, qu'il a été élevé par un maître qui ne lui a enseigné que la philosophie du XVIIIe siècle, et par un père qui ne lui a enseigné que le corps de garde ; en songeant à ce qu'il est, j'ai envie quelquefois de lui embrasser les genoux et de le proclamer *Père de la patrie* (puisque patrie il y a) » (1).

Toutefois l'empereur de Russie ne répond pas, sur bien des points, à l'idéal que Joseph de Maistre s'est formé du souverain. « L'empereur se trouve trop puissant et voudrait qu'on le débarrassât d'une

(1) L. 199. T. II. L. 290. T. III.

partie de son autorité. Je suis très sûr que, dans le fond de son cœur, il n'aime réellement que son *grand ami* le résident des Etats-Unis. Son éducation l'a imbibé d'idées républicaines et c'est peut-être un des plus grands phénomènes qui existe dans ce monde ; il préside encore à ces grands dîners d'étiquette où les cinq premières classes de l'Etat sont admises, mais il est sans habits royaux, sans trône, sans couronne et sans dais. Il fait ses excuses au chambellan *de la peine qu'il lui a donnée*, tandis que les chambellans devraient intriguer six mois pour avoir l'honneur de le servir dans ces occasions.

« Tout signe extérieur qui sort des formes ordinaires, un baise-main, par exemple, lui fait à peu près horreur. La princesse Boloselski l'entretenant un jour dans sa voiture, il avait la main appuyée sur la portière. La bonne qui portait le petit enfant de la princesse l'approcha de la voiture, et l'enfant baisa la main de l'empereur. Le prince la retira brusquement avec une espèce d'effroi. Il y a peu de temps que le graveur de la cour lui ayant présenté le type des nouvelles monnaies portant son effigie, l'empereur le réprouva en disant : Cette monnaie n'est pas à moi, elle est à mon peuple. Etranges paroles et que votre Majesté (le roi Victor-Emmanuel) trouvera bien plus singulières, si Elle pense qu'elles appartiennent à un pays où la *Gazette de la cour* écrit : *S. M. l'Empereur a daigné communier un tel jour*. Jamais, dans la conversation, il n'arrivera à l'empereur de parler des droits de la souveraineté ou de l'honneur de sa couronne. Il dit : Le poste que j'occupe, la nation dont j'ai l'honneur d'être le chef... Je suis au reste très persuadé que si ce prince commandait à une nation qui eût la fibre délicate du Midi, cette crainte perpétuelle qu'il montre de trop peser sur l'homme serait sentie si vivement, qu'on l'en paierait par des sentiments portés jusqu'à l'enthousiasme; que lui, de son côté, flatté par des démonstrations sur lesquelles il ne pourrait se méprendre, se laisserait adorer tranquillement et qu'il serait porté aux nues. Mais il est déplacé, il n'est point Russe du tout. Les sujets le jugent sans miséricorde et lui ne se fie point à eux, il s'appuie volontiers sur la fidélité des étrangers » (1).

Ainsi, avec les meilleurs intentions du monde, Alexandre Ier ne savait point contenter ses sujets ni tenir au mieux les rênes du gouvernement; sous son règne, le despotisme et la liberté faisaient une alliance assez étrange. « Il n'y a pas de pays, dit Joseph de Maistre, où l'on rencontre plus de disparates. Celui qui dirait que l'on y trouve l'extrême servitude aurait raison, et celui qui dirait que l'on y trouve l'extrême liberté aurait raison aussi. J'ai souvent dit (et je crois que c'est une vérité capitale) que ce ne sont point les coups de sabre une fois donnés qui chagrinent et impatientent les hommes, mais bien les coups d'épingle répétés; or ici il n'y a pas de coups d'épingle. Le Russe, qui déteste les minuties et les petites observances, même les règles un peu strictes, traite les autres comme il aime à être traité. Jamais, dans les

(1) L. 321. T. IV.

actions communes de la vie, on ne trouve l'autorité sur
sur son chemin. Faites ce que vous voudrez est la loi
fondamentale, la loi universelle de la Russie ; on
pourrait dire même, sans exagération, qu'on y exagère la liberté » (1).

Il n'en est pas toujours ainsi cependant, et Joseph
de Maistre ne manque pas de signaler des mesures
administratives des plus désagréables. « Personne ne
peut entrer ni sortir de Russie sans un passeport
russe. Le passeport donné dans l'empire à un étranger quelconque par son ministre ne lui sert que pour
en avoir un du gouvernement russe. Le *visa* n'a été
adopté que rarement et par manière d'exception. Les
courriers étrangers sont obligés de même de se procurer ou le passeport ou le *visa*. Quant aux frais, il
faut rappeler les coutumes du pays. Tout homme qui
veut voyager en Russie avec des chevaux de loyer, ou
les siens propres, n'a d'autre formalité à remplir que
de se faire inscrire trois fois de suite dans la *Gazette
officielle*, après quoi personne ne se mêle de lui. S'il
veut prendre la poste dans l'empire, il n'a besoin que
du *Pederejno* (ce qui signifie *papier de route*) ; ce
papier porte l'ordre de fournir au porteur tant de
chevaux de poste, et le gouvernement prélève un ko-
pek par cheval, pour chaque section de poste. Pour
avoir ce passeport, on écrit une lettre au gouvernement militaire, qui l'envoie avec une simple apostille
à l'office des postes. S'il s'agit de sortir de Russie, il

(1) L. 290. T. III.

faut avec le *Pederejno* (soit qu'il s'agisse d'un étranger ou d'un indigène) un passeport qu'on demande au chancelier de l'empire et qui s'accorde gratis » (1).

Comme cela est simple et pratique ! Comme cela rend les voyages faciles ! Ce n'est pas tout : même si l'on ne voyage point, il faut remplir des formalités pour le séjour sur le sol russe. « Tout Russe qui n'est pas au service de l'empereur (civil ou militaire) ne peut demeurer nulle part sans un passeport qui l'y autorise. En vertu de ce passeport, on lui donne un certain billet de résidence qui doit se renouveler chaque mois dans un bureau créé pour cet objet » (2). Pour obéir à cette prescription, les domestiques mêmes de Joseph de Maistre, bien qu'il soit le représentant d'une cour étrangère, sont obligés de présenter leurs passeports chaque mois au bureau général de la police; il faut donc que, chaque mois, il leur remette ces pièces en main. De là résulte, paraît-il, « un inconvénient immense ; car, pendant que le domestique est possesseur de son passeport, il est maître de sa personne, il peut faire un mauvais coup, changer de place, etc..., il peut me dire d'ailleurs que l'officier de police ne l'a pas expédié, et je ne puis savoir la vérité, d'autant plus qu'il est sévèrement défendu aux officiers de police de communiquer avec les ministres » (3).

Le goût de tout surveiller se manifeste sans ver-

(1) L. 395, 397. T. V.
(2) Idem.
(3) L. 297. T. V.

gogne. « S'il y a une cour au monde jalouse et soup-
çonneuse en politique, c'est celle de Russie. Elle
éclaire tous nos pas, elle décachète toutes nos lettres,
elle nous écarte d'elle avec une affectation marquée ;
si quelque agent des affaires étrangères s'avisait de
nous faire une visite, il serait irrémissiblement
perdu. » (1) Les ambassadeurs sont traités par le gouvernement, eu égard à leurs correspondances, comme
des enfants au collège : « Lorsque les lettres adressées aux ministres étrangers arrivent à Saint-Pétersbourg, elles sont décachetées ; on n'en fait aucun mystère. Tout ce qui peut se lire est copié et les chiffres même
le sont, du moins en grande partie. Toutes les fois
surtout que la dépêche est longue, qu'elle est signée
par un souverain, qu'elle coïncide avec quelque grand
événement ; mais surtout (ceci est le point capital),
lorsqu'on peut croire qu'elle contient quelque communication à faire au ministère, on n'y manque
jamais » (2).

Il est permis de blâmer ces mesures ; mais que
dire du knout, supplice digne d'un peuple barbare ?

En 1806, Joseph de Maistre écrivait à sa sœur
Mme de Saint-Réal : « N'as-tu pas envie de savoir par
hasard ce que c'est que cet épouvantable supplice du
knout ? Ce mot ne signifie essentiellement, dans la
langue russe, que *fouet.* Dans la main des bourreaux, c'est un fouet particulier, composé d'un man-

(1) L. 135. T. II.
(2) L. 102. T. I.

che assez court, d'une première lanière de cuir, et d'une seconde, un peu plus longue, formée avec la peau extrêmement épaisse d'un certain poisson, bouillie et apprêtée dans l'huile. Le coupable, nu jusqu'à la ceinture, est attaché sur une planche inclinée. Le bourreau, placé derrière à une certaine distance, lève le knout qu'il tient à deux mains, fait une espèce de saut en s'approchant du patient, et lui décharge un coup sur le dos en commençant par le haut; il recule et frappe un second coup précisément à côté, sans jamais se tromper. Chaque coup fait voler en l'air le sang et les chairs, et bientôt le malheureux n'est plus qu'un squelette sanglant, une espèce de dissection vivante.

> Triste objet où des dieux triomphe la colère !...

« On dit, qu'un cosaque a reçu 500 coups et n'est mort que huit jours après; mais la chose me paraît incroyable. Ce qu'il y a de sûr, c'est que, si le bourreau veut, il peut tuer en très peu de coups.

« Il y a sur cela une infinité de règles et de nuances. Souvent les roubles ramollissent les bras de l'exécuteur, et dernièrement nous avons vu un assassin, qui avait reçu cent coups, se rhabiller lui-même et monter sans aide sur son traîneau. Pour éviter la gangrène après l'exécution, on les frotte avec un tampon imbibé de très forte eau-de-vie. L'idée de ce remède fait grincer les dents. J'oubliais de te dire que, d'abord, après l'exécution, on les marque sur le front avec un fer composé de mille pointes qui font mille piqûres, qu'on frotte avec de la poudre à canon réduite en poussière, ce qui fait une marque ineffaçable ; ensuite on leur arrache les deux narines avec des tenailles, et peu de jours après ces douces opérations, ils partent pour la Sibérie. Il n'est pas rare d'en voir qui sont en état de supporter le voyage deux ou trois jours après et même le lendemain, d'autres meurent dans le même temps. L'impératrice Élisabeth ayant aboli la peine de mort, *on se contente* de ces gentillesses » (1).

La description de ces gentillesses fait simplement frémir ; et la seule existence d'un supplice aussi cruel que le knout, à une époque relativement moderne en Russie, n'est-elle pas le signe que son peuple est dressé à la servitude, et que la civilisation, dont la marche a été continue dans l'Europe occidentale, s'est chez lui longtemps attardée ?

Aussi, Joseph de Maistre ne peut retenir cet aveu : « On se trompe, dans ce pays, lorsqu'on écrit 1815 ; il faudrait écrire 1515, car nous sommes dans le seizième siècle » (2).

D'ailleurs, Joseph de Maistre semble admettre, sans le déclarer d'une manière positive, la nécessité du régime autocratique en Russie. « Sans cela le gouvernement n'y pourrait subsister. Il y aurait trop de volontés en mouvement. C'est la dépendance du plus grand nombre qui rend le phénomène possible. Il y a plus : je crois que le souverain lui-même ne

(1) L. 186. T. II.
(2) L. 426. T. V.

pourrait pas tenir dans sa main, quelque forte, quelque habile qu'elle fût, un tel faisceau d'hommes *libres*. J'ai écrit sur ce point pour mon instruction propre jusqu'à présent, et j'ai été conduit à croire que celui qui demande l'affranchissement des serfs en Russie demande la division de l'Empire (1). La servitude n'est pas ici ce qu'on croit ailleurs ; elle a des inconvénients comme toutes les choses humaines, mais il y a aussi de grands avantages et de grandes compensations, qui doivent être mises dans la balance » (2).

Ce n'est pas nier cependant qu'il y ait de grands abus. Ainsi, en 1816, on a fait un essai de colonisation en transportant mille paysans dans un gouvernement éloigné, et cet essai n'a pas été heureux : « Les hommes chargés de cette opération douloureuse s'y sont pris avec si peu d'égards et de soins que la moitié au moins de ces malheureux paysans a péri avant d'arriver à sa destination... Le transport de paysans, d'un pays à l'autre, est extrêmement dur ; car l'homme est une véritable plante, et l'on ne peut l'arracher (brusquement surtout) de sa terre natale, sans le faire cruellement souffrir. Sur ce point, au reste, l'empereur n'exerce d'autre droit que celui d'un simple seigneur ; mais, si je ne me trompe infiniment, ce droit sera un des premiers abolis ou modifiés. »

(1) Joseph de Maistre n'aurait pas eu la même opinion quelques années plus tard. L'émancipation des serfs devint une nécessité.

(2) L. 426. T. V.

« En général, le respect pour la chair humaine, et je ne sais quelle modération qui ne touche l'homme qu'avec précaution, de peur de le blesser, n'est et ne peut être encore une vertu naturalisée en Russie; mais elle a les grandes entrées au Palais d'hiver, et de là elle s'étendra de toute part » (1).

Toutefois, si la servitude régnait en Russie, elle n'avait pas tous les effets désastreux qu'elle peut avoir ailleurs ; elle ne portait pas atteinte à la force de résistance de la nation : « L'esclavage a beaucoup de compensations et n'exclut point l'enthousiasme national. Bonaparte a cru avoir affaire à des bourgeois de France ou d'Italie, tels que nous en avons connus ; il s'est trompé au delà de toute expression. Je ne veux point vous faire un livre, mais je vous assure qu'il n'y a vu goutte et que tout le monde est contre lui » (2). Pour Joseph de Maistre, « le véritable ennemi de la Russie, c'est le gouvernement, c'est l'empereur lui-même, qui s'est laissé séduire par les idées modernes et surtout par la philosophie allemande, qui est le poison de la Russie. Il fallait l'admirer sans doute, lorsqu'il consentait à se dépouiller de son autorité pour donner plus de liberté à ses peuples, mais ces idées constitutionnelles ne le conduisaient pas moins à sa perte, et j'espère enfin qu'on a fait parvenir assez de lumières jusqu'à lui pour qu'il ne tente plus rien dans ce genre » (3).

(1) L. 504. T. VI.
(2) Idem.
(3) L. 344. T. IV.

Joseph de Maistre représente même Alexandre comme ayant « dans le fond du cœur un sentiment inextinguible de mépris pour la constitution de son empire, et ce sentiment favorise puissamment l'esprit d'innovation » (1).

Aussi, il ne craint rien tant pour la Russie qu'une nouvelle organisation et des réformes hâtives, bien qu'il ne trouve pas que tout y soit irréprochable ; mais il se tranquillise beaucoup par sa maxime : « *Toute nation a le gouvernement qu'elle mérite.* Tout me porte à croire, ajoute-t-il, que la Russie n'est pas susceptible d'un gouvernement organisé comme les nôtres, et que les essais philosophiques de Sa Majesté impériale n'aboutiront qu'à replacer son peuple où il l'a trouvé, ce qui ne sera pas au fond un fort grand mal. Mais si la nation, venant à comprendre nos perfides nouveautés et à y prendre goût, concevait l'idée de résister à toute révocation ou altération de ce qu'elle appellerait *ses privilèges constitutionnels;* si quelque Pougatschef d'université venait à se mettre à la tête d'un parti, si une fois le peuple était ébranlé et commençait, au lieu des expéditions asiatiques, une révolution à l'européenne, je n'ai point d'expression pour vous dire ce qu'on pourrait craindre...

> ....Bella, horrida bella
> Et multo Nevam spumantem sanguine cerno.

« Une chose est évidente, c'est que l'empereur de

(1) L. 290. T. III.

Russie a honte de sa puissance et désire la légitimer en la soumettant à des lois. A Dieu ne plaise que je refuse à ses intentions le tribut de respect qui leur est dû ; cependant, il faut avouer qu'il badine avec le feu » (1).

La conclusion de tout ceci paraît renfermée dans ces mots : « *Il y a des nations qui doivent être mal gouvernées*. Ceci semble un grand paradoxe, et cependant c'est l'exacte vérité ; la proposition signifie seulement que certaines nations ne sont pas susceptibles d'être mieux gouvernées, et que si on leur apporte de vaines lois constitutionnelles, libérales, régénératrices, elles n'y gagneront rien que de perdre leur puissance » (2).

(1) L. 323. T. IV.
(2) L. 494. T. V.

CHAPITRE III

OSEPH DE MAISTRE a fait le plus bel éloge du soldat russe en ces termes : « Ce qui n'a déjà plus besoin d'être prouvé, il est tout à la fois le plus agissant et le plus endurant qu'on connaisse. C'est le caractère particulier de ce soldat; il est *actif* et *passif :* le meilleur pour souffrir, le meilleur pour agir; susceptible de l'obéissance mécanique et de l'impétuosité fulminante (1). » Toutefois Joseph de Maistre ne trouve pas qu'on sache tirer du soldat russe le meilleur parti, et il est persuadé, « dût-on prendre son opinion pour un enfantillage, » que le premier pas à faire vers la victoire, c'est de reprendre l'habit russe.

« Le soldat doit être habillé comme il l'était à Pultawa : un Russe poudré, frisé, pommadé, colleté,

(1) L. 460. T. V.

boutonné, bouclé, serré, pantalonné n'est plus un Russe, c'est un Allemand; or, comment peut-on avoir envie d'être Allemand, bon Dieu ? » (1) On ne saurait trop désapprouver et condamner « le *germanisme* et la pédanterie militaire, qui est partout (mais surtout ici) la mort du militaire. Imaginez qu'il n'y a pas dans l'univers deux choses aussi différentes qu'un Allemand et un Russe. Celui-ci abhorre tout ce qui s'appelle règle et ordre poussé à un certain degré. Il faut même transiger avec ce caractère pour gouverner le Russe. Frédéric II tourna la tête à Pierre III, qui se mit à l'imiter comme le singe imite l'homme. Ce malheureux esprit prussien a perdu deux empereurs et il dure toujours. Le Russe avait un habit national et demi-asiatique sous lequel il s'était rendu célèbre. Il portait les cheveux courts, tous ses mouvements étaient fiers. Au lieu de cela, on l'enferme dans un frac, ou pour mieux dire dans un étui, qui ne lui permet pas de remuer. Le pantalon russe est une caricature qui amuse l'Europe. Le soldat est poudré et pommadé, il passe la nuit quelquefois pour être prêt le matin, il est fatigué d'exercices et de minuties de toute espèce, enfin il n'est plus lui-même, et tous les officiers russes que j'ai pu consulter m'ont tous dit, d'une commune voix, que ç'en est fait du militaire. Pierre Ier s'est totalement trompé sur sa nation. Il a cru qu'on fait ce qu'on veut d'un peuple. Il a manqué le sien en le poussant trop vite, et, si je

(1) L. 172. T. II.

ne me trompe, du mauvais côté. Je vois dans ce moment mille symptômes de dissolution » (1).

Joseph de Maistre est justement effrayé des charges imposées au gouvernement par l'entretien d'armées de plus en plus nombreuses. « Les préparatifs sont immenses, écrit-il en 1812. Sa Majesté Impériale paye en ce moment 900.000 hommes et près de 600.000 sont en activité. C'est trop pour les forces de l'empire, mais comment se tirer de là ? Louis XIV avait déjà mis toutes les nations dans un état exagéré ; Napoléon a porté le mal au comble en faisant battre les nations au lieu des armées. Qui ne ferait pas comme les autres serait victime. Que faire ? Il faudrait des économies cruelles ; mais par où commencer ? C'est encore un problème bien difficile. Ces états forcés ne finissent guère que par des révolutions qui en sont la suite (2). »

Puis, l'augmentatation sans borne de l'état militaire détruit l'équilibre social : « Quand on songe que l'empereur Auguste menait le monde connu avec 400.000 hommes, on ne sait que croire de ce qu'on voit. Une réflexion m'attriste beaucoup : c'est que l'histoire ne présente pas, je crois, un seul exemple d'un abus général et profond qui ait été corrigé par des réflexions, par des lois, en un mot par la sagesse humaine. Ils ne le sont jamais que par des révolutions ou brusques ou insensibles qui amènent un autre ordre de choses. Il y a en particulier, dans la force militaire, quelque chose d'enivrant qui ne permet guère

(1) L. 225. T. II.
(2) L. 326. T. II.

à l'autorité de se restreindre elle-même ; de sorte que j'attends peu du calcul. Qu'arriva-t-il dans le moyen âge, quand nous fûmes tous soldats? Le régime féodal, qui coupa le cou à l'autorité royale. Il arrivera maintenant quoi ? Personne ne le sait ; mais ce sera quelque chose dont on ne s'apercevra que lorsqu'il n'y aura plus moyen de l'empêcher. On peut cependant le prévenir, à ce que j'imagine, et comme l'établissement de l'état civil forma la véritable monarchie en civilisant la force, l'histoire, c'est-à-dire l'expérience, nous enseigne donc qu'un fort état civil est le grand préservatif de la monarchie. De ce côté, la Russie a un grand désavantage, l'état civil n'est rien » (1).

Il n'y a pas de classe sur laquelle puisse s'appuyer l'autorité souveraine. « Il n'y a pas encore de véritable magistrature ; les grades civils et militaires, parallèles sous Pierre Ier, sont à présent à une distance immense ; l'état civil, d'ailleurs immense par le nombre et n'étant pas payé, se paye lui-même, comme il arrive toujours. »

Il ne faut pas trop compter sur un clergé marié et salarié, ni même sur la noblesse. D'abord « toute la noblesse est militaire ; elle l'est dès l'enfance, et le service exigeant une grande application des forces physiques et presque tout le temps de l'officier, il s'ensuit que le militaire (sauf les armes spéciales) est ignorant par essence, c'est-à-dire nécessairement. Pendant ce temps, cette même noblesse se ruine, et par

(1) L. 456. T. V.

ses folles dépenses, et par la fatale mollesse des lois qui ne savent pas la forcer à payer ses dettes » (1).

Il est vrai que certains officiers, mal payés sans doute en 1816, avaient quelque peine à ne pas dépenser au delà de leurs ressources. Un jeune colonel disait à Joseph de Maistre : « *J'ai 1.200 roubles d'appointements, mes épaulettes m'en coûtent 200 et, pour faire le beau dans le monde et à la cour, il m'en faut une demi-douzaine dans l'année, ainsi mon compte est clair.* »

« Ce qui n'est pas si gai, c'est que j'ai eu connaissance de certains officiers, parmi ceux qui vivent de leur paye, qui ne sortent pas de peur d'user leur uniforme; hors du temps du service, ils demeurent chez eux comme des Pères de la Trappe, enveloppés dans un *chinel* (manteau militaire) » (2). Mais ces officiers nobles qui pratiquent une économie aussi stricte font exception. « Le besoin d'argent est extrême, cependant le luxe va son train sans s'inquiéter de rien, quoique ses extravagances et son incurie suprême mènent ce pays à une révolution inévitable. La noblesse jette l'argent, mais cet argent tombe dans la main des gens d'affaires, qui n'ont plus qu'à couper leur barbe et à se procurer des grades pour être maîtres de la Russie. La ville de Pétersbourg appartiendra bientôt tout entière au commerce (3). Cet affaiblissement moral de la noblesse a en Russie des causes continuelle-

(1) L. 448. T.V.
(2) L. 456. T. V.
(3) L. 298. T. III.

ment agissantes; il résulte en partie du *tchin*, car, « la théorie des grades produit une aristocratie qui tempère celle de la naissance » (1). La noblesse est ouverte au second ordre; on a ainsi le spectacle d'un gouvernement autocratique qui admet des « formes républicaines ».

L'Eglise ne jouit pas de cette indépendance qui peut seule assurer la dignité de ses membres et lui permettre de remplir son rôle. « On parle beaucoup de l'*Eglise grecque*, dit Joseph de Maistre; il n'y en a plus, hors de la Grèce. L'Eglise russe n'est pas plus grecque que syriaque ou arménienne; c'est une Eglise isolée sous une suprématie civile, précisément comme celle d'Angletere. Si le patriarche de C. P. s'avisait de donner un ordre ici, il passerait pour un fou et le serait en effet » (2).

L'Eglise russe est sous la direction du synode, mais l'Empereur en est le chef et il y a un représentant. « Napoléon (à l'entrevue d'Erfurt) a demandé ce que c'était que ce synode. On lui a expliqué qu'après la destruction du Patriarcat, une assemblée d'évêques avait été substituée au Patriarche (précisément comme le corps des Maréchaux de France représentait le Connétable) et que l'empereur avait dans ce collège un député laïque nommé *Procureur général*, qui le représentait là comme protecteur de l'Eglise (c'est-à-dire maître absolu). Napoléon a fort approuvé l'abais-

(1) L. 344. T. IV.
(2) L. 426. T. V.

sement du clergé, qu'il faut toujours tenir, à ce qu'il
dit, dans la dépendance; mais il a un peu badiné sur
le procureur général amené à Erfurt. Il a dit : « *Est-ce
votre confesseur peut-être... ?* » L'Empereur a répondu : « *Sur ces sortes de choses on ne rit pas* » (1).

Le synode a été, dans certains cas, un instrument
de gouvernement. En 1806, on tenait à déconsidérer
Bonaparte. « Le saint synode s'en est mêlé et il a
publié un mandement, adressé à tout le peuple chrétien, qui n'est au fond qu'un *manifeste christianisé*,
car c'est l'Empereur qui est Patriarche et les évêques
ne sont que des paysans mitrés. Ce mandement, écrit
en esclavon, est fort bien fait; on en a distribué
28.000 exemplaires, à ce qu'on m'assure, et il est fait
pour opérer vivement sur l'esprit du peuple. Ce qu'il
y a de curieux, c'est que, pendant que le gouvernement
se gardait, plus que tout au monde, de se prononcer
clairement contre Bonaparte, il a fait rompre la glace
par le synode, qui s'exprime sur cet usurpateur de la
manière la plus dure. Les premiers mots sont : *l'ennemi impie*. Il est dit dans cette pièce « que Bonaparte
fut d'abord, avec tous ses complices, adorateur de la
déesse Raison, qu'ensuite il se fit mahòmétan, que
tout nouvellement, il avait étudié le Sanhédrin, le
même tribunal qui avait condamné à mort notre Sauveur Jésus-Christ, et qu'enfin il se présentait aux
frontières pour renverser dans l'empire la foi orthodoxe » (2).

(1) L. 271. T. III.
(2) L. 190. T. II.

L'ingérence de l'Empereur se fait parfois sentir dans l'exercice même du culte. « S. M. I., obéissant encore à une idée moderne, a voulu diminuer le nombre des fêtes ; elle s'est adressée pour cela au métropolite Ambroise, homme fort médiocre, et qui donnerait, je crois, les quatre Evangiles pour un dîner chez l'empereur. Ambroise n'y a vu aucune difficulté, et pour donner une preuve de son zèle, il a commencé par les deux fêtes de saint Nicolas, saint, comme vous savez, de la première distinction dans ce pays. Le peuple, à ce qu'on m'assure, ne salue plus l'Archevêque...

« Une ordonnance nouvelle veut que tous les dons, toutes les offrandes faites aux églises dans tout l'empire, et qui sont considérables, soient mis sous la main du synode central séant à Pétersbourg, *pour y être employés en bonnes œuvres*. (Et qui pourrait en douter ?) On m'assure encore, en très bonne maison, qu'un fonds préparé dans une paroisse voisine pour bâtir l'église en pierre a pris, comme le reste, le chemin de Pétersbourg, par la raison que *l'église en bois était bien suffisante*. Enfin, le jour de Pâques, la garnison a paradé tout le matin, sans que les soldats aient pu s'embrasser dans la rue, aller à l'église et s'enivrer, trois choses rigoureusement nécessaires ce jour-là. Que de fautes, grand Dieu ! Et ce qu'il y a de singulier, c'est qu'elles procèdent presque toutes de quelque bon principe gâté dans son application ou dans son exécution » (1).

(1) L. 282. T. III.

Il se produit des abus regrettables d'autorité. L'anecdote suivante vous aidera à comprendre cela. « Les Pâques s'ouvrent ici avec le carême, et l'on alloue à chaque bataillon d'un régiment une semaine de loisir pour remplir ce devoir de religion. Cet acte exige de certaines préparations, des jeûnes rigoureux, des prières longues et fréquentes, etc. Les gens mariés sont tenus de plus à certaines précautions. Le peuple tient infiniment à ces saintes formalités, et l'on ne saurait l'y troubler sans le blesser grièvement dans sa conscience. Or, il est arrivé que la fureur de l'exercice étant plus forte que toute autre considération, un bataillon d'un régiment fixé à Saint-Pétersbourg a été exercé sans miséricorde soir et matin, pendant toute la semaine de Pâques, sans que le soldat ait eu une minute pour penser à lui. Mais, comme il était dans l'ordre qu'un tel jour le bataillon devait communier, on est venu le prendre à la fin de la semaine et on l'a mené en masse faire ses Pâques, comme on l'aurait mené sur l'ennemi. Personne n'y pensait : l'un avait déjeuné, l'autre était ivre, l'autre, que sais-je? Il n'a pas moins fallu aller. Je vous demande si l'on peut se former l'idée d'une pareille démence ! Les suites sont terribles, je ne dis pas seulement sous le rapport de la morale, mais sous celui de la politique. Le militaire est devenu une plaie terrible dans l'Etat » (1).

De très bons esprits russes déplorent l'asservisse-

[(1) L 3o3. T. III.

ment de l'Eglise grecque, qui a pour effet de dégrader ses ministres et de ne leur laisser aucune autorité, aucune influence réelle. Joseph de Maistre donne sans détour son impression à un de ses correspondants, le prince Korlowski : « Entre un pope et un tuyau d'orgue, je ne vois pas trop de différence : tous les deux chantent, et voilà tout. Souvent j'ai demandé à vos gens instruits leur avis sur la manière de civiliser le clergé, de l'introduire dans la société, d'effacer cette défaveur qui l'accompagne plus que jamais, et d'en tirer parti pour l'éducation, la morale publique, etc. Tous partagent mon désir sans me donner aucune espérance. Vous voudriez rapprocher votre clergé de Bossuet et de Fénelon; ainsi soit-il » (1). En outre, les popes ne sont pas toujours fort adroits avec les fidèles. Aussi Joseph de Maistre cite-t-il l'exemple d'une dame russe, fanatique jusqu'à la fureur pour son Eglise, et qui s'est tournée brusquement du côté du catholicisme. « Quelqu'un, Russe ainsi qu'elle, qui avait droit de lui parler, lui ayant demandé quelle était donc la cause d'un changement si extraordinaire, elle a répondu : *« Les bêtises que m'a dites mon pope à ma dernière confession de Pâques. »* Ceci est très singulier et très remarquable » (2).

Le mépris que professent certains Russes des hautes classes sociales pour les popes n'est pourtant pas le signe qu'ils manquent de foi, « ils croient que le geste d'un pope efface les péchés comme le savon

(1) L. 448. T V.
(2) L. 462. T. V.

efface les souillures matérielles, par une opération purement mécanique, qu'en tout cela le *linge sale* est purement passif et qu'il lui suffit de laisser faire. Il n'y a rien de viril chez le Russe que la baïonnette : tout le reste est enfant » (1).

Par suite, l'éducation du peuple russe a toujours été très défectueuse. Joseph de Maistre a écrit sur ce sujet des pages curieuses au chevalier de Rossi : « La nation russe, lui dit-il, est, je crois, la seule dont l'éducation n'ait pas commencé dans les temples. Depuis les Egyptiens jusqu'à nous, partout les enfants ont été élevés par les prêtres. Ici l'homme, qui ne peut rien faire seul, a voulu faire l'homme, qui est la chose la plus difficile à faire. L'ouvrage a totalement manqué ; rien n'égale le malheur des Russes. Leur civilisation, au lieu de s'opérer graduellement, comme la nôtre, s'est opérée brusquement, à l'époque de la plus profonde corruption de l'esprit humain, et, pour comble de malheur, les circonstances ont mis le Russe en contact avec une nation qui était tout à la fois l'organe le plus actif et la plus déplorable victime de cette corruption. Toutes les pourritures de la Régence passèrent d'emblée dans cette infortunée Russie, qui a commencé par où les autres finissent, par la corruption. Je n'ai aucune expression pour vous peindre l'ascendant de la France dans ce pays. Le génie français monte le génie russe, au pied de la lettre, comme l'homme monte le cheval. Contre une telle

(1) L. 325. T. IV.

influence, il n'y avait de remède général que dans l'esprit religieux. Malheureusement ce remède est nul ici, car la religion est nulle partout où ses ministres sont nuls. Vous entendez parler de la *religion grecque;* je vous assure qu'il n'y en a point. Elle consiste, à l'extérieur, en signes de croix à l'envers et en révérences, et dans l'intérieur, en une haine machinale et irraisonnée contre l'Eglise romaine. L'indifférence religieuse des Russes se manifeste par les symptômes les plus singuliers. C'est encore, par exemple, le seul peuple de l'univers où l'on ne s'informe pas de la croyance des instituteurs de la jeunesse. Il est très ordinaire de voir ici, dans la même maison, une bonne anglicane et un précepteur catholique. Si les Turcs enseignaient la musique ou la danse, ou les mathématiques, les Russes auraient des précepteurs turcs... Les esprits étant ainsi disposés, vous pensez que l'illuminisme allemand avait beau jeu, et il en a profité d'autant plus que dans ce moment (1810) on ne pense qu'à organiser l'instruction publique sur un plan radicalement faux et qui achèvera de perdre cette nation. Les gymnases et les universités des provinces sont des cloaques d'où il ne peut sortir que des ennemis forcenés de toute morale, de toute croyance, de toute subordination. Je connais des hommes chargés de l'éducation de la jeunesse (et quelle jeunesse !) que nos aïeux auraient fait pendre, et que nous aurions encore chassés ignominieusement, malgré la faiblesse et l'indifférence modernes. »

Les Russes « ne savent pas que le caractère principal

de l'impiété est un prosélytisme plus ardent sans comparaison que celui de la religion. Ils ignorent cette maxime si gaiement vraie écrite à Paris : *Que les incrédules ressemblent aux ivrognes, qui ont la fureur de faire boire tout le monde.* Telle est la plaie la plus profonde de l'empire de Russie, plaie qui s'élargit et s'envenime tous les jours par l'influence toujours crois-sante que les Allemands obtiennent sur l'éducation publique et particulière. L'empereur, malgré les pré-jugés terribles de son éducation (dont la postérité n'absoudra jamais la mémoire de Catherine), est, sur ce point comme sur d'autres, au-dessus de sa nation. Il va doucement, il tâtonne, il se défie de lui-même, et plus d'une fois, j'ai eu lieu de croire qu'il est capable d'agir contre ses préjugés » (1).

L'éducation de la jeunesse est viciée. Il en résulte tout naturellement que, « en fait de religion, le Russe ne sait rien. L'ignorance absolue de la langue latine le rend étranger à toutes les sources de la controverse. Il a beaucoup d'esprit; mais le plus grand esprit ne sait que ce qu'il a appris, et le Russe n'a point encore regardé de ce côté (je parle des laïques). Maintenant que l'aurore de la science commence à poindre, elle produit son effet ordinaire, celui d'ébranler la religion du pays; car nulle secte ne peut tenir devant la science. Le clergé, vulgaire et non instruit, n'est rien et ne peut rien ; ceux qui ont de l'esprit, et qui savent le latin et le français, sont tous plus ou moins protes-

(1) L. 318. T. III.

tants. On le nie dans le monde ou parce qu'on l'ignore,
ou parce qu'on ne s'en soucie pas, ou parce qu'on
aime mieux le nier que d'y mettre ordre, mais rien
n'est plus incontestable. Cependant l'immense mouvement rétrograde qui a lieu en Angleterre et en Allemagne envoie ici quelques ondulations. De grandes
conversions ont frappé les yeux. Enfin, un grand
nombre de personnes dans la haute classe ont passé à
la religion catholique, du moins on le croit, et c'est
assez pour exciter de l'autre côté un violent dépit.
Le ministre des cultes, prince Alexandre Galitzin,
surveille les jésuites avec une sévérité colérique qui
peut amuser les spectateurs, et l'on espère obtenir de
Sa Majesté Impériale, à son arrivée, quelques mesures
de rigueur. Mais comment ?. et contre qui ? Frap-
pera-t-on sur des catholiques *présumés* et du premier
ordre, tandis qu'on n'ose pas toucher du bout du
doigt des polissons de rascolniks, visibles comme le
soleil....

« Un phénomène très remarquable, c'est que les
personnes qui redoutent et qui haïssent le plus le
catholicisme dans ce pays n'ont cependant ni crainte
ni aversion pour le protestantisme ; preuve évidente
que dans toute cette affaire la raison et la religion ne
sont pour rien, car pour peu que ces *deux dames* fussent consultées, on ne préférerait pas le système qui
renverse presque tous les dogmes nationaux à celui
qui les maintient tous en proposant seulement d'y en
ajouter un » (1).

(1) L. 431. T. V.

Voici même un exemple cité par de Maistre à l'appui de cette opinion : « Il y a une loi qui défend au sujet protestant de S. M. I. de se faire catholique, ou plutôt qui défend aux prêtres catholiques de recevoir des protestants ; mais si un sujet catholique de l'empereur veut se faire protestant, il n'y a nulle défense qui l'en empêche. C'est-à-dire qu'il est défendu d'adopter les dogmes du souverain (car nous sommes d'accord sur tous les points, excepté celui du Pape) et qu'il est permis de les abdiquer. Ce degré d'inconséquence, presque incroyable, vous prouve ce que je disais tout à l'heure, qu'*il n'y a en effet d'autre religion ici que l'antipathie contre l'Eglise latine* » (1). « On tolère le protestantisme, le socinianisme, le rascolnisme, l'illuminisme, le judaïsme, le mahométisme, le lamaïsme, le paganisme, le *riénisme* même si l'on veut, mais le catholicisme, c'est autre chose » (2). Et cependant au jugement de Joseph de Maistre, plusieurs de ces cultes sont un danger pour l'Eglise établie. « Le protestantisme d'un côté, dit-il, et le double rascolnisme de l'autre sont deux limes sourdes qui scient la religion du pays, l'une de bas en haut et l'autre de haut en bas » (3).

Le catholicisme pourtant, dont la religion du pays est seulement une variante, est l'objet de la plus étroite

(1) L. 3i8. T. III.

(2) L. 497. T. V.

(3) L. 43o. T. V. La Russie contenait en 1815, d'après Joseph de Maistre, plus de 3 millions de rascolniks divisés en 40 sectes.

surveillance. « S. M. I. ayant ordonné, dans le temps, que la mémoire du général Moreau serait honorée d'une oraison funèbre, le prêtre qui en fut chargé se vit obligé de comparaître devant le gouverneur militaire et de lui lire sa pièce avant de la prononcer. Un sermon censuré par un militaire ou l'exercice commandé par un évêque serait pour nous la même chose ; ici on n'en est point choqué, parce que l'on transporte, même sans y prendre garde, les maximes d'une Eglise dans l'autre » (1).

Le catholicisme ne jouit pas des prérogatives auxquelles il aurait droit en toute justice, ne serait-ce qu'en considération de son importance numérique. « Défalquez, dit Joseph de Maistre, de trente-huit millions d'hommes qui peuplent ce vaste empire, onze millions de catholiques, deux millions et demi de protestants, les rascolniks qu'on n'ose plus compter, et toutes les peuplades non civilisées, on trouvera que la religion dominante ne l'emporte pas sur nous numériquement, ou ne l'emporte que très peu » (2). Il n'y a donc pas « d'idée plus révoltante que de priver une telle masse d'hommes (sujets catholiques) de tout organe de la même religion auprès du souverain. Au procureur général de l'empereur près le Saint-Synode a succédé un ministre des cultes, institution de Bonaparte qui se plaisait à confondre tous les cultes pour les avilir tous les uns par les

(1) L. 497. T. V.
(2) L. 497. T. V.

autres... Comment ose-t-on parler de *tolérance* à notre égard, tandis que la moindre de nos demandes doit passer par le canal d'un homme étranger à notre langue religieuse, à nos dogmes, à nos sentiments, à nos usages, et qui se déclare d'ailleurs publiquement notre ennemi ? Autant vaudrait dire que l'on tolère les juifs en les obligeant d'entendre la messe et de manger du porc » (1).

Le gouvernement russe est d'ailleurs assez inconséquent dans son attitude à l'égard des catholiques. En 1812, il accorde des faveurs aux jésuites. « Le collège des jésuites de Polock vient d'être érigé en académie avec tous les privilèges des universités de l'empire, dans une indépendance absolue de ces dernières ; c'est une assez belle victoire remportée sur le mauvais principe, car je ne connais pas d'institution plus monarchique et plus forte que celle des jésuites. La conservation de cet ordre célèbre à Saint-Pétersbourg, à Londres et à Baltimore, dans l'Amérique protestante, est un singulier phénomène ; il me rappelle la lettre de Frédéric II à Voltaire, du 18 novembre 1777 : « Ganganelli me laisse mes chers jé- « suites ; j'en conserverai la précieuse graine pour en « fournir à ceux qui voudront cultiver chez eux une « plante si rare. » A la fin cependant Paris lui arracha la permission de laisser publier la bulle accordée à la même influence. Je doute cependant que l'empereur ait agi en cela sans avoir eu à surmonter quelques ré-

(1) L. 475. T. V.

pugnances de jeunesse et d'éducation, mais il est très capable d'agir par raison contre ses inclinations. Il l'est même de surmonter une répugnance personnelle, et c'est un beau côté de ce caractère » (1).

L'inauguration de la nouvelle académie fut faite en grande pompe et en présence même du prince Alexandre de Wurtemberg, oncle de l'empereur et gouverneur général de la Russie-Blanche. « Le diplôme de Sa Majesté Impériale fut porté en procession par l'évêque de Minsk, qui officiait, d'une salle basse de l'Académie jusqu'à l'église, à travers la grande place. Ce diplôme est un petit livre de format in-folio et de cinq feuillets seulement ; il a coûté 2000 roubles. Celui du lycée de Czarsko-Célo en a coûté 5000 ; mais les révérends pères sont économes.

« La cérémonie de l'inauguration commença par une grand'messe, à laquelle M. le Prince, qui est protestant, assista avec une décence remarquable. Je ne quittai pas ses côtés, dit J. de Maistre, pendant cette longue cérémonie qui me parut très propre à exercer une tête philosophique.

« Lorsque la Cour Très Chrétienne, La Cour Catholique et la Cour Très Fidèle, crurent devoir commander à Clément XIV un bref fameux, qui aurait dit aux uns et aux autres qu'une telle chose se passerait dans un tel pays ? Incroyable bizarrerie des événements humains ! Et qui sait encore ce qui arrivera ici ? Car rien n'est plus incertain... » (2) Toutes ces

(1) L. 326. T. IV.
(2) L. 339. T. IV.

appréhensions étaient fondées. Quatre années étaient
à peine écoulées que les jésuites se voyaient en butte
aux rigueurs de l'autorité souveraine. Un oukase des
premiers jours de janvier 1816 supprimait leur collège
de Saint-Pétersbourg, et leur expulsion était accomplie sans aucun délai. « On ne voit paraître dans
cette affaire ni ministre, ni magistrat d'aucune espèce,
ni accusateur, ni défenseur, ni, en un mot, aucune
communication quelconque entre l'autorité qui frappe
et le sujet frappé. Tout se passe militairement, et ces
religieux, après avoir été enfermés chacun dans sa
chambre avec une garde à leur porte, sont partis sans
avoir pu même prendre congé d'aucun de leurs amis.
D'un autre côté, il faut observer que chaque gouvernement a ses formes. De tous temps les empereurs de
Russie ont exercé cette plénitude de pouvoir. Je suis
aussi éloigné de condamner cette jurisprudence que
de l'envier. Tout peuple a le gouvernement dont il a
besoin.

« En second lieu, il peut bien se faire que l'empereur, par cet oukase parti du Palais comme la foudre
part des nues, ait voulu calmer une foule de têtes
échauffées en leur donnant cette satisfaction sans aucun préjudice pour l'humanité, car ces messieurs
n'ont point été maltraités dans leurs personnes. Ils
ont été pourvus de pelisses et de bottes chaudes d'une
bonne qualité, et embarqués dans des *kibitkes*, voitures couvertes quoique non fermées, et où l'on peut
s'arranger passablement.

« Il peut se faire enfin que S. M. I. ait voulu éviter

une scène qui aurait eu lieu infailliblement si les pères
jésuites avaient pu voir leurs amis. Ils sont partis
dans la nuit du 22 au 23 décembre, à trois heures
du matin, sans avoir vu une seule personne de leur
connaissance» (1).

Quel crime leur reprochait-on? Quelle était la raison de cette mesure qui déterminait « une catastrophe si fatale à l'Eglise catholique » ?

Le mouvement des esprits paraissait s'accentuer
vers le catholicisme, et « il y a eu quelques impru-
dences faites dans les conversions qu'on a menées
trop vite et trop publiquement. Enfin ces messieurs se
sont laissé transporter *par le zèle de la maison qui les
dévorait,* mais qui, par cette raison même, les a
éblouis sur le danger en leur persuadant que le moment était venu et que rien ne pouvait arrêter l'impulsion donnée. Véritablement c'était un spectacle
admirable que la multiplicité et la rapidité de ces
conversions opérées principalement dans le premier
ordre de la société, et il était impossible que le gouvernement ne s'alarmât pas ; je crois cependant qu'il
n'aurait pas frappé sitôt s'il n'avait pas été poussé,
animé, exaspéré par un parti puissant, irrité jusqu'à
la rage ; et cette rage a créé malheureusement une
véritable raison d'Etat contre nos chers jésuites...

« Dans le jugement porté (contre eux), plusieurs
choses aussi font honneur à l'empereur. Il n'a point sévi
contre les personnes ; il n'a point chassé ces pères de

(1) L. 440. T. V.

tous ses Etats ; il les a fait, soigneusement et à grands frais, habiller, nourrir et escorter. Et si vous songez... que de tous les souverains du monde c'est celui qui a été environné des plus terribles ennemis du catholicisme, du christianisme même, et des jésuites en particulier, vous serez étonné que, dans cette occasion, il ne se soit passé rien de terrible » (1).

En résumé, le prosélytisme des jésuites a été la cause de leur expulsion. C'est là à coup sûr une noble cause, et Joseph de Maistre pouvait écrire au Père général à Polock : « L'honneur de votre ordre sort intact de cette affaire ; car, pour ce qui est de votre prosélytisme, amis et ennemis diront en Europe : « *C'est un bataillon renvoyé pour cause de valeur,* » et toujours vous aurez pour vous la plus grande des consolations :

Nil consire sibi, nullâ pallescere culpa (2).

Joseph de Maistre déplore l'état de l'Eglise nationale russe et croit que les conflits inévitables avec l'Eglise romaine ne peuvent lui être que fort préjudiciables.

Comment espérer qu'ils puissent prendre fin ?

« Il ne m'est pas permis, dit-il en 1817, de douter de deux choses : 1° que l'empereur de Russie trouve très bon que chaque prince maintienne chez lui la

______

(1) L. 476. T. V. Voir aussi L. 463. T. V.

(2) L. 442. T. V. Voir aussi L. 334 T. IV et L. 485 T. V. dans lesquelles Joseph de Maistre plaide d'une manière fort intéressante la cause des jésuites.

religion nationale; 2° qu'il ne désirerait rien plus ardemment que la réunion de tous les chrétiens. Malheureusement ces deux idées se contrarient; car tandis que chacun se tiendra inébranlable dans son système, toute réunion devient impossible. Il faut donc que quelqu'un cède. — Mais qui? et comment? — Une dame génevoise d'un très grand esprit m'adressait la même question il y a plusieurs années. Je lui répondis : « Nous ne pouvons faire un seul pas vers vous, mais si vous voulez venir à nous, nous aplanirons la route à nos frais... »

« Je suis persuadé, ajoute J. de Maistre dans la même lettre, qu'il ne tiendrait qu'à l'empereur de Russie de réunir les deux Eglises; il peut tout ce qu'il veut. Pourquoi ne le voudrait-il pas dès qu'il le peut ? La chose n'est pas si difficile qu'on le croirait. La suprématie du souverain l'ayant débarrassé de l'ignorante pédanterie des patriarches orientaux, c'est déjà un grand obstacle de moins. Ce ne serait pas sans doute l'affaire d'un jour, mais l'empereur n'a que 39 ans, il a beau jeu; *il suffirait de traiter la chose dans le centre.* Lorsqu'un général qui est en force trouve aujourd'hui une place sur son chemin, au lieu de l'assiéger, il la masque et il marche en avant; c'est ainsi qu'il faudrait agir dans la guerre contre les préjugés. »

La réforme de l'Eglise nationale lui aurait donné assurément une force qu'elle n'a point pour résister dans une certaine mesure à l'envahissement de l'esprit nihiliste et au développement des sociétés se-

crètes qui, dès 1810, s'étaient déjà implantées large·
ment en Russie. « Les francs-maçons, nous dit Joseph
de Maistre à cette date (1), continuent *a furia* comme
tout ce qu'on fait dans ce pays. J'ai été invité à me
rendre dans l'une de ces nouvelles loges; mais, malgré
l'extrême envie que j'ai de savoir ce qui se fait là, je
m'y suis refusé, toutes réflexions faites, par plusieurs
raisons dont je me contente de vous rapporter les
deux principales.

« En premier lieu, j'ai su que l'empereur ne s'est
prêté qu'à regret à permettre ces assemblées; mais il
a cédé à l'invincible répugnance qu'il ressent de gêner
la liberté individuelle de ses sujets et de les empêcher
de s'arranger comme ils l'entendent. C'est un des
traits les plus marquants de son caractère; et si l'Empereur a eu quelque répugnance sur ce point et s'il a
envoyé des hommes de confiance pour servir d'ins-
pecteurs, il m'a paru que je serais déplacé là, à moins
que je fusse moi-même un inspecteur, ce qui ne peut
être, vu ma qualité.

« En second lieu, j'ai eu l'occasion de me convaincre que plusieurs (et plusieurs personnes de mérite)
pensaient mal de cette association et la regardaient
comme une machine révolutionnaire; or, il m'a paru
encore évident qu'on ne doit pas faire une chose non
nécessaire, lorsqu'elle alarme les honnêtes gens. Il
m'en coûte beaucoup, je vous l'avoue, de ne pouvoir
examiner de près ce qui se passe là. Il y a ici un

____

(1) L. 311. T. III.

Français nommé Mussard, qui a donné dans la révolution de son pays, et qui est fort connu par un poème très énergique intitulé *la Libertéide*. Cet homme est orateur de la Loge où l'on a reçu M. Balaschof, gouverneur militaire de Saint-Pétersbourg, et tout nouvellement Ministre de la police générale.

« Le frère Mussard lui a dit entre autres choses : « *Frère Balaschof, vous êtes aujourd'hui revêtu d'un grand pouvoir, la faveur vous environne; mais qui sait si, bientôt disgracié et retiré dans le fond d'une terre éloignée, vous ne bénirez pas l'instant où vous fûtes reçu maçon?* » Je ne sais ce qu'a répondu le frère ministre. »

CHAPITRE IV

L'INSTRUCTION PUBLIQUE

L'EMPEREUR Alexandre tenait Joseph de Maistre en si grande estime que parfois il ne dédaignait pas de lui demander son avis sur des réformes à l'ordre du jour. Ainsi, en 1810, le comte Rasoumowski, ministre de l'instruction publique, voulait réorganiser dans l'Empire le haut enseignement. Joseph de Maistre, consulté à ce sujet, lui adressa *cinq lettres sur l'éducation publique en Russie.* Il y combat, avec sa vivacité habituelle, l'engouement pour la science, qui présente à ses yeux de véritables dangers.

« Ou je suis infiniment trompé, dit-il, ou l'on attache en Russie trop de prix à la science. Rousseau a soutenu dans un ouvrage célèbre qu'elle avait fait beaucoup de mal au monde. Sans adopter ce qu'il y a de paradoxal dans cet écrit, il ne faut pas croire que tout y soit faux. La science rend l'homme paresseux, inhabile aux affaires et aux grandes entreprises, disputeur, entêté de ses propres opinions et méprisant celles d'autrui, observateur critique du gouvernement, novateur par essence, contempteur de l'autorité et des dogmes nationaux, etc., etc... Aussi Bacon, génie bien autrement sage et profond que Rousseau, a dit que *la religion était un aromate nécessaire pour empêcher la science de se corrompre.* En effet, la morale est nécessaire pour arrêter l'action dangereuse, et très dangereuse, de la science, si on la laisse marcher seule.

« C'est ici où l'on s'est cruellement trompé dans le siècle dernier. On a cru que l'éducation scientifique était l'éducation, tandis qu'elle n'en est que la partie, sans comparaison, la moins intéressante et qui n'a de prix qu'autant qu'elle repose sur l'éducation morale. On a tourné tous les esprits vers la science et l'on a fait de la morale une espèce de hors-d'œuvre, un remplissage de pure convenance. Ce système, adopté à la destruction des Jésuites, a produit en moins de trente ans l'épouvantable génération qui a renversé les autels et égorgé le roi de France. »

Les inconvénients d'une éducation scientifique sont d'autant plus certains en Russie que, « par un préjugé déplorable, on est à peu près convenu tacitement de regarder la morale comme quelque chose de totalement séparé et indépendant de l'enseignement. De manière que si, par exemple, il arrive ici un professeur de physique ou de langue grecque qui passe d'ailleurs publiquement pour un homme dépravé ou pour un athée, on entendra dire assez communément : « Qu'est-ce que cela fait à la physique ou à la langue grecque ? » C'est ainsi que les balayures de l'Europe sont accueillies dans ce pays, et l'infortunée Russie paye à grands frais une armée d'étrangers uniquement occupée à la corrompre. »

On ne se trompe pas moins en Russie sur les moyens d'établir la science que sur son utilité : « On s'imagine que lorsqu'on a ouvert un institut, établi et payé des professeurs, tout est fait. Rien n'est fait, au contraire. Si la génération n'est pas préparée, l'Etat se consume en frais immenses, et les écoles restent vides. »

Il faudrait savoir attendre. Cette impatience de s'instruire qui se manifeste en Russie ne peut avoir de bons effets. « C'est un grand malheur que cette illustre nation joigne encore, à l'erreur d'estimer trop la science, celle de vouloir la posséder brusquement et de s'humilier parce qu'elle se voit, sur ce point, en arrière des autres nations. Jamais préjugé ne fut plus faux et plus dangereux. Les Russes pourraient être la première nation de l'univers, sans avoir aucun talent pour les sciences naturelles. Car la première nation du monde serait incontestablement celle qui serait *la plus heureuse chez elle et la plus redoutée des autres.* Le surplus, au fond, n'est que parade. Mais nous n'en sommes pas là. On ne sait point encore si les Russes sont faits pour les sciences. Affirmer décidément le *oui* ou le *non* sur cette question, c'est avoir également tort. Mais en attendant que le temps nous l'apprenne, par quel fatal empressement les Russes veulent-ils franchir les distances établies par la nature et s'humilier parce qu'ils sont forcés d'obéir à l'une de ses premières lois ? On croit voir un adolescent qui aurait honte de n'être pas vieillard. Toutes les autres nations de l'Europe ont balbutié pendant trois ou quatre siècles avant de parler; pourquoi donc les Russes ont-ils la prétention de parler d'emblée ?

Une considération « très importante » concerne particulièrement la nation russe. « Cette espèce de végétation morale, qui conduit graduellement les nations de la barbarie à la civilisation, a été suspendue (en Russie) et pour ainsi dire *coupée* par deux grands événements : le schisme du xe siècle et l'invasion des Tartares.

« Toute la civilisation morale est partie de Rome ; jetez les yeux sur une mappemonde ; partout où s'arrête l'influence romaine, là s'arrête la civilisation ; c'est une loi du monde.

« Il faut donc regagner le temps perdu ; et j'ose croire que Pierre Ier a retardé au lieu d'avancer l'opération, en s'imaginant que la science était une plante qu'on pourrait faire naître artificiellement, comme une pêche dans une serre chaude ; il n'en va pas ainsi, à beaucoup près ; mais, encore une fois, qu'y a-t-il dans tout cela qui puisse attrister les Russes ? Les Polonais sont, comme eux, une famille esclavone, partie primitivement de la même souche ; et cependant ils ont produit, il y a déjà trois siècles, l'un des plus grands ornements de l'espèce humaine, l'illustre

Copernic. Il n'y a certainement dans les eaux de la Dwina aucune magie qui empêche la science de passer; mais c'est uniquement que la même influence qui a agi sur la gauche n'a pas agi sur la droite. Tout se réduit donc, comme je le disais tout à l'heure, à regagner le temps perdu. »

Si les Russes « sont faits pour les sciences, il leur arrivera comme à toutes les autres nations qui ont brillé dans ce genre, et nommément aux Italiens du xvᵉ siècle. Une étincelle transportée d'ailleurs dans un moment favorable allumera la flamme des sciences. Tous les esprits se tourneront de ce côté. Les sociétés savantes se formeront d'elles-mêmes, et tout le travail du gouvernement se bornera à leur donner la forme et la légitimation. Jusqu'à ce qu'on aperçoive une fermentation intérieure qui frappe tous les yeux, tout effort pour naturaliser la science en Russie ne sera pas seulement inutile, mais dangereux pour l'État, puisque cet effort ne tend qu'à éteindre le bon sens national, qui est dans tous les pays le conservateur universel et à remplir la Russie d'une multitude innombrable de demi-savants, pires cent fois que l'ignorance même, d'esprits faux et orgueilleux, dégoûtés de leur pays, critiques éternels du gouvernement, idolâtres des goûts, des modes, des langues étrangères, et toujours prêts à renverser ce qu'ils méprisent, c'est-à-dire tout.

« Le comble du malheur sera que tout le monde aura l'orgueil de la science sans en avoir la substance. Tout le monde sera entêté, inquiet, raisonneur, mécontent, examinateur indocile, comme si l'on savait réellement quelque chose. De manière que le gouvernement, avec ses efforts et ses dépenses énormes, ne sera parvenu qu'à créer des *mauvais sujets*, dans tous les sens de l'expression...

« Un autre inconvénient terrible qui naît de cette manie scientifique, c'est que le gouvernement, manquant de professeurs pour la satisfaire, est constamment obligé de recourir aux nations étrangères; et comme les hommes véritablement instruits et moraux cherchent peu à quitter leur patrie, où ils sont récompensés et honorés, ce sont toujours non seulement des hommes médiocres, mais souvent gangrenés et même flétris qui viennent sous le pôle offrir leur prétendue science pour de l'argent. Aujourd'hui surtout la Russie se couvre chaque jour de cette écume que les tempêtes politiques chassent des autres pays. Les transfuges n'apportent ici que de l'audace et des vices. Sans amour et sans estime pour le pays, sans liens domestiques, civils ou religieux, ils se moquent de ces Russes inclairvoyants qui leur confient ce qu'ils ont de plus cher; ils se hâtent d'accumuler assez d'or pour se procurer ailleurs une existence indépendante; et après avoir cherché d'en imposer à l'opinion par quelques essais publics, qui ne sont pour de véritables juges que des spectacles d'ignorance, ils partent et s'en vont dans leur patrie se moquer de la Russie dans de mauvais livres que la Russie achète encore de ces misérables, si même elle ne les traduit pas. »

La Russie a d'ailleurs, par rapport aux sciences, un désavantage particulier. Ni son clergé, ni sa magistrature ne sont nécessairement instruits comme le clergé et la magistrature des autres nations de l'Europe. Il en résulte que la science n'est pas en Russie un « moyen unique et indispensable pour arriver à certaines distinctions de l'Etat ». Et c'est précisément dans ce pays où les sciences sont le moins nécessaires qu'on veut les naturaliser toutes à la fois ! Aussi bien Joseph de Maistre déclare positivement « qu'au lieu d'étendre le cercle des connaissances en Russie, il faut le restreindre pour l'avantage même de la science, ce qui est directement contraire à cette rage encyclopédique qui est une des grandes maladies du moment. »

On ne tint pas compte des observations de Joseph de Maistre ; cependant il avait été bon prophète. Sous le règne de Nicolas, le successeur d'Alexandre, l'influence étrangère se fit sentir en Russie et y développa des germes de l'esprit révolutionnaire. Des professeurs allemands, choisis pour enseigner dans les chaires des universités, propagèrent des doctrines philosophiques et religieuses qui ont eu pour conséquences le matérialisme, l'athéisme, le socialisme, le nihilisme.

Partisan résolu des anciennes méthodes — d'une forte instruction littéraire avec l'étude du latin en première ligne — de Maistre plaide éloquemment, dans plusieurs lettres au comte Rasoumowski, la cause des Jésuites qui seraient en Russie les meilleurs éducateurs de la jeunesse. Tout homme d'Etat qui réfléchira attentivement sur les témoignages produits en leur faveur « sera convaincu que les novateurs qui travaillent presque à visage découvert pour renverser ce qui reste d'ordre et de bonheur en Europe, n'ont pas d'ennemis plus courageux, plus intelligents et plus précieux pour l'Etat que les Jésuites, et que pour mettre un frein aux opinions qui ont ébranlé le monde, il n'a pas de meilleur moyen que de confier l'éducation de la jeunesse à cette société. »

Les bonnes raisons invoquées par Joseph de Maistre parurent décisives. Toutefois, comme on l'a vu, les faveurs accordées aux Jésuites ne furent pas durables, et ils furent bientôt expulsés de Russie.

CHAPITRE V

LE CARACTÈRE RUSSE — LES SYMPATHIES FRANÇAISES

OSEPH de Maistre rend justice aux qualités des Russes, mais il insiste plus encore sur leurs défauts, sans que pourtant le caractère russe cesse de nous être sympathique. C'est qu'il possède des qualités éminemment françaises et qui paraissent au premier abord. « Ce que vous avez de bon, écrit de Maistre à un de ses correspondants russes, est évident. Vous êtes bons, humains, hospitaliers, spirituels, intrépides, entreprenants, heureux imitateurs, nullement pédants, ennemis de toute gêne, préférant une bataille rangée à un exercice, etc., etc.

« A ce beau corps sont attachées deux fistules qui l'appauvrissent : l'instabilité et l'infidélité.

« Tout change chez vous : les lois comme les rubans, les opinions comme les gilets, les systèmes de tous genres comme les modes; on vend sa maison comme un cheval; rien n'est constant que l'inconstance, et rien n'est respecté, parce que rien n'est ancien. Voici le premier mal (1). »

Cette inconstance ou cette mobilité de caractère se trahit de mille façons.

« La faveur et la défaveur sont ici comme la fièvre tierce; elles marchent par accès. » En voici un exemple : « Le général Kutusoff avait accusé le prince Bagration de s'être fait célébrer pour des actions où il n'avait pas seulement été présent.

« Un parti considérable dans l'armée lui disputait tout, même le courage ; enfin il était tout à fait sous la remise. Tout à coup le voilà qui part et c'est l'homme du jour; ce retour de faveur tient à de grandes choses » (2). Aussi bien, ce qui est naturel, « les jugements sur les personnes et sur les choses sont passionnés et extrêmes. Un ouvrier, un artiste, un comédien, un ministre, un médecin, un musicien, etc.., tout est jugé également et sans miséricorde et toujours suivant les coteries. Vous connaissez probablement le vers :

Le cygne d'un logis est coq d'Inde dans l'autre.

« Voilà précisément la devise du public de cette grande capitale. Vous ne sauriez croire combien un étranger est dérouté par ces jugements. Il n'y a point d'opinion publique, il ne sait que croire. Personne ne

(1) L. 432. T. V.
(2) L. 190. T. II.

rend plus de justice que moi à la valeur russe, mais la première classe est légère, gâtée et affaiblie, et partout c'est elle qui mène tout ».

Joseph de Maistre faisait une remarque critique à un Russe sur un événement récent. Il en reçut cette réponse : « Eh ! mon Dieu, vous raisonnez toujours sur ce pays comme s'il y avait de la logique. » Mais il a soin d'ajouter : « Voilà comment sont les Russes ; il leur échappe de ces traits sur leur pays. Cependant l'étranger s'il est sage, ne doit pas faire chorus ; jamais je ne m'écarte de cette règle ; je loue toujours le pays quand un Russe le critique devant moi. Un Espagnol d'un rare talent, qui est ici extrêmement payé et extrêmement jalousé, s'emporta un jour devant moi au point de dire à un personnage des plus distingués de ce pays : « *Monsieur le Comte, si les quatre Évangélistes étaient Russes, je ne les croirais pas.*» Le Russe ne répondit point et ne donna pas même le moindre signe de désapprobation, mais un instant après, il se tourna vers mon fils qui parle russe et lui dit : « Que voulez-vous répondre à un *durrach* (sot animal, fatuo), qui parle d'un pays dont il n'a pas la moindre idée? » Il se trompait fort, mais enfin ils sont faits comme cela » (1).

Le Russe n'est pas aisé à bien connaître. « Quant aux plaisirs suprêmes de l'amitié et de la confiance, néant ! dit de Maistre. On vous a parlé souvent de l'hospitalité de ce pays, et rien n'est plus vrai dans un

(1) L. 314. T. III.

sens : partout l'on dîne et l'on soupe, mais l'étranger n'arrive jamais jusqu'au cœur. (1) ».

A l'inconstance il faut joindre l'infidélité, comme une ombre épaisse à côté des traits lumineux du caractère russe. « Une certaine infidélité qui dans le peuple s'appelle vol, quoique improprement, et que dans les classes supérieures vous nommerez comme il vous plaira, pénètre plus ou moins profondément dans toutes les classes et porte dans toutes les branches de l'administration un esprit de gaspillage et de mauvaise foi dont vous n'avez pas d'idée... Le vol de brigandage est plus rare chez vous qu'ailleurs, parce que vous n'êtes pas moins doux que vaillants ; mais le vol d'infidélité est en permanence... J'aime et j'aime honorer les nombreuses exceptions, mais je parle en général. On ne sait à qui se fier. Achetez un diamant, il a une paille ; achetez une allumette, il y manque le soufre. — Cet esprit, parcourant du haut en bas les canaux de l'administration, fait des ravages immenses » (2).

Avec tout cela le Russe a le respect de l'autorité devenu pour lui une sorte d'habitude. « Le respect de l'autorité se trouve partout, puisqu'il est nécessaire, obligatoire, fondamental, et que sans lui le monde politique ne pourrait pas tourner, mais partout il a une physionomie particulière. Ici, par exemple, il est muet. C'est son antique caractère qui n'est point encore effacé à beaucoup près.

(1) L. 178. T. II.
(2) L. 318. T. III et L. 432. T. V.

« Si, par impossible, il prenait fantaisie à un Empereur de Russie de brûler Saint-Pétersbourg, personne ne lui dirait que cette opération aurait cependant quelques inconvénients, qu'on n'a pas besoin de tant de chaleur, même dans un pays froid, qu'elle pourrait faire éclater les vitres, effrayer les dames, noircir les tapisseries, etc..., pas le mot de tout cela ; tout au plus on pourrait tuer le souverain (ce qui n'est point contraire au respect, comme tout le monde sait), mais il ne faudrait pas parler. Jugez de l'effet merveilleux qu'un tel caractère produit à la guerre. Vous venez de voir l'Empire exposé au dernier danger (1812), dont il n'est pas à beaucoup près délivré, sans que pendant près de deux mois un seul officier russe ait osé dire à son maître : « *Vous périssez !* » Ils l'auraient laissé courir à Drissa si un Italien n'était pas venu de Modène pour l'en empêcher. Votre Excellence aura ouï dire, comme tout le monde, que le brave Kutusoff avait perdu la bataille d'Austerlitz ; pas plus que vous et moi, Monsieur le comte (M. le comte de Front), il ne la *perdit* point, il la *laissa perdre*. L'Empereur se décida à la donner contre toutes les règles de l'art suivant le général. Celui-là alla donc, au cœur de la nuit qui précéda, trouver le Grand Maréchal de la Cour, comte Tolstoï, et lui dit : « Monsieur le comte, vous qui avez l'oreille de l'Empereur, empêchez-le de grâce de donner la bataille, car *certainement nous la perdrons.* » Le Grand Maréchal l'envoya à peu près promener : « Je me mêle, lui dit-il, du riz et des poulardes, mêlez-vous de la guerre. » Mais l'un et l'autre se gardèrent bien d'ouvrir les yeux à l'Empereur. Ils étaient trop *bons sujets* pour cela. Ils ne dirent mot, et tout alla à merveille comme votre Excellence sait » (1).

Ce mutisme, cette passivité en présence de l'autorité s'associent fort bien cependant avec le courage militaire chez le soldat. Aussi Joseph de Maistre ne lui marchande-t-il pas l'éloge : « Durant cette année 1812 à jamais fameuse, les Russes ont acquis un genre de gloire pur et incontestable, qui ne souffre ni *si* ni *mais*, c'est celle d'un esprit public unique, d'un dévouement sans bornes, d'une fidélité inébranlable. Quant au mérite militaire, il me paraît se borner au courage le plus admirable, mais sous le rapport de la science militaire, de la hardiesse des plans, de l'ensemble, de la vigueur, de la célérité des mouvements et de l'accord parfait des nombreux agents de ce jeu terrible, ils n'ont rien de commun avec les Français, la seule nation continentale de l'univers qui se batte chez toutes les autres et jamais chez elle. Les Russes ne manquent pas de dire déjà qu'*ils ont vaincu ceux qui ont vaincu l'Europe*, mais premièrement il faudrait ajouter *y compris nous;* et d'ailleurs les Français ne sont vaincus, dans le vrai, que par les éléments; qu'on leur rende le pain, le foin et les vêtements, et nous ne ferions pas mal de partir de Saint-Pétersbourg.

« Quant au courage proprement dit et considéré

______

(1) L. 342. T. IV.

indépendamment de toute science militaire, je doute que le soldat russe ait des égaux et je suis bien sûr du moins qu'il n'a point de supérieurs. Je ne vois pas même que, dans cette guerre, le soldat français ait jamais tenu devant lui dans les affaires particulières » (1).

Deux traits complètent ce que dit Joseph de Maistre du génie russe. « Le génie russe est dans tout ce qu'il entreprend et dans les arts surtout, tel qu'on le voit sur le champ de bataille, il va en avant et ne doute de rien. Le Russe est avide de nouveautés, plus que le Français avec lequel il a plusieurs rapports de caractère » (2).

Joseph de Maistre avait noté, en 1806, une sorte de parenté de nature qui prédispose le Français et le Russe à une commune alliance quand il désignait l'empereur de Russie comme « le prince le plus fait pour adresser la parole à l'heureux usurpateur (3). Il n'y a entre eux aucune aigreur de caractère, de circonstance ou de nation » (4). Et, dans un *Mémoire* rédigé cette même année, il s'exprimait plus nettement encore sur le genre de sympathie qui nous rapproche des Russes. « Dans ce moment, il ne s'agit que de tranquilliser l'honneur français, et peut-être que sous ce rapport le grand Empereur de Russie ne

(1) L. 355. T. IV.
(2) L. 486 et 426. T. V.
(3) Nom sous lequel de Maistre dans sa correspondance se plaît à désigner Napoléon.
(4) L. 135. T. II.

connaît pas toute sa force. Le gouverneur d'une place française ne la remettra jamais à un Anglais, ni à un Autrichien, quel que soit d'ailleurs son amour pour le Roi et sa haine pour l'usurpateur, parce qu'il craindrait d'agir contre son pays et d'être à jamais noté dans l'histoire comme un Français qui a morcelé la France. Mais s'il traitait avec Alexandre la chose pourrait changer totalement de face. L'opinion universelle ne se trompe jamais ; or, il est certain que cette opinion se tourne de tout côté vers l'Empereur de Russie et qu'elle le désigne comme le véritable protecteur de la liberté européenne (1). » Il a un avantage particulier. « C'est que sa puissance est le contre-poids naturel de celle de l'Angleterre aux yeux de l'Europe et surtout de la France.

« Si quelques cabinets pouvaient s'alarmer de l'énorme croissance de la puissance britannique, ils doivent comprendre et faire comprendre deux choses. Premièrement : que le véritable auteur de cette puissance est Bonaparte qui force l'univers à se rallier autour de l'Angleterre ; en second lieu : qu'au moment même où il y aura un gouvernement juste et légitime en France, une alliance et un accord bien combiné entre lui et la Russie suffiront pour remettre l'Angleterre à sa place. Toutes les puissances maritimes ont fini sur terre et c'est par terre que les flottes anglaises peuvent être battues. Les galères de Venise ne servirent de rien à Agnadel pas plus que celles de Carthage

(1) *Mém.*, n° 181. T. II.

à Zama. C'est dans l'Inde que réside essentiellement la puissance de l'Angleterre, c'est en Egypte que se décidera tôt ou tard la grande question, etc.

« Il faudrait être bien injuste et bien aveugle pour envier à la Grande-Bretagne le pouvoir et l'influence bien légitimes dus à son génie, à son admirable constitution et à son esprit public ; mais il n'est pas cependant inutile de faire sentir surtout aux Français que s'il y avait de l'excès à cet égard et des motifs légitimes de s'alarmer, le remède serait dans l'union avec la puissance qui leur tendra les bras dès que l'état actuel des choses n'y mettra plus d'obstacle (1). »

Joseph de Maistre pouvait-il mieux marquer, dès 1806, le rôle de la Russie dans le maintien de l'équilibre européen, et indiquer plus fortement quelques-unes des raisons qui sont aujourd'hui encore d'un grand poids pour nous convaincre de l'opportunité de l'alliance russe ?

(1) *Mém.* nº 181. T. II.

TABLE

LA LUTTE DU TSARISME ET DU NIHILISME

LES CONTES POPULAIRES SLAVES

LES RUSSES JUGÉS PAR JOSEPH DE MAISTRE   317

Lyon. — Imp. Emmanuel VITTE, rue de la Quarantaine, 18.